AF285705

Frank Weber
Alle Tage Feiertage

Frank Weber
Alle Tage Feiertage

3. Auflage
Bibliographische Informationen der Deutschen Nationalbibliothek
Die Deutsche Nationalbibliothek verzeichnet diese Publikation in der Deutschen
Nationalbibliographie. Detaillierte bibliographische Daten sind im Internet über
http://dnd.d-nd.de abrufbar.
© 2022 Frank Weber
ISBN 9783756819843
Herstellung und Verlag: BoD – Books on Demand, Norderstedt

Der Inhalt

Eine kleine Vorbemerkung:

Herzlich willkommen in unserem kleinen Buch „Alle Tage Feiertage".

Hier sind die verschiedensten Anlässe – so ungefähr tausend - zusammengetragen zum Feiern, Gedenken und Aktionieren; religiöse und auch nationale Feiertage, internationale Tage der Vereinten Nationen oder anderer Initiatoren, Heiligentage und viele andere, von denen noch nie irgendwo die Rede war. Manche Anlässe davon sind wohl eher nicht ganz so ernst gemeint, sondern mehr zum Schmunzeln. Andere Gedenktage erinnern an europäische oder deutsche Geschichte, auch an das eine oder andere Ereignis und an Geschehenes, das der Menschheit nicht zum Komplimente gereichte.

Wieder andere Tage lenken die Aufmerksamkeit auf aktuelle Themen, wie den Schutz, die Gleichbehandlung oder Unterstützung von Kindern, Frauen und Männern, von Menschen mit Handicap und den Armen der Gesellschaft. Mancher Anlass erinnert uns an gesundheitliche Fragen, ein anderer vielleicht auch einmal an schöne oder heitere Seiten des Lebens.

Auf der einen oder anderen Seite des Buches wird die Leserin oder der Leser nicht aus dem Kopfschütteln heraus oder auch mal ins Grübeln kommen – warum und worüber auch immer.

Alle Feiertage sind am Ende des Buches in einem alphabethischen Inhaltsverzeichnis noch einmal alle aufgeführt. Die wenigen Tage, an denen mal nicht wegen irgendeines Anlasses gedacht oder aktioniert wird, sind in einer eigenen Liste ebenfalls am Ende des Buches zu finden.

Feiertage und Anlässe, die an einem bestimmten Wochentag (1,2,3 oder letzter Mo., Di., etc. einer Woche bzw. eines Monats) stattfinden und nicht an einem bestimmten Datum, stehen jeweils am Ende der Monatsübersicht.

Die Auswahl all dieser Anlässe zum Gedenken oder Feiern erhebt keinen Anspruch auf Vollständigkeit.

Marburg, im August 2022   Frank Weber

Ostern und andere christliche Feste als bewegliche Feiertage

Rosensonntag – Rosenmontag

Am Sonntag Laetare im Jahr 1049 trat Papst Leo IX. mit einer goldenen Rose in der Hand vor die Gläubigen und wies damit auf die Passion Christi hin. Diese Papstrose war eine Auszeichnung, die vom 11. bis 19 Jahr-hundert vom Papst verliehen wurde an eine Institution , Stadt oder Person, die sich um die Kirche verdient gemacht hatte.

Das Festordnende Comitee, das am 6.11.1822 in Köln gegründet worden war, tagte traditionell am Montag nach dem Rosensonntag Lätare und wurde daher Rosenmontagsgesellschaft genannt. Damit ist eigentlich der Montag vier Wochen nach Karneval gemeint.

Der Rosenmontag, der als Höhepunkt des Karnevals begangen wird, ist der Montag vor Aschermittwoch, 48 Tage vor Ostern. Er liegt zwischen Fastnachtssonntag und Faschingsdienstag.

Aschermittwoch

Die österliche Fastenzeit beginnt seit dem 6. Jahrhundert mit dem Mittwoch vor dem 6. Sonntag vor Ostern Invocabit. Zählt man Karfreitag und Karsamstag mit und schließt die Sonntage aus, so ergeben sich 40 Fastentage vor Ostern, dem höchsten christlichen Feiertag. Weil nach alter Tradition die Büßer in der Kirche an diesem Tag mit Asche bestreut wurden, trägt der Tag den Namen Aschermittwoch.

Palmsonntag

Der Palmsonntag steht am Ende der Fastenzeit und gleichzeitig am Beginn der Heiligen Woche. In den Gottesdiensten wird an diesem Sonntag des Einzuges Jesu in Jerusalem gedacht, bei dem er noch von jubelnden, Palmenzweige schwenkenden Menschen, begrüßt.

Gründonnerstag

Am Abend des Gründonnerstags, am Abend vor seiner Kreuzigung hält Jesus im Zusammenhang mit dem jüdischen Passahfest ein rituelles Mahl mit seinen Jüngern. - Die Herkunft des Namens ist nicht völlig geklärt. Er leitet sich möglicherweise von "greinen" oder "grienen" ab, das soviel wie „Weinen" bedeutet.

Karfreitag

Der Karfreitag ist der Freitag vor Ostern. Unter Einbeziehung des Gründonnerstagabends ist der Karfreitag (althochdeutsch kara ,Klage', Trauer') der erste Tag der österlichen Dreitagefeier, die in ihrer Gesamtheit in allen christlichen Konfessionen das höchste Fest des Kirchenjahres darstellt.

An ihm gedenkt die Kirche des Kreuzestodes Jesu Christi in Erwartung seiner Auferstehung. Nach ihrem Glauben litt und starb Jesus als „Gottesknecht" und nahm im Kreuzestod freiwillig die Sünde und Schuld aller Menschen auf sich. Durch Tod und Auferstehung Jesu wird allen Menschen erst Sündenvergebung und somit Errettung aus dem Tod und ewiges Leben zuteil.

Das Karfreitagsgeschehen ist nicht isoliert zu betrachten, sondern steht in einer Reihe mit Ostern, Christi Himmelfahrt und Pfingsten. Nicht das Opfer Jesu soll damit allein das Große sein, sondern der Sieg über Hölle, Tod und Grab.

Karsamstag

Der Karsamstag ist der erste Tag nach Jesu Tod und der Tag der Trauer und der Grabesruhe. Es findet kein Gottesdienst statt und in den Kirchen auf den Altären stehen weder Kerzen noch Blumen.

Biblischer Hintergrund: Der Sabbat ist der jüdische Ruhetag. An diesem Tag darf nicht gearbeitet werden.

Ostersonntag

Der Ostersonntag ist der höchste christliche Feiertag im Kirchenjahr, an dem der Auferstehung Jesu Christi nach dessen Tod am Kreuz gedacht wird. Da Jesu Tod und Auferstehung laut NT in eine Pessach-Woche fielen, bestimmt der Termin dieses beweglichen jüdischen Hauptfestes auch das Osterdatum. Es wird über einen Lunisolarkalender bestimmt und fällt in der Westkirche immer auf den Sonntag nach dem ersten Frühlingsvollmond.

Im Gregorianischen Kalender fällt der frühestmögliche Termin auf den 22. März und der späteste auf den 25. April. Danach richten sich auch die Daten der beweglichen Festtage des Osterfest-Kreises.

Mit dem Ostersonntag beginnt die österliche Freudenzeit („Osterzeit"), die fünfzig Tage bis einschließlich Pfingsten dauert.

Ostermontag

Papst Urban VIII. hatte im Jahr 1642 die Tage von Ostersonntag bis zum folgenden Dienstag für arbeitsfrei erklärt. Später blieb davon nur der Ostermontag als arbeitsfreier Tag übrig.

Himmelfahrt

Christi Himmelfahrt wird am 40. Tag des Osterfestkreises, also 39 Tage nach Ostersonntag, gefeiert. Das Fest fällt damit immer auf einen Donnerstag. Nach dem biblischen Bericht der Apostelgeschichte in Apg. 1,3.9f stieg Jesus in Menschengestalt gen Himmel auf, wo er von einer Wolke aufgenommen wurde. Frühester Termin ist der 30. April; der spätestmögliche der 3. Juni.

Pfingsten

Pfingstsonntag ist der 8. Ostersonntag, der 50. Tag des Osterfestkreises (Pfingsten, altgriechisch: pentekostē hēméra ‚fünfzigster Tag‘), 49 Tage und damit 7 Wochen nach Ostersonntag. Pfingsten wird erstmals im Jahr 130 als christliches Fest erwähnt. Die Apostelgeschichte erzählt in Apg.2,1-41 dass der Heilige Geist auf die Jünger und Apostel herabkam, als sie zum jüdischen Fest Schawout in Jerusalem zusammengekommen waren, das am 50. Tag nach dem Passahfest begangen wurde.

Trinitatis

Trinitatis, das Dreifaltigkeitsfest, wird am ersten Sonntag nach Pfingsten gefeiert. Dieses Fest ist der christlichen Verehrung der göttlichen Dreieinigkeit- im katholischem Glauben Dreifaltigkeit – gewidmet: Gott Vater, Sohn und Heiliger Geist. Dieses Fest kam um die 1. Jahrtausendwende in französischen Benediktiner-klöstern auf. Im Jahr 1334 wurde es durch Papst Johannes XXI. In den römischen Generalkalender aufgenommen und der Verehrung der aller-heiligsten Dreifaltigkeit gewidmet.

Fronleichnam

Das Fronleichnamsfest, an dem die Gläubigen den Glauben an die Gegen-wart Christi im Sakrament der Eucharistie bezeugen, wird am 60.Tag nach Ostersonntag und damit am Donnerstag nach Trinitatis begangen. Der früheste Termin fällt auf den 21. Mai, der späteste Termin auf den 24. Juni.

Dritter Sonntag im Januar

Weltreligionstag

In mehr als 80 Ländern wird der Weltreligionstag begangen. Mit gemeinsamen Veranstaltungen möchten die Religionen nicht nur ihre spirituelle Vielfalt aufzeigen, sondern auch die ihnen allen innewohnende wertestiftende Lebenskraft zum Ausdruck bringen. Der Dialog zwischen den Religionen fördert ein besseres Verständnis für das weite Spektrum religiöser Sichtweisen, den Respekt für Menschen anderer Herkunft, Kultur und Religion. Gerade heute, da die Menschheit immer näher zusammenrückt, wird dies dringend benötigt.

Dritter Montag

Martin Luther King Day

Der Martin Luther King Day ist ein US-amerikanischer nationaler Gedenk- und Feiertag für den im Jahre 1968 ermordeten Martin Luther King. Der Tag wird seit 1986 an jedem dritten Montag im Januar begangen. Er liegt somit nahe oder sogar auf dem Geburtstag von King am 15. Januar und ermöglicht überdies ein dreitägiges freies Wochenende.

Letzter Montag

Bubble Wrap Appreciation Day (Tag der Luftpolsterfolie)

Am letzten Montag im Januar wird in den USA der Bubble Wrap Appreciation Day (Tag der Luftpolsterfolie) gefeiert. Dieser ziemlich kuriose Feiertag wird seit 2001 alljährlich aus Anlass einer Idee des Radiosenders Spirit 95 Radio in Bloomington, Indiana begangen.

Letzter Sonntag

Welttag der Leprakranken

In vielen Ländern wird der Welt-Lepra-Tag als Gedenktag begangen, meist am 28. Januar, dem von der UNO festgesetzten Gedenktag. Dieses Datum wurde gewählt, weil es nahe beim Todes-tag von

Mahatma Gandhi ist. Die Sorge dieses großen Staats-mannes galt besonders den Menschen am Rande der indischen Gesellschaft, deshalb gründete Gandhi zusammen mit Lepraärzten die Vereinigung indischer Leprahelfer, aus der später die Mahatma Gandhi Memorial Leprosy Foundation hervorging. Indien ist noch immer am schlimmsten betroffen mit über 70% aller Leprakranken. Die Idee, jedes Jahr einen Welt-Lepra-Tag einzurichten, hatte 1954 der Franzose Raoul Follereau. Für seinen Erfinder sollte dieser Tag in der ganzen Welt ein Tag des Gebets, der Solidarität und der weltweiten Mobilisierung der Geister und der Herzen für die Lepra-kranken sein. In Deutschland wird der Welt-Lepra-Tag vom Deutschen Aussätzigen-Hilfswerk (DAHW) am letzten Sonntag im Januar angesetzt.
Lepra ist eine nichterbliche Krankheit, deren Erreger die Haut und das Nervensystem befällt. Das Lepra-Bakterium wurde 1873 von dem Arzt Gerhard Armauer Hansen aus Norwegen entdeckt. Bis heute gibt es aber noch keinen Impfstoff gegen Lepra. Der Ansteck-ungsweg ist nicht genau bekannt. Armutsbedingte Lebensum-stände - insbesondere in Ländern der Dritten Welt - begünstigen die Ansteckung. Lepra tritt deshalb häufig bei unter- und fehlernährten Menschen auf, die unter schlechten Wohnverhältnissen leben.

1.Januar

Neujahr
Seit Beginn der frühen Neuzeit mit Beginn des 18. Jahrhunderts setzte sich der 1. Januar als Neujahrstag durch. Bereits im Jahre 1691 war er von Papst Innozenz XII. als Neujahrstag bestätigt worden.
Mit der Einführung des julianischen Kalenders, benannt nach Julius Caesar im Jahr 45 v.Chr. galt der 1. Januar als Tag des Amtsantritts römischer Konsuln und somit als Beginn des Amtsjahres.
Je nach Kultur, Land oder Religion kann der Neujahrstag auch auf ein anderes Datum fallen.

Bloody-Mary-Tag
Der heutigen Tag ist Ehrentag der Bloody Mary, eines Cocktails, der aus 1 Teil Wodka und 2 Teilen Tomatensaft gemixt wird. Verfeinert mit Salz, Pfeffer, Zitrone sowie Tabasco- und Worcestersauce soll der Tomatensaft gegen den Kater helfen. Wohl bekomm's ...

Bonza-Bottler-Day

Die Amerikanerin Elaine Fremont hatte im Sommer 1985 die Idee, für jeden Monat einen Partytermin zu finden; die Tage, bei denen sich Tages- und Monatszahl gleichen; der 1.1., der 2.2., der 3.3. usw. Den Namen des Feiertages lieferte ein Australier mit dem Begriff Bonza Bottler, der im australischen Slang – frei übersetzt – eine „großartige, tolle Sache" meint.

Weltfriedenstag

Mit einer Friedensbotschaft wandte sich am 8.Dezember 1967 Papst Paul VI. angesichts der Verhältnisse an die Regierenden der Welt. Seither richtet der amtierende Papst am Neujahrstag eine Friedensbotschaft an die Weltbevölkerung. Der Weltfriedenstag ist nicht zu verwechseln mit dem „Antikriegs-tag", seit 1966 am 1.9. gefeiert, oder dem „Internat. Tag des Friedens", seit 1981 am 21.9. begangen.

Nationalfeiertag Brunei

Der Tag erinnert an die Unabhängigkeit, die Brunei am 1. Januar 1984 erlangte. Das britischen Protektorat endete am 23. Februar 1984.. Am 21. September 1984 wurde Brunei Darussalam Mitglied der Vereinten Nationen.

Nationalfeiertag Haiti

Der 1. Januar erinnert als Jahrestag an die Befreiung Haitis von der Kolonialmacht Frankreich im Jahr 1804. Haiti war damit das erste Land Lateinamerikas, das die Unabhängigkeit erlangte. UN-Mitglied ist Haiti seit dem 24. Oktober 1945.

Nationalfeiertag Kuba

Das Ende des Angriffs auf die Moncade-Kaserne am 1. Januar durch die Bewegung des 26. Julis unter der Führung von Fidel Castros ist der Anlass für den Nationalfeiertag Kubas. An diesem Tag, am 1.1.1959, floh der bisherige Präsident und Diktator Fulgencio Batista aus dem Land. Am 24. Oktober 1945 wurde Kuba Mitglied der Vereinten Nationen.

Nationalfeiertag Republik China

Die Republik China, auch Taiwan genannt, ist ein Staat in Ostasien, dessen heutiges Gebiet zu über 99 % aus der Insel Taiwan und den ihr vorgelagerten kleineren Inseln besteht.

Nach dem Sturz der Monarchie in China wurde die Republik China am 1. Januar 1912 gegründet. Anstelle des in der Verfassung festgelegten Namens Republik China ist sowohl in- als auch außerhalb des Landes die inoffizielle Bezeichnung Taiwan gebräuchlicher.

Nationalfeiertag Sudan

Die Republik Sudan erklärte sich am 1. Januar 1956 nach dem Sturz des ägyptischen Königs Faruks 1952 und einer Volksabstimmung für unabhängig. Bis dahin wurde der Sudan gemeinschaftlich von Großbritannien und Ägypten beherrscht. Der Sudan ist seit dem 12. November 1956 Vollmitglied der UN.

Nationalfeiertag Slowakei

In der Slowakei gedenken die Menschen mit dem Nationalfeiertag am 1. Januar der Gründung der unabhängigen Slowakei als slowakische Republik am 1.1.1993 nach Auflösung der Tschechoslowakei.

Nationalfeiertag Tschechien

Durch Parlamentsentscheid trennte sich die Tschechoslowakei zum 1. Januar 1993 in die beiden eigenständigen Staaten Slowakei und Tschechische Republik. Die Tschechische Republik wurde am 19. Januar 1993 UN-Mitglied.

2.Januar

Berchtoldstag

Der Berchtoldstag wird in Gegenden mit alemannischer Bevölkerung wie Liechtenstein, Elsass, in der Schweiz teilweise sogar als gesetzlicher Feiertag, gefeiert. Der „Berchtentag" ist seit dem 15.JH bekannt. Der Herkunft des Namens ist unklar, könnte aber auf eine burgund. Königin namens Berta zurück-gehen, die in der Westschweiz viele Kirchen gegründet haben soll. Das Wort „Bercht" könnte außerdem eine althochdeutsche Übersetzung des griech. „Epiphanias" zu sein; beide Aus-drücke haben mit dem Begriff „Glanz" zu tun. Am Berchtoldstag wird vielerorts Geselligkeit gepflegt. Man trifft sich zum Essen und Beisammensein. Eine weitere Art, den Bärzeli, Berzelis- oder Bächtelistag zu begehen ist das Maskentreiben. Auch das Auftreten der Perchten, dämonenhafter Maskengestalten steht möglicherweise ebenfalls im Zusammen-hang mit dem Berchtoldstag.

Run it up the Flagpole and see if anyone salutes Day

Verwirklichen sie Ihre Ideen; wenn Sie etwas planen; lassen Sie ihre Ideen Wirklichkeit werden und testen Sie, wie ihre Mitmenschen darauf reagieren. Das Motto „Let's run it up the flagpole and see if anyone salutes it" stammt aus den 50er und 60er Jahren aus den USA und fordert auf, eine Idee zu testen und dann nachzusehen, ob sie die gewünschte oder überhaupt eine Reaktion hervorruft.

Waldmännchentag

Am Waldmännchentag, auch Waldfest genannt, war es früher aus Aberglauben in vielen Regionen Deutschlands untersagt, am 2. Januar Waldarbeiten durchzuführen. Wer sich dem widersetzte und die Ruhe im Wald störte, an dem würde sich das Waldmännchen, ein Kobold, rächen. Im 15. Jahrhundert kam der Schlägelstag dazu, an dem auch die Arbeiten im Bergbau zu unterbleiben hatten.

3.Januar

Feiertag des Schlafens

Mit dem Festival of Sleepy Day ausgeschlafen das neue Jahr beginnen: Aus den USA stammt dieser Feiertag unbekannten Ursprungs, an dem nach anstrengenden Festtagen endlich wieder Ausschlafen, Zeit für ein Nickerchen oder eine kleine Auszeit angesagt ist. Der Feiertag des Schlafens ist nicht zu verwechseln mit dem deutschen Tag des Schlafes am 21.6., der im Jahr 2000 von dem gleichnamigen Verein ins Leben gerufen wurde, ebenso wenig mit dem World Sleep Day, der am 3. Freitag im März stattfindet.

4.Januar

Welt-Braille-Tag / Welttag der Blindenschrift

Lois Braille, geboren am 4. Januar 1809, verletzte sich als dreijähriger Junge am Auge und verlor durch eine Entzündung das Sehvermögen beider Augen. Weil er sich aber damit nicht abfinden wollte, Texte nicht selber lesen und schreiben zu können, erfand er als 16-jähriger die Blindenschrift. Er experimentierte mit bereits vorhandenen Überlegungen in der Schusterwerkstatt seines Vaters. Mit der Blindenschrift, die nach ihrem Erfinder benannt ist, werden den Betroffenen Zugang zu Wissenschaft und Literatur sowie

Möglichkeiten zur Teilhabe am Gesellschafts- und Arbeitsleben eröffnet. Der 4. Januar ist seit 2001 Welt-Tag der Blindenschrift.

Nationalfeiertag Myanmar

Myanmar feiert mit seinem Nationalfeiertag am 4. Januar seine Unabhängigkeit von Großbritannien. (seit 1948)

5. Januar

Nationaler Tag des Vogels

Der Nationale Tag des Vogels wurde von amerikanischen Tierschützern im Jahr 2003 eingeführt. Der National Bird Day wurde initiiert, um auf den Fang und Handel mit Wildvögeln aufmerksam zu machen. Nationale Partner der international agierenden Vogelschutz Organisation BirdLife International sind der Naturschutzbund Deutschland NABU, der Landesschutz für Vogelschutz LBV und das Komitee gegen Vogelmord e.V.

6. Januar

Heilige Drei Könige / Dreikönigstag

Sowohl als Dreikönigstag als auch als Epiphanias bekannt steht der Tag auch für das Ende der Weihnachtszeit, an dem der Weihnachtsbaum endlich weichen muss.

Die Heiligen Drei Könige werden im Neuen Testament nicht näher beschrieben, treten nur auf in der Weihnachtsgeschichte des Matthäusevangeliums, die katholische Tradition des Dreikönigsfestes wird abgeleitet von den Heiligen Drei Königen Caspar, Melchior und Balthasar, die nach der Geburt Christi durch Wahrsagung geführt dem Neugeborenen ihre Ehrerbietung erweisen und Geschenke bringen. Namen und Königstitel entwickelten sich durch die Bildung von Legenden im frühen Christentum.

Zum Dreikönigstag gehören seit dem 16. Jahrhundert die Sternsinger, die um Gaben bitten; seit Mitte des 20. Jahrhunderts als Heilige Drei Könige verkleidete Kinder, die von Haus zu Haus ziehen, Lieder und Gedichte vortragen, Spenden sammeln und die Jahreszahl und die Initialen CMB „Christus mansionem beneficat" als Segensbitte an der Türe hinterlassen.

Welt-Afrikatag

Am sogenannten Afrikatag werden in der katholischen Kirche weltweit Spenden gesammelt für die Ausbildung und Förderung von Priestern, Laienmitarbeitern und Ordensleuten. Papst Leo XIII. hatte die mittlerweile älteste gesamtkirchliche Kollekte bereits im Jahr 1891 eingeführt, weil er damit die „fluchwürdige Pest der Sklaverei" bekämpfen wollte. Heute werden durch diese Kollekte am Afrikatag Frauen und Männer gefördert, die sich im Dienst der Kirche gegen moderne Formen der Sklaverei für die Befreiung zu einem menschenwürdigen Leben einsetzen. (siehe auch missio.com)

Tag der Bohne

Der Dreikönigskuchen ist ein traditionelles Festtagsgebäck, das zum 6. Januar, dem Tag der Erscheinung des Herrn, Epiphanias, dem Festtag der heiligen drei Könige gebacken wird. Der darauf verweisende alte Brauch des Bohnenkönigs wurde in den 1950er Jahren wiederbelebt und ist heute vor allem in der Schweiz, den Niederlanden, Frankreich, England und Spanien, aber auch in Mexiko und New Orleans sehr verbreitet.

Regional sind die Rezepturen sehr unterschiedlich, gemeinsam ist aber allen Dreikönigskuchen, dass eine getrocknete Bohne, eine Mandel, eine Münze oder ein anderer kleiner Gegenstand, heute oft eine kleine Figur in Form eines Königs oder eines Babys eingebacken wird. Wer beim Essen auf diesen Glücksbringer stößt, ist für einen Tag Königin oder König der Familie.

Tag des Kuschelns

Außer den bisherigen Aktionstagen zum heutigen Datum gibt's noch den Cuddle-up-Day, Tag des Kuschelns. Wie bei einer ganzen Reihe anderer Feier- und Aktionstage bleiben auch bei diesem Tag die Hintergründe ungeklärt, und es ist zu vermuten, dass die Grußkarten-Industrie dahinter steckt. Wie dem auch sei, bei der im Januar herrschenden Wetterlage scheint etwas körperliche Nähe und Wärme nicht die schlechteste Idee zu sein.

7. Januar

Weihnachtsfest der orthodoxen Christen mit julian. Kalender
Während viele Christen Weihnachten am 25. Dezember feiern, begehen orthodoxe Kirchen das Fest erst am 6. und 7. Januar. Der Grund dafür sind die unterschiedliche Kalender. Hintergrund der unterschiedlichen Zeitrechnungen ist die Einführung des nach ihm benannten Gregorianischen Kalenders im Jahr 1582 durch Papst Gregor XIII. Der Papst reagierte damit auf Ungenauigkeiten des Julianischen Kalenders, die zu Problemen im Alltag geführt hatten. Bis zum 16. Jahrhundert richtete sich das christliche Leben noch nach dem Julianischen Kalender, der auf Julius Caesar zurückgeht.

Tag der Fossilien und alten Steine
Der heutige 7. Januar steht ganz im Zeichen der alten Steine. Genauer gesagt von Fossilien und Steinen.
Der Old Rock Day am 7. Januar, Tag der Fossilien und alten Steine ist eine gute Gelegenheit, etwas über Umgebung und Natur zu lernen.

8. Januar

Tag des Schaumbades
Gönnen wir uns heute dann mal ein entspanntes Schaumbad. Denn nicht nur in USA wird am 8. Januar der Bubble Bath Day gefeiert.

10. Januar

Welt-Tag der Blockflöte
Seit 2007 findet am 10.Januar der Internationalen Tag der Blockflöte statt, initiiert durch Mitglieder des Onlineportals Lizard Lounge.

Tag der Zimmerpflanze
In Amerika wird der sogenannte "Houseplant Appreciation Day", der *Tag* der Zimmerpflanzen gefeiert. Ins Leben gerufen wurde er von The Gardener's Network – einem Webportal, auf dem Pflanzenfreunde Know-How und Erfahrungen austauschen können.

Paulustag

Paulus von Theben (* angeblich 228; † angeblich 341), ist ein christl. Heiliger und nach der Legende erster ägyptischer Einsiedler und Wüstenvater, daher auch *Heiliger Paulus der erste Einsiedler* genannt. Er ist Schutzheiliger der Korb- und Mattenflechter.

Tag des Pfützenspringens

Beim National Step in a Puddle and Splash Your Friend Day, den die Amerikaner jedes Jahr am 11. Januar zelebrieren, geht es nämlich darum, sich eine besonders große und matschige Pfütze auszusuchen und seine Freunde nass zu machen.

Tag des deutschen Apfels

Seit Urzeiten lassen sich die Menschen gerne von den paradiesisch-süßen Früchten verführen. Dem Lieblingsobst der Deutschen, dem Apfel, ist seit dem Jahr 2010 der 11.Januar gewidmet. Die Bundesvereinigung der Erzeugerorganisationen Obst und Gemüse e.V. (BVEO) hat diesen Tag zum Tag des deutschen Apfels gekürt, um auf die Qualität, Vielfalt und Verwendungsmöglichkeiten des heimischen Obstes aufmerksam zu machen

13. Januar

St. Knut-Tag

Schweden wie auch Finnland und Norwegen gehört zu den ausdauerndsten Ländern, wenn es um das Weihnachten-Feiern geht. Ganze 20 Tage dauert diese bezaubernde Zeit, bis zum 13. Januar, wenn anderswo schon am 6. Januar Schluss ist. Dann ist in Schweden St.-Knut-Tag. An diesem Tag geht es der Weihnachtsdekoration und dem Weihnachtsbaum an den Kragen.
Der St.-Knut-Tag geht übrigens auf den dänischen König Knut IV. aus dem 11. Jahrhundert zurück, der heiliggesprochen wurde und dem die Verlängerung der Weihnachtszeit bis zum 13. Januar laut verschiedener Aussagen und Quellen zugesprochen wird.

14. Januar

Nationaler Zieh-dein-Haustier-an-Tag

Am 14. Januar 2015 findet in den USA – wo sonst - der nationale Zieh-dein-Haustier-an-Tag statt. Er wird dort auch "National Dress Up Your Pet Day" genannt und wurde im Jahr 2002 von Hundemode-Herstellern eingeführt. Der Aktionstag gibt allen Haustierbesitzern die Möglichkeit, ihre Lieblinge einzukleiden.

15. Januar

Tag des Hutes

Der National Hat Day steht ganz im Zeichen aller Hüte dieser Welt. Urheberschaft und Begründung für diesen Tag liegen im Dunkeln, aber es ist wohl davon auszugehen, dass dieser Tag wahrscheinlich von jemandem erfunden wurde, der a) gerne Hüte trägt, b) viele besitzt und c) einen ganz bestimmten Tag haben wollte, um seine liebste Kopfbedeckung zu präsentieren.

16. Januar

Nationaler Nichts-Tag

Seit 30 Jahren wird der 16. Januar in den USA als nationaler "Nichts-Tag" begangen. Als der amerikanische Kolumnist Harold Pullman Coffin 1973 den "National Nothing Day" ausrief, war klar: Dieser Tag durfte nicht begangen werden. Es widersprach dem Auftrag, der lautete: Am 16. Januar sollen die Leute einmal nicht Lieder singen, Helden preisen, Gutes tun ... sondern einfach nur „Nichts!" tun.

17. Januar

Art's Birthday – Geburtstag der Kunst

Der Art's Birthday ist der im Jahr 1963 von dem französischen Fluxus-Künstler Robert Fillou willkürlich auf den Tag seiner eigenen Geburt, den 17. Januar und auf 1.000.000 Jahre vor 1963 festgelegte Geburtstag der Kunst. Der als Hommage an die Kunst gegründete Aktionstag wird inzwischen jährlich und weltweit zelebriert.

18. Januar

Reichsgründungstag 1871

Der Reichsgründungstag war ein festlich begangener Tag im Deutschen Reich, der dem Gedenken an die Kaiserproklamation im Schloss von Versailles am 18.1.1871 gewidmet war. Dementsprechend wurden jährlich am 18. Januar Reichsgründungsfeiern abgehalten, die auch noch während der Weimarer Republik öffentlich und unter Beteiligung hoher Würdenträger stattfanden.

Welttag des Schneemannes

Der Reutlinger Sammler Cornelius Graetz erklärte den 18.1.2010 zum 1. Welttag des Schneemannes. Der Schneemann erinnert uns durch seine Vergänglichkeit an die Gefahren die ihm und uns durch den Klimawandel drohen. Er steht für Freundlichkeit und Sympathie. Die 8 erinnert an die Figur des Schneemannes, die 1 steht für den Besen.

19. Januar

Poe-Toaster-Tag

Der Poe Toaster war eine mysteriöse Gestalt, die jährlich zwischen 1949 und 2009 dem amerikanischen Autor Edgar Allen Poe Tribut zollt. Sie trug dabei einen schwarzen Mantel und einen schwarzen Hut; ihr Gesicht war verschleiert. Die rätselhafte Tradition dieses *Poe Toasters* wurde zum ersten Mal 1949 von Passanten beobachtet. In den frühen Morgenstunden des Geburtstags von Poe am 19. Januar erschien ein in Schwarz gehüllter Mensch, betrat die Westminster Hall in Baltimore, Maryland, und ging dann auf den Friedhof und weiter zum Grab. Dort legte er drei Rosen und eine kleine Flasche mit Cognac nieder. Viele dieser Cognac-Flaschen sind von der Edgar Allen Poe Society gesammelt und aufbewahrt worden.

Niemals wurde die Identität des Unbekannten gelüftet, man hütete sich aus Respekt vor der Tradition davor, es zu tun. Das Mysteriöse daran passte zum Stil des Autors. Dies wollte man so bewahren.

Seit 2010 erschien der mysteriöse Unbekannte nach 61 Jahren nicht mehr und die Fans warteten vergeblich auf das Erscheinen des Gratulanten.

Gedenktag der Verschleppung der Ungarndeutschen

Seit 2013 wird der Gedenktag Vertreibung der Ungarndeutschen begangen, den das ungarische Parlament Mitte Dezember 2012 ohne Gegenstimme angenommen hatte. An dem Datum verließen 1946 die ersten Deportationszüge mit zwangsumgesiedelten "Schwaben" das Land. Am 1.12.1946 endete die „Aussiedlung" in den amerikanisch besetzten Teil Deutschlands auf Anordnung von General Clays. Von 1947 bis 1948 wurden dann noch einmal gut fünfzigtausend Menschen in den sowjetisch besetzten Teil verbracht. Vertriebene, Kriegsflüchtlinge und Heimkehrer aus sowjetischer Zwangsarbeit machen ungefähr 225.000 in der Bundesrepublik amtlich registrierte Ungarndeutschen aus. 1941 hatten sich in einer Volkszählung 477.050 Menschen in Ungarn zur deutschen Nationalität bekannt und Deutsch als ihre Muttersprache bezeichnet.

Welttag der Migranten und Flüchtlinge

Heute ist der "Welttag der Migranten und Flüchtlinge", ein erstmals 1914 von Papst Benedikt XV. unter dem Eindruck des Ersten Weltkriegs ausgerufener Gedenktag. Als Weltflüchtlingstag wird seit 2001 allerdings der 20. Juni begangen, den die UNO damals zum 50. Jahrestag der Gründung des UNHCR ins Leben gerufen hatte. Trotzdem wird am 19. Januar an die Probleme von Menschen, die ihre Heimat wegen Kriegen und Armut verlassen müssen, erinnert.

20. Januar

Tag der Pinguine

In Amerika wird der 20. Januar als Penguin Awareness Day begangen – ein Tag, an dem besondere Aufmerksamkeit auf die Pinguine gerichtet sein soll. Es soll nicht vergessen werden, dass die flugunfähigen Seevögel auf der Südhalbkugel unseres Planeten eine bemerkenswerte, leider aber auch gefährdete Tierart sind.

21. Januar

Tag der Jogginghose

Freunde und Fans dieses Kleidungsstücks haben diesen Tag 2010 ausgerufen und bei Facebook bekannt gemacht, um der einstigen Modesünde namens "Jogginghose" zu huldigen.

Weltknuddeltag
Zwei Amerikaner namens Adam Olis und Kevin Zaborney haben diesen Tag zum 21. Januar 1986 ins Leben gerufen. Der 21. Januar liegt genau in der Mitte zwischen zwei hoch emotionalen Festen, dem Weihnachtsfest, das auch als Fest der Liebe bezeichnet wird, und dem Tag des Heiligen Valentin, dem Valentinstag, der als Tag der Liebenden gilt. Dass Knuddeln und kuscheln gesund sind, wurde vom Zentrum für Hirnforschung der Medizinischen Universität Wien anlässlich des Weltknuddeltages 2013 bestätigt.

Sternzeichen Wassermann
21. Januar – 20. Februar

22. Januar

Deutsch-Französischer Tag
Deutsche und Franzosen erinnern an die Unterzeichnung des Freundschaftsvertrages am 22. Januar 1963 durch Konrad Adenauer und Charles de Gaulle. Dieser wichtige Vertrag setzt den feindseligen Auseinandersetzungen zwischen Deutschland und Frankreich end-gültig ein Ende und markiert den Beginn der Freundschaft zwischen den beiden Ländern
Der erste Deutsch-Französische Tag fand am 22. Januar 2004 statt.

23. Januar

Welttag der Handballer
Nach einem Eintrag bei Wikipedia ist der 23. Januar seit 1981 Welttag der Handballer; wohlbemerkt: nicht des Handballs. Offenbar handelte es sich dabei aber um einen Scherz eines Unbekannten. Der Eintrag wurde mittlerweile gelöscht. Ob der Deutsche Handballverband einen (neuen) Versuch unternimmt, diesem Sport einen eigenen Ehrentag zu verschaffen, ist nicht bekannt.

National Handwriting Day / Tag der Handschrift
Die Kunst der Handschrift ist einer der wenigen Wege, wie wir uns einzigartig ausdrücken können. Deshalb wird in den Vereinigten Staaten der nationale Tag der Handschrift gefeiert. Die Absicht dieses Tages ist es der Öffentlichkeit die Wichtigkeit der Handschrift

vor Augen zu führen. Der Tag dient allen als Chance die Reinheit und Kraft der Handschrift wiederzuentdecken. Das Datum des 23. Januars ist auf den Geburtstag von John Hancock zurückzuführen. Er war der erste, der die Unabhängigkeitserklärung unter-schrieben hat und für seine große, schwungvolle Unterschrift bekannt war.

National Pie Day

Der Amerikanische-Torten-Verband, american pie council, hat im Jahr 1986 diesen Tag ausgerufen, um Kuchen und Torten zu feiern. Um diesen Tag gebührend zu begehen, mögen bitte Kuchen und Torten gebacken und an Familie, Freunde und Nachbarn verteilt werden. Auch neue Rezepte, die vielleicht noch in der Schublade schlummern, dürfen ausprobiert werden. Anschließend werden die Backerzeugnisse natürlich aufgegessen – am besten natürlich in großer, fröhlicher Runde.

24. Januar

Franz von Sales

Der Fürstbischof von Genf mit Sitz in Annecy, Ordensgründer, Mystiker und Kirchenlehrer ist der Patron der Schriftsteller und Journalisten sowie der Gehörlosen und der Städte Genf, Annecy und Chambéry. An seinem Festtag verliest der Papst alljährlich eine Botschaft, die die Christliche Soziallehre anlässlich des Welttages der Massenmedien erläutert.

Tag der Komplimente (Compliment-Day)

Die beiden US-Amerikanerinnen Kathy Chamberlin und Debby Hoffman begründeten den Compliment Day am 24. Januar 1998.Wer hört nicht gerne nette und positive Worte über sich, fühlt sich geschmeichelt und gestärkt?
Wem heute nichts Passendes einfällt, der kann sich auch noch etwas Zeit lassen: Am 1. März stehen die Lobeshymnen wieder im Mittelpunkt, dann wird der World Compliment Day gefeiert.

25. Januar

Gegenteiltag

Dem Anlass des Gegenteiltages mag es geschuldet sein, dass seine Kritiker behaupten, der Gegenteiltag fände an einem ganz anderen

Tag statt. Angeblich wurde das Datum im Jahr 1872 durch Alexander Kerr Craig, einem amerikanischen Kongressabgeordneten, festgelegt. - Gemäß Stupipedia ist der Gegenteiltag das Gegenteil eines normalen Tages. Er werde als sinnlos bezeichnet, deshalb sei er sinnvoll, weil das Gegenteil von sinnlos nun mal sinnvoll ist.

Burns Supper

Ein Fest zu Ehren des Dichters Robert Burns, das an dessen Geburtstag, dem 25. Januar, stattfindet. Burns Suppers finden dort statt, wo Menschen schottischer Herkunft sich niedergelassen haben, vor allem in Kanada, Nordirland, Australien und den Vereinigten Staaten. Auf der Speisekarte steht immer dasselbe: Suppe, Haggis mit Steckrübe und Kartoffeln, als Nachtisch ein Trifle. Zu den Trinksprüchen wird Whiskey getrunken. Wie den Quellen zu entnehmen war, ist das Menü nicht jedermanns Sache.

26. Januar

Nationalfeiertag Australien

Der Australia Day wird im Gedenken an die Ankunft der ersten britischen Siedler in Port Jackson, des späteren Sydney Harbour, gefeiert. Am 26.1.1788 erreichte die First Fleet, dt. erste Flotte, die Bucht von Sydney, nachdem sie am 18.1.1788 in Botany Bay, das sich für die Besiedlung als ungeeignet erwiesen hatte, gelandet war. Die Flotte stach am 13. Mai 1787 vom englischen Portsmouth aus in See. An Bord der 11 Schiffe, unter Kommando von Kapitän Arthur Phillip, befanden sich 550 Besatzungsmitglieder und 756 Sträflinge. Ziel der Reise war die Gründung von Strafkolonien in Australien. Nach weiteren Gefangenentransporten trafen ab dem Jahr 1793 auch erste frei Siedler in Down Under ein, die maßgeblich für die Entwicklung des Landes sorgten.

Tag der Zöllner / Zollunion

Der Internationale Tag des Zolls wird alljährlich am 26. Januar begangen, dem Tag der ersten Sitzung des Rats für die Zusammenarbeit auf dem Gebiet des Zollwesens, der heutigen Weltzollorganisation (WZO), die 1953 in Brüssel stattfand.

Nationalfeiertag Indien

Der Tag der Republik ist ein Nationalfeiertag in Indien. Obwohl Indien bereits am 15. August 1947 unabhängig wurde, ist die Verfassung des Staates erst am 26. Januar 1950 in kraft getreten.

27. Januar

Internationaler Tag des Gedenkens an die Opfer des Holocaust

Die Vereinten Nationen erklärten den 27.1. zum Internationalen Tag des Gedenkens an die Opfer des Holocaust erklärt. Dieser Beschluss wurde verabschiedet auf der 42. Plenarsitzung am 1.11.2005.

Family Literacy Day / Tag des Lesens und Schreibens

Der Family Literacy Day wurde als ein Tag für das Lesen und Schrieben ursprünglich in Kanada ins Leben gerufen.

Ziel war es wohl, sich in der Familie Zeit zu nehmen, um gemeinsam mit Eltern und Kindern zu lesen und zu lernen und somit Lesen und Schrieben, Ausdrucksfähigkeit und andere Fertigkeiten der Kinder zu fördern.

28. Januar

Europäischer Datenschutztag

Der Tag ist ein auf Initiative des Europarates ins Leben gerufener Aktionstag für den Datenschutz. Das Datum wurde gewählt, weil am 28. Januar 1981 die Europäische Datenschutzkonvention unterzeichnet worden war.

Ziel des Europäischen Datenschutztages ist es, die Bürger Europas für den Datenschutz zu sensibilisieren. Das soll durch Aktionen aller mit dem Datenschutz betrauten Organisationen erfolgen.

Fun-at-Work-Day

Nicht nur an diesem internationalen Tag für Spaß bei der Arbeit gilt, dass gut gelaunte, engagierte Mitarbeiter, die mit einer positiven Ein-stellung zur Arbeit zu gehen, um einen guten Job zu machen, bessere Moral und Motivation und bessere Ergebnisse haben.

29. Januar

Weltpuzzletag
Der internationale Puzzletag findet alljährlich am 29. Januar statt. Eingeführt wurde er 1995 von Spieleherstellern in den USA. Das Puzzle an sich wurde bereits um 1766 in England erfunden.

30. Januar

Welt-Tag der sinnlosen Anrufbeantworternachrichten
Der Tag der sinnlosen Anrufbeantworternachrichten wurde im Jahre 2011 eingeführt. Bereits 1938 baute der Erfinder und Nachrichtentechniker Willy Müller einen ersten automatischen Anrufbeantworter, der dann vier Jahre später vom Reichspostzentralamt als Ipsophon zugelassen wurde. Willy Müller erfand später das Alibiphon als eine Weiterentwicklung des Isophons, das aber nur eine Abwesenheitsmeldung wiedergeben konnte. In 1953 kamen die ersten Geräte zur Privatnutzung auf den Markt.

Jahrestag der Machtergreifung durch die Nationalsozialisten
Eigentlich bezeichnet der Begriff *Machtergreifung* einen längeren Prozess, durch den die NSDAP die Demokratie abschaffte und ihre Herrschaft festigte. Der Begriff wird jedoch häufig auch nur auf Adolf Hitlers Ernennung zum Reichskanzler am 30. Januar 1933 bezogen. Nach Meinung von Historikern ist es irreführend, die Machtergreifung als ein punktuelles Ereignis zu betrachten. Der historische Prozess, der zur uneingeschränkten Diktatur Hitlers führte, habe etwa 1930 begonnen und sei erst 1934 abgeschlossen gewesen.

31. Januar

Tag der Straßenkinder
Der Tag der Straßenkinder ist ausnahmsweise österreichischer Herkunft. „Jugend Eine Welt" macht auf die Situation von Straßenkindern und Jugendlichen aufmerksam und bittet um Spenden für Don Bosco Straßenkinderprojekte weltweit. In diesen Projekten finden Straßenkinder Hilfe und Schutz. Sie bekommen zu essen, werden medizinisch versorgt und können eine Schule besuchen oder einen Beruf lernen.

Backward Day oder auch Rückwärts-Tag

Wenn Sie gerne Dinge alles ein wenig anders machen als andere, kann heute nur Ihr Glückstag sein, am Rückwärts Tag statt, auch Yad drawkcaB oder in deutscher Über-setzung als Gat Sträwkcür bezeichnet.

Inspire your Heart with Art Day

Begeistern Sie sich für Kunst in allen Formen, Größen und Sorten. Ob es sich um eine Reise zu einem Heimatmuseum, Theater- oder Konzertbesuch handelt, gönnen Sie sich Kunstgenuss, bewundern Sie Kreativität und die positive Wirkung , die Kreativität und Kunst auf den Menschen haben können. Lassen Sie sich inspirieren, selbst kreativ zu werden und freuen Sie sich über alle verschiedenen Formen der Kunst.

Nationalfeiertag Nauru

Am 31.1. 1968 wurde Nauru als die kleinste Republik der Erde unabhängig. Bis zu diesem Zeitpunkt wurde Nauru als UN-Treuhandgebiet verwaltet. Der 31. Januar ist der Nationalfeiertag.
Nauru ist ein Inselstaat in der Inselwelt Mikronesiens im Pazifischen Ozean, nach Fläche der drittkleinste und nach Einwohnerzahl neben Tuvalu der zweit- oder drittkleinste anerkannte Staat der Welt. Seit dem 14.9.1999 ist das Land Mitglied der Vereinten Nationen.

Februar

Zweiter Tag - Zweite Woche - Zweiter Monat

Safer Internet Day - SID

Der Aktionstag für mehr Sicherheit im Internet. Er findet jedes Jahr am zweiten Tag der zweiten Woche des zweiten Monats statt und wird in Deutschland vom Bundesministerium der Justiz und für Verbraucherschutz[2] und dem Bundesverband Informationswirtschaft, Telekommunikation und neue Medien getragen.
An diesem Tag soll versucht werden, das Thema Datenschutz und Internetsicherheit in die Öffentlichkeit zu tragen.

Erster Freitag im Februar

National Wear Red Day
Amerikanische Herz-Gesellschaften ermuntern dazu, am ersten Freitag im Februar Rot zu tragen, um auf die allgegenwärtige Gefahr von Herzleiden und Herztod aufmerksam zu machen. Der größte Teil kardiologischer Befunde wäre behandelbar, wenn dem entsprechende Aufmerksamkeit geschenkt würde.

Zweiter Sonntag

Welttag der Ehe
Die Ehe ist Liebe, Halt und Tradition, sie ist der Bund des Lebens. Die Ehe ist die höchste Verbindung, die zwei Menschen eingehen können. In der heutigen Zeit, in der es immerzu hektisch vorgeht und viele Dinge austausch- und erneuerbar erscheinen, suchen viele Menschen Halt in festen Werten und Traditionen, Zeichen und Symbolen von Treue und Beständigkeit. Gemeinsam durchs Leben gehen, sich aufeinander in jeder Lebenssituation verlassen können ist der Traum vieler Menschen.

Zweiter Sonntag

Gebetstag für Autismus und das Asperger-Syndrom
Der Internationaler Gebetstag für Autismus und Asperger-Syndrom, auch als Autismus-Sonntag bekannt, wird jedes Jahr am zweiten Sonntag im Februar begangen. Erstmals fand der Tag 2002 während des "Autismus Awareness Jahres" in Großbritannien statt. Dort wurde der Tag von Eltern und Betreuern Ivan und Charika Corea, Gründer der "Autismus Awareness Campaign UK" initiiert. Der Tag wird inzwischen weltweit gefeiert.

Drittes Wochenende

Tag der Gesundheitsforschung
Seit 2005 veranstalten jährlich und bundesweit Fachkliniken und Gesundheitseinrichtungen am dritten Wochenende im Februar den Tag der Gesundheitsforschung. Unter einem jährlich wechselnden

Motto präsentieren Ärzte und Forscher aus den teilnehmenden Kliniken der Öffentlichkeit interessante Themen aus ihrer Arbeit.

Letzter Samstag

Welttag der Schwertschlucker
Der Tag der Schwertschlucker findet als eine Initiative der Sword Swallowers Association International seit 2008 immer am letzten Samstag im Februar statt.

Letzter Tag

Tag der seltenen Erkrankungen
Ins Leben gerufen und koordiniert von EURORDIS und organisiert zusammen mit den Nationalen Allianzen für seltene Krankheiten weltweit, möchte der Tag der Seltenen Erkrankungen das Bewusstsein der allgemeinen Öffentlichkeit sowie von politischen Entscheidungsträgern, öffentlichen Körperschaften, Vertretern der Industrie, Forschern und Angehörigen der Gesundheitsberufe und von allen an seltenen Krankheiten Interessierten stärken. Seit dem ersten Tag der Seltenen Erkrankungen in 2008 nimmt die Teilnehmerzahl jedes Jahr deutlich zu. Letztes Jahr engagierten sich weltweit Hunderte an Patientenorganisationen in mehr als 70 verschiedenen Ländern und Regionen

1. Februar

Robinson-Crusoe-Tag
Dieser Feiertag wurde 1999 in den USA eingeführt, und um an die Rettung von Alexander Selkirk und dessen Schicksal zu erinnern. Alexander Selkirk war vor 300 Jahren als Freibeuter auf den Meeren unterwegs. 1704 wurde er nach einem Streit mit seinem Kapitän auf einer einsamen Insel ausgesetzt. Es konnte dort über vier Jahre überleben, bis er am 1.2.1709 gerettet wurde. Nach seiner Rück-kehr war Selkirks Überleben in der Einsamkeit eine Sensation und wurde öffentlich gemacht. Daniel Dafoe war begeistert von der Geschichte und übernahm sie 1713 in seinen Roman Robinson Crusoe.

2. Februar

Mariä Lichtmess – Darstellung des Herrn

Das Fest *Darstellung des Herrn* entstand als Nebenfest von Christi Geburt. Als Datum galt der 14. Februar, also 40 Tage nach dem Fest Erscheinung des Herrn am 6. Januar, auch Dreikönigs-fest genannt. Ab dem 6. Jahrhundert wurde daraus der 2. Februar, also 40 Tage nach dem Hochfest der Geburt Jesu am 25.Dezember. Lichtmess war in der katholischen Kirche das Ende der Weihnachtszeit. Im evangelischen Kirchenjahr sieht der liturgische Kalender den Weihnachtsfestkreis erst mit dem letzten Sonntag nach Epiphanias als beendet an.

Groundhog Day / Murmeltiertag

In den USA feiert man den "Groundhog Day", der Tag des Murmeltiers, einer der beliebtesten Jahrestage in den USA.

Der Tag und sein zugehöriger Brauch stammen von einem alten Mythos, der besagt, überwinternde Tiere würden bei ihrem Hervorkommen die Ankunft des Frühlings vorherzusagen. Daher folgende Legende: Wenn das Murmeltier bei seinem ersten Ausblick aus dem Erdloch einen Schatten wirft, wird der Winter der Region mindestens sechs Wochen erhalten bleiben.

Welttag der Feuchtgebiete

Seit 1997 wird der Tag der Feuchtgebiete begangen, im Gedenken an die Ransar-Vereinbarung, die von der UNESCO angestoßen wurde, Die als Übereinkommen über Feuchtgebiete, als Lebensraum für Wasser- und Watvögel, von internationaler Bedeutung ist. Der Tag soll die Wahrnehmung des Wertes und der Vorzüge von Feuchtgebieten, Wiesen und Mooren verbessern.

3 Februar

Tag der männlichen Körperpflege

Weltweit ist am 3. Februar der "Tag der männlichen Körperpflege". Kosmetikhersteller hatten den Tag bereits in 2007 eingeführt – mit den ersten Cremes und Lotionen für Männer.

Der Tag ist auch als "National Men´s Grooming Day" bekannt.

The Day the Music died

Die Musiker Buddy Holly, Ritchie Valens und The Big Bopper kamen am 3. Februar 1959 bei einem Flugzeugabsturz ums Leben. In Erinnerung daran ging der 3. Februar als The Day the Music Died, deutsch: „Der Tag, an dem die Musik starb" in die Geschichte ein.

4. Februar

Weltkrebstag

Der Welt-Krebstag wurde von der Welt-Krebs-organisation UICC 2007 international ausgerufen. Viele der mehr als 300 Mitgliedsorganisationen aus über 100 Ländern – darunter auch die Deutsche Krebshilfe – beteiligen sich an diesem Aktionstag.

Nationalfeiertag Sri Lanka

Der 4. Februar ist Nationalfeiertag in Sri Lanka, der Tag, an dem das Land von Vereinigten Königreich unabhängig wurde, am 4.2.1948.

5. Februar

World Nutella Tag

Eine amerikanische Journalistin initiierte in 2007 als echter Fan des süßen Brotaufstriches bei einem Italienaufenthalt den Nutella Tag.

Weltweiter Hast-du-gepupst-Tag

Der deutsche Comiczeichner Bastian Melnyk rief 2006 den weltweiten Tag ins Leben, bei dem es um Darmwinde, Flatulenzen und Fürze, die ins Freie entlassen werden müssen, was für Anwesende und die Betreffenden nicht so angenehm ist. Weil's eben stinkt.

6. Februar

Internationaler Tag der Nulltoleranz gegen Genitalverstümmelung bei Frauen und Mädchen

Die UN hat die Staaten, das System der Vereinten Nationen, die Zivilgesellschaften sowie alle Interessenträger aufgefordert, jährlich den 6.2. als Internationalen Tag der Nulltoleranz gegen Genitalverstümmelung bei Frauen und Mädchen zu begehen und diesen Tag für Aktionen und Maßnahmen zu nutzen.

Nationalfeiertag Neuseeland – Waitangi-Tag

Der Waitangi Tag ist Nationalfeiertag Neuseelands, ein gesetzlicher Feiertag zur Erinnerung an die Unterzeichnung von Neuseelands Gründungsdokument, des Vertrages von Waitangi im Jahre 1840.

7. Februar

Winke deinem Nachbarn mit allen Fingern Tag

Hat Ihnen der verhasste Nachbar übern Zaun unerwartet zugewunken? – keine Sorge, wahrscheinlich wollte er Sie nicht verhöhnen, sondern einen wenig bekannten Feiertag zelebrieren. Dabei ist jeder aufgerufen, alle Differenzen zumindest für diesen Tag beizulegen.

Nationalfeiertag Grenada

Nachdem Grenada bereits 1967 die Autonomie von Großbritannien erhielt, wurde das Land am 7. Februar 1974 unabhängig Grenada wurde Mitglied der Vereinten Nationen am 17. 09.1974.

9. Februar

Tag der Zahnschmerzen

90 % aller Menschen leiden im Lauf ihres Lebens an Erkrankungen wie Karies und Parodontose bis zu Zahnverfall und Mundkrebs. Kein Wunder also, wenn sowohl am 09. Februar, dem weltweiten Tag der Zahnschmerzen und am 20. März, dem Weltmundgesundheitstag, bei manchem unschöne Gefühle aufsteigen. Bei Mäusen und Feldhasen, Haien und Elefanten wachsen die Zähne ein Leben lang nach, aber Menschen bekommen ihre 32 Zähne nur einmal.

10. Februar

Tag der Kinderhospizarbeit

Der bundesweite „Tag der Kinderhospizarbeit" macht seit 2006 am 10. Februar auf die Situation tödlich erkrankter   Kinder und deren Familien aufmerksam. Der Tag der Kinderhospizarbeit soll die Inhalte der Kinderhospiz-arbeit und ihre Angebote bekannter machen, Menschen für ehren-amtliches Engagement gewinnen und Ideelle und finanzielle Unter-stützer finden und das Thema *Tod und Sterben von Kindern* enttabuisieren

Regenschirm-Tag
... in Amerika auch bekannt als Umbrella-Day. Damit wird ein Alltagsgegenstand gewürdigt, der uns vor unschönen Seiten des Wetters, natürlich vor Regen und Schnee schützen soll.

11. Februar

Tag des europäischen Notrufs 112
Der Europäische Tag des Notrufs 112 wurde vom Europäischen Parlament, der EU-Kommission und dem Rat der Europäischen Union im Jahr 2009 gemeinsam und aufgrund der im Datum enthaltenen Notrufnummer erklärt, um die europaweite Gültigkeit des Euronotrufs 112 sichtbarer und die Vorteile der europaweiten Notrufnummer bekannter zu machen.

Nationalfeiertag Iran
Der iranische Nationalfeiertag erinnert an den Zusammenbruch der konstitutionellen Monarchie am 11. Februar 1979.

Weine-nicht-um-vergossene-Milch-Tag
Der Weine-nicht-um-die-vergossene-Milch-Tag: Jedem Menschen kann einmal ein Missgeschick passieren. Die Folgen sind nach Möglichkeit schnell beseitigt. Viel interessanter ist bzw. sollte sein, warum ein Fehler passieren konnte oder musste, welcher Lerneffekt mag eintreten, wie klug man aus Schaden werden kann und welcher Fortschritt sich ergeben mag (vielleicht).

White Shirt Day
Mitte der 1930er Jahre verhielten sich amerikanische Firmen mehr als rabiat gegenüber ihren Angestellten, insbesondere wenn es um Themen wie Arbeitnehmerrechte oder Gewerkschaftsarbeit ging.
Ende 1936 wurde von Unerschrockenen eine kleine Gewerkschaft mit dem Namen United Automobile Workers UAW gegründet, die gegen die bestehenden Verhältnisse angehen sollte.
Am 11. Februar 1937 konnten die Arbeiter nach sechswöchigem Sitzstreik an ihre Arbeitsplätze zurückkehren, nachdem die Leitung der Firma, General Motors, sich zu Verhandlungen bereiterklärt hatte.
Als Erinnerung an jenen 11. Februar wird ein weißes Shirt getragen.

Welttag der Kranken

Papst Johannes Paul II. hat den Welttag der Kranken 1993 anlässlich des Gedenkens an alle von Krankheiten heimgesuchten und gezeichneten Menschen eingeführt. Er wird am 11. Februar, dem Gedenk-tag Unserer Lieben Frau in Lourdes begangen. Neben einem Gottesdienst im Petersdom finden jeweils zentrale Veranstaltungen in einem anderen Land statt.

Der Welttag der Kranken ist nicht zu verwechseln mit der Schweizer Variante des Tages der Kranken, der am ersten Sonntag im März stattfindet.

12. Februar

Internationaler Tag gegen den Einsatz von Kindersoldaten

Der Internationale Tag gegen den Einsatz von Kindersoldaten, englisch "Red Hand Day", ist ein jährlich am 12. Februar begangener internationaler Gedenktag, mit dem an das Schicksal von Kindern erinnert wird, die zum Kampfeinsatz in Kriegen und bewaffneten Konflikten gezwungen werden. Ziel des Tages ist der Aufruf zu einem verstärkten Einsatz im Kampf gegen diese besonders schwerwiegende Form des Kindesmissbrauchs.

Red Hand Day

Seit vielen Jahren gibt es jetzt die Aktion am 12. Februar, den internationalen Gedenktag an das Schicksal von Kindersoldaten. Hunderttausende rote Handabdrücke wurden in über 50 Ländern gesammelt und an Politiker und Verantwortliche übergeben, darunter UN-Generalsekretär Ban Ki Moon, der deutsche Außenminister und der Bundespräsident. Doch trotz vieler Erfolge gibt es immer noch 250.000 Kindersoldaten weltweit.

Internationaler Darwin-Tag

Der Darwin-Tag ist ein weltweit gefeierter Gedenktag, der jährlich am 12. Februar, dem Geburtstag Charles Darwins stattfindet. Der Darwin-Tag versteht sich als Hommage an Darwins Beitrag zur Wissenschaft. Er soll der Öffentlichkeit auch generell die Naturwissenschaften näherbringen und die Naturwissenschaften und die Menschheit feiern.

13. Februar

Weltweiter Ändere-deinen-Namen-Tag

Das US-amerikanische Ehepaar Thomas und Ruth Roy wollte bereits im Jahr 1987 mit dem Get A Different Name Day, dem Ändere-deinen-Namen-Tag ein Mal im Jahr all denjenigen die Möglichkeit zur Namensänderung geben, die sich mit ihrem eigenen Namen nicht wohl fühlen. Laut den beiden Erfindern dieses kuriosen Feiertags soll dies nur den Vornamen betreffen. Allerdings gilt es bei der Wahl von Namen, sei es Vor- oder Nachname, gesetzliche Regeln zu beachten.

Internationaler Tag des Radios

Im November 2011 hat die 36.Generalkonferenz der UNESCO Weltradiotag ausgerufen. Damit sollte die zentrale Bedeutung des Radios für die Verbreitung von Information und Wissen und die Stärkung der Meinungsfreiheit hervorgehoben werden.

14. Februar

St. Valentinstag

Der Valentinstag gilt in einigen Ländern als Tag der Liebenden. Das Brauchtum dieses Tages geht auf einen oder mehrere christliche Märtyrer namens Valentinus zurück.

Der Gedenktag wurde von Papst Gelasius I. 469 für die ganze Kirche eingeführt, 1969 jedoch aus dem römischen Generalkalender gestrichen. Verbreitet gibt es jedoch um den Valentinstag herum Gottesdienste, in denen Ehepaare gesegnet werden.

An Bekanntheit gewann der Valentinstag im deutschen Sprachraum durch die Werbung der Floristen und Süßwarenfabrikanten.

15. Februar

Internationaler Angelman-Tag

Der Februar ist weltweit der Monat der seltenen Erkrankungen. Eltern machten im Jahr 2013 erstmals mit dem Aktionstag auf das Angelman-Syndrom aufmerksam. Weil der Gendefekt auf dem 15. Chromosom liegt, findet der Angelman-Tag am 15.Februar statt.

Nationaltag des Gummidrops
Gummidrops sind eine Art von Süßigkeiten. Sie bestehen meist aus bunter Gelatine und sind geformt wie ein Kegelstumpf, der mit granuliertem Zucker beschichtet ist. Gummidrops gibt es in meist künstlich hergestellten Fruchtsorten und Aromen.

Nationalfeiertag Serbien
Mit dem Nationalfeiertag am 15. Februar feiern die Serben den Beginn des serbischen Aufstandes gegen das Osmanische Reich in 1804 und das Inkrafttreten der ersten Verfassung in 1835, durch das der erste Serbische Staat entstand: das Fürstentum Serbien.

Internationaler Kinderkrebstag
Am 15. Februar erinnern Elterngruppen an weltweit jährlich 200.000 Kinder, die an Krebs erkranken. Wenn sie diagnostiziert und behandelt werden, überleben rund drei Viertel von ihnen. Jedoch leben 80 Prozent dieser Kinder in Entwicklungs- und Schwellenländern. Dort haben sie zum großen Teil nicht die Möglichkeit, optimal behandelt zu werden - die Mehrheit verstirbt. Nach Ansicht des Elterngruppenverbandes ICCCPO (International Confederation of Childhood Cancer Parent Organizations) könnten mehr als 100.000 Todesfälle pro Jahr verhindert werden, wenn überall in der Welt der Zugang zu Diagnose und Therapie gewährleistet wäre.
Nach Angaben der Deutschen Kinderkrebsstiftung erkranken in Deutschland jährlich rund 1800 Kinder an einer Krebserkrankung. Die meisten werden dauerhaft geheilt.

Tag des Regenwurms
Er wurde um das Jahr 2005 von Naturschützern eingeführt. Die Regenwürmer sind im Erdboden lebende, gegliederte Würmer aus der Ordnung der Wenigborster. In der Schweiz leben derzeit etwa 40, in Österreich 62, in Deutschland 39, in Europa etwa 400 und weltweit etwa 3000 Regenwurmarten. Für den biologischen Gartenbau sind Regenwürmer von zentraler Bedeutung.

16. Februar

Nationalfeiertag Litauen

Litauen erklärte seine Unabhängigkeit am 16. Februar 1918 und wurde für 20 Jahre ein eigenständiger Staat. Die Litauer verloren ihre Unabhängigkeit jedoch wieder, als ihr Land 1940im Krieg von sowjetischen Soldaten besetzt wurde. Noch heute wird in Litauen am 16. Februar die - wenn auch vorübergehende - Unabhängigkeit mit einem Nationalfeiertag gefeiert.

17. Februar

Nationalfeiertag Kosovo

Am 17.Februar.2008 wurde die Unabhängigkeit der Republik Kosovo proklamiert. Diese wurde bislang nach Informationen der kosovarischen Regierung von 108 Staaten anerkannt. (Stand: 15.02.2014)

18. Februar

Welt-Pluto-Tag

Als neunter Planet unseres Sonnensystems galt er über 60 Jahre lang, bis Ende 2006 die mächtige Internationale Astronomische Union Pluto zum Zwergplaneten degradierte und ihn mit der schnöden Nummer 134340 versah. Begründung: zu klein, einfach unwichtig. Pluto-Freunde in aller Welt halten dem eisig-felsigen Sonderling die Treue und feiern ihn am 18. Februar, dem Tag seiner Entdeckung 1930, wie nie zuvor.

Nationaltag der Batterie

Der Nationaltag der Batterie, des kleinen unscheinbaren Hilfsmittels, dass der Stromversorgung kleiner, meist tragbarer Geräte dient und heutzutage unverzichtbar geworden ist.

Nationalfeiertag Gambia

Die konstitutionelle Monarchie Gambia wurde am 18. Februar 1965 Mitglied des Commonwealth of Nations. Der Staat nennt sich seitdem "The Gambia" und ist UN-Mitglied seit dem 21. September '65.

Welt-Tag der Minzschokolade
Die Minzschokolade wird von ihren Fans gefeiert. Initiiert wurde das Event im Jahr 2003 durch die National Confestioners Association als "Chocolate Mint Day". Die korrekte Durchfürung des Tags der Minzschokolade ist einfach: 1. Minzschokolade essen, 2. Diät erst am 20. Februar beginnen.

20. Februar

Liebe-dein-Haustier-Tag
Alle, die stolze Besitzer eines Haustieres sind, sollten sich an diesem Tag einmal besonders um ihren Liebling kümmern, und das Tier mit einer Extrarunde Sport, mit Leckerlies, mit neuem Spielzeug oder einer Extrarunde Streicheleinheiten verwöhnen.

Sternzeichen Fische
20. Februar bis 20. März

Welttag der sozialen Gerechtigkeit
Sozialen Gerechtigkeit ist ein grundlegendes Prinzip, um eine friedliche und prosperierende Koexistenz innerhalb und zwischen den Staaten zu gewährleisten. Dabei stellt soziale Gerechtigkeit sowohl eine Forderung als auch ein normatives Ziel zugleich dar. Eine Annäherung daran geschieht, wo Barrieren abgebaut werden, die Menschen aufgrund ihres Geschlechts, Alters, ethnischer Zugehörigkeit, Glaubens, der Kultur oder Behinderung an gesellschaftlicher Teilhabe hindern.

21. Februar

Internationaler Tag d. Muttersprache
Die Generalkonferenz der Vereinten Nationen für Bildung, Wissenschaft und Kultur hat am 17.11.1999 beschlossen, den 21.2. zum Internationalen Tag der Muttersprache zu erklären und die Mitgliedstaaten aufgefordert, Erhaltung und Schutz der von den Völkern der Welt gesprochenen Sprachen zu fördern.

Welttag des Fremdenführers

Der International Tourist Guide Day (ITGD) - in Deutschland Weltgästeführertag (WGFT) - wird seit 1990 von zahlreichen - dem Weltverband der Gästeführer (WFTGA) angeschlossenen – Gästeführerorganisationen weltweit am 21. Februar, dem Gründungstag des Weltverbandes, durchgeführt.

Biikebrennen

Die Friesen feiern am 21. Februar eines jeden Jahres ihr Biikebrennen. Die Feuer werden entlang der Küste sowie auf den Inseln und Halligen entzündet. Das Brauchtum erscheint in jüngerer Vergangenheit im neuen Gewand. Während zu früheren Zeiten die Biike, aus dem Friesischen mit Feuerzeichen übersetzt, noch zum Schutz der neuen Saat oder zur Vertreibung von bösen Geistern diente, wird heute die Heimatverbundenheit der Friesen und die Verabschiedung des Winters damit zelebriert. Grünkohlessen und Tanzmusik gehören, neben den Fackelläufen und dem Entzünden des Feuers an sich, längst zu einem festen Bestandteil der Biike.

22. Februar

Thinking Day

Ein Gedenktag der Pfadfinder-bewegung, an dem an die weltweite Gemeinschaft der Pfadfinder und den gemeinsamen Geburtstag von Robert Baden Powell, dem Gründer der Pfadfinderbewegung, und seiner Frau Olave, einer einflussreichen Führerin der Pfadfinderinnenbewegung, erinnert wird. An diesem Tag sammeln viele Gruppen für karitative Zwecke oder Aufgaben der Pfadfinderbewegung.

Karneval in Venedig

Mit den Masken, Tierkämpfen, Herkulesspielen und Feuerwerken ist der historische Karneval in Venedig der bekannteste neben denen von Florenz und Rom. Das Fest dauert von Epiphania am 6. Januar bis zum Beginn der Fastenzeit am Aschermittwoch. Der Ursprung des venezianischen Karnevals geht auf die Saturnalien der Antike und auf Gebräuche und Festlichkeiten von vor der Fastenzeit, bis ins 12. Jahrhundert zurück. In Venedig feierte man den Karneval vom Stefanitag am 26. Dezember an.

In der heutigen Zeit wird der Karneval offiziell 10 Tage vor Aschermittwoch, sonntags ab 10.30 Uhr, mit dem Engelsflug eröffnet. Die Festivitäten beginnen aber bereits eine Woche zuvor

Peterstag / Kathedra Petri
Kathedra Petri, umgangssprachlich auch als Petri Stuhlfeier bekannt, ist ein Gedenktag im Kirchenjahr der katholischen Kirche. Der Tag hat in der Liturgie den Rang eines Festes im Generalkalender, das in Rom seit dem 4. Jahrhundert bekannt ist. Es erinnert an die Berufung des Petrus zum Lehramt in der Kirche.

23. Februar

Nationalfeiertag Guyana
Guyana erklärte sich am 26. Mai 1966 für unabhängig von Großbritannien. Am 23. Februar wurde die Republik Guyana gegründet und dieser Tag zum Nationalfeiertag erklärt.
Am 20. September 1966 erhielt Guyana die UN-Mitgliedschaft.

Tag des Verteidigers des Vaterlandes
Der Feiertag wurde 1922 von Lenin als Tag der Roten Armee eingeführt. So hieß er bis 1949 und dann bis 1991 Tag der Sowjetischen Armee und Seestreitkräfte. Er war bis zum Ende der Sowjetunion einer ihrer wichtigsten Feiertage. Am 23. Februar 1918 wurden in Petrograd und Moskau erstmals in größerem Umfang Soldaten rekrutiert. Nach dem Zerfall der Sowjetunion wurde der Feiertag zum Tag der Verteidiger des Vaterlandes umbenannt.

Tag des Hundekuchens
Am 23. Februar wird international der „Tag des Hundekuchens" begangen und damit die Erfindung der Leckerli für Hunde gewürdigt. Wo und wann aber der erste Hundekuchen aus dem Backofen geholt wurde, ist schwer zu sagen.

Nationalfeiertag Brunei
Der Tag erinnert an das Ende des britischen Protektorats am 23. Februar 1984. Unabhängigkeit bestand bereits seit 1. Januar 1984.

24. Februar

Nationalfeiertag Estland

Estland feiert seinen Nationalfeiertag am 24. Februar. An diesem Tag im Jahr 1918, am 24.02.1918 erklärte Estland seine Unabhängigkeit von Russland. Doch die Unabhängigkeit hielt nur von 1918 bis 1940, bis sowjetische Soldaten Estland eroberten und das Land für die folgenden 50 Jahre zur Sowjetunion zählte. Erst im August 1991 wurde Estland erneut unabhängig.

25. Februar

Tag der Schachtelsätze

Unter Schachtelsätzen versteht man komplexe Satzgebilde, in denen sich ein Nebensatz an den anderen anschließt. Dies geht auf Kosten der Verständlichkeit. Bei Schachtelsätzen wird der Leser schnell „den Faden verlieren" und nicht mehr nachvollziehen können, was gemeint ist. Sprachkritiker empfehlen daher, möglichst einfache Satzkonstruktionen zu wählen, am besten kurze Hauptsätze, die sich zudem auch noch leichter lesen lassen.

26. Februar

Erzähle-ein-Märchen-Tag

Alljährlich am 26. Februar wird der Erzähle-ein-Märchen-Tag begangen. Dabei werden Märchen, am besten die alten aus der Kinderzeit, gelesen – allein oder mit mehreren gegenseitig vorgelesen. Es handelt sich um Prosatexte, um Erzählungen, die von wundersamen Geschehnissen berichten ... und manchmal auch einen wahren Kern enthalten..

27. Februar

Tag des Eisbären

Der internationale Welttag daran, dass durch den Klimawandel die Eisbären in der Arktis immer mehr in Bedrängnis kommen. Die letzten maximal 25.000 Eisbären werden durch den Temperaturanstieg zunehmend dezimiert. Der WWF warnt, dass bis 2050 zwei Drittel der Eisbären ausgestorben sein könnten und betreibt deshalb seit Jahren eine groß angelegte Rettungsaktion für dieses größte Landraubtier der Arktis.

Nationalfeiertag Dominikanische Republik

Die Dominikanische Republik ist ein Inselstaat, der den Osten und die Mitte der Insel Hispaniola umfasst, während das westliche Drittel von dem Staat Haiti beansprucht wird. Am 27.02.1844 wurde die Dominikanische Republikdurch Trennung von Haiti unabhängig.

Nationalfeiertag Westsahara

Am 27.2.1976 wurde die Demokratische Arabische Republik Sahara ausgerufen. Daran erinnert der Nationalfeiertag der Westsahara, die aber von den meisten Mitgliedern der Vereinten Nationen nicht anerkannt wird.

28. Februar

Schlaf-in-der Öffentlichkeit-Tag

Wenn der Nachtschlaf nicht ausreicht, oder wenn's einfach wieder mal zuviel war, dann hilft ein kleines Nickerchen im Bus, auf der Parkbank, an einem anderen Ort, wo man sich ungestört fühlt, nur bitte nicht während des Autofahrens.

Weltkrokettentag

Aus den Niederlanden kommt ein ganz besonderer, kulinarischer Gedenktag. Am 28. Februar ist der Weltkrokettentag.

An diesem Tag wird die kleine runde Krokette gewürdigt, die sich endlich aus dem Schatten der großen Schwester Pommes Fritz hat lösen können.

Romanustag

Der Romanustag ist ein katholischer Gedenktag. Der 28.2. (in Schaltjahren der 29. Februar) dient dem Andenken des heiligen Romanus von Condat. Der (ca. 400 bis 463) war Eremit und Klostergründer. Er wurde einer der Heiligen der katholischen Kirche. Er ist auch unter dem französischen Namen Saint Romain de Condat bekannt.

29. Februar

Schalttag

Den 29. Februar gibt es nicht oft. Er kommt nur alle vier Jahre vor.

Weil die Erde knapp sechs Stunden länger als die 365 Tag eines Jahres benötigt, um einmal die Sonne zu umrunden, hat man einen Schalttag eingeführt, der alle vier Jahre vorkommt. Damit hat das Jahr dann 366 Tage und der Fehler ist wieder ausgeglichen. Es gibt noch Ausnahmeregelungen, aber nicht hier.

Die Schalttage fanden schon früher im Februar statt, da dieser Monat der letzte im römischen Kalender war und somit auch der Platz für zusätzliche Schalttage. Und der heutige gregorianische Kalender basiert auf dem julianischen Kalender, der wiederum auf alten römischen Kalendern basiert, aus denen dann die Schalttage mehr oder weniger einfach übernommen wurden.

März

Erster Freitag im März

Weltgebetstag der Frauen

Der Weltgebetstag ist eine weltweite Basisbewegung christlicher Frauen. Jedes Jahr, immer am ersten Freitag im März, feiern Menschen weltweit den Weltgebetstag (WGT). Der Gottesdienst wird jährlich von Frauen aus einem anderen Land vorbereitet. Diese Frauen sind Mitglieder in unterschiedlichen christlichen Kirchen. Auch in unzähligen Gemeinden in ganz Deutschland organisieren und gestalten Frauen in ökumenischen Gruppen den Weltgebetstag. Weltgebetstag – das ist gelebte Ökumene!

Zweiter Donnerstag

Weltnierentag

Die International Society of Nephrology und die International Federation of Kidney Foundations haben 2006 erstmals einen "Weltnierentag" ausgerufen. Jedes Jahr soll der zweite Donnerstag im März dazu dienen, das Bewusstsein für Nierenerkrankungen zu schärfen und auf die dringlichen Probleme der wachsenden Inzidenz von Nierenerkrankungen hinzuweisen. Die Probleme sind eklatant: Die meisten Nierenerkrankungen werden erst diagnostiziert, wenn sie bereits weit entwickelt und nicht mehr kurierbar sind. Der Weltnierentag soll darüber informieren, dass Nierenerkrankungen häufig, lebensgefährlich und behandelbar sind.

Popcorn-Liebhaber-Tag

Der Popcorn-Liebhaber-Tag ist der besondere Tag für Popcorn-Fans, der jedes Jahr am zweiten Donnerstag im März gefeiert wird.

Zweites Wochenende

Tag der offenen Töpferei

Keramiker*innen laden am 2. Wochenende im März ein, die geöffneten Töpfereien, Keramikwerkstätten, Studios und Ateliers zu besuchen, das vielseitige Handwerk kennenzulernen, sich auszuprobieren und gesellige Stunden zu erleben. Jedes Jahr haben fast 600 Werkstätten in allen Bundesländern gleichzeitig geöffnet.

Dritter Sonntag

Welttag der Invaliden

Der Welttag wurde 1982 von der UNO ein-geführt. Er erinnert an Menschen, die durch Kriege schwer verletzt wurden

Dritter Freitag

Weltschlaftag

Am dritten Freitag im März findet der Weltschlaftag statt.
Die „World Association of Sleep Medicine" wird nicht müde zu betonen, wie wichtig gesunder Schlaf ist. Denn er ist zwar kein Garant, aber doch Voraussetzung für allgemeines Wohlbefinden und eine gute gesundheitliche Verfassung. Um mehr Menschen auf die Bedeutung des Schlafs aufmerksam zu machen, rief die World Association of Sleep Medicine 2008 den Weltschlaftag ins Leben.

Letzter Mittwoch

Document Freedom Day

Ein weltweiter Aktionstag, der am letzten Mittwoch im März be-gangen wird. An diesem Tag werden weltweit Internetauftritte ausgezeichnet, die offene Standards, insbesondere maschinenlesbare Dokumente, als Regel anbieten.

Letzter Samstag

Earth Hour

Es begann 2007 in Sydney. Mehr als 2,2 Millionen australische Haushalte nahmen am 31.3.2007 an der Earth Hour teil und schalteten für eine Stunde das Licht aus, um ein Zeichen für den Klimaschutz zu setzen. Ein Jahr später erreichte Earth Hour 370 Städte in 35 Ländern verteilt in 18 Zeitzonen und wurde zur globalen Bewegung.

Letzter Sonntag

Zeitumstellung auf Sommerzeit

Zur Zeitumstellung wird um 2:00 Uhr die Uhr eine Stunde vorgestellt. Das bedeutet : "Die Nacht ist eine Stunde kürzer".

1. März

Meteorologischer Frühlingsbeginn

Astronomisch beginnt der Frühling am 20. oder am 21. März, abhängig vom genauen Zeitpunkt der Frühlings-Tagundnachtgleiche. Der **Frühlingspunkt** ist astronomisch der Zeitpunkt, an dem die scheinbare geozentrische Länge der Sonne 0° beträgt. Damit steht sie auf dem astronomischen Ausgangspunkt der Ekliptik. Gegenwärtig trifft dieser Zeitpunkt auf den 20. oder 21. März. Es ist gleichzeitig auch der Zeitpunkt, an dem die Sonne ihre mittlere Deklination erreicht, es herrscht Tagundnachtgleiche.
(Tag und Nacht sind gleich lang)

World-Compliment Day (NL)

Der Welt-Komplimente-Tag, der seit 2003 zuerst in den Niederlanden begangen wurde, hat über Belgien und Norwegen sich nach ganz Europa ausgeweitet und mittlerweile seinen Weg in die Welt gefunden. Der Niederländer Hans Poortvlied und seine Mitinitiatoren wollten und wollen den 1. März als den Welttag des Kompliments zum schönsten und positivsten Tag der Welt machen. Zweck des Tages ist es, unsere Mitmenschen durch ein Wort, ein Komplimente oder eine Geste der Aufmerksamkeit ein wenig glücklicher zu machen.

Nationalfeiertag Bosnien und Herzegowina

Der Tag erinnert an den Abschluss des Referendums zur Unabhängigkeit Bosnien-Herzegowinas am 29. Februar/1. März 1992.

3. März

Tag des Artenschutzes - World Wildlife Day

Mit dem "Tag des Artenschutzes" wird an die Unterzeichnung des Washingtoner Artenschutzabkommens (kurz CITES) am 3.3.1973 erinnert und weltweit auf die Dringlichkeit aufmerksam gemacht, den Artenschwund zu stoppen und die biologische Vielfalt zu erhalten. Das Washingtoner Artenschutz-übereinkommen - engl. Convention on International Trade in Endangered Species of wild Fauna and Flora, abgekürzt CITES - ist seit 1973 die völkerrechtliche Grundlage für den Schutz der gefährdeten Arten durch die Kontrolle des internationalen Handels.

Wenn-Haustiere-Daumen-hätten-Tag

Was wäre wohl, wenn unsere Haustier einen Daumen hätten? Wäre der Daume oben oder untern? Wie würden unsere Haustiere wohl über ihre Menschen urteilen? - Der sogenannte opponierbare Daumen hat zwar ein Fingerglied weniger, verfügt aber über mehr Bewegungsmöglichkeiten als die anderen Finger. Er ermöglicht den Faustschluss und verbessert die Greiffunktionen entscheidend.

Pfirsichblüten-Tag

Der Pfirsichblüten-Tag bezieht sich auf ein japanische Puppenfest, das ebenfalls am 3.3. stattfindet. Vielleicht ist der Pfirsichblütentag auch deshalb ein Tag, an dem Mädchen feiern sollen, dass sie Mädchen sind. - Der Pfirsich gehört zur Familie der Rosengewächse, und die Rose ist bekanntlich die Blume der Liebe.

Nationalfeiertag Bulgarien

Seit 1396 gehörte Bulgarien ca. Jahre zum osmanischen Reich, bevor es den Bulgaren 1878 gelang, sich von der osmanischen, bzw. türkischen Herrschaft zu befreien. Der Nationalfeiertag Bulgariens heißt in Erinnerung "Tag der Befreiung" und wird am 3.3. gefeiert.

4. März

Internationaler Scrapbookling-Tag

Beim Scrapbooking werden mit Fotos und Bildausschnitten die Erlebnisse und Geschichten, vielleicht ganze Lebensgeschichten, in Form von Fotokollagen dargestellt und mittels Textausschnitten und manch anderen künstlerischen Techniken nacherzählt, in Szene gesetzt und kommentiert. Dadurch entstehen sehr lebendige und auch persönliche Foto- und Bilderalben.

5. März

Tag des Energiesparens

Der Tag soll Politiker, Verbraucher und Industrie erinnern, dass bezüglich Energieverbrauch in Deutschland und anderen Industriestaaten weiterhin große Einsparpotenziale bestehen, die nicht ausgenutzt werden. Wer diesen Tag zum Anlass nimmt, in sich zu gehen und über eigenes Verbrauchsverhalten nachzudenken, findet vielleicht auch bei sich selbst noch Einsparmöglichkeiten.

6. März

Europäischer Tag der Logopädie

wird jedes Jahr am 6. März begangen. Ins Leben gerufen hat den Europäischen Tag der Logopädie der Europäische Dachverband der Nationalen Logopädenverbände, das Comité Permanent de Liaison des Orthophonistes-Logopèdes de l'Union Européenne
„Die Grenzen meiner Sprache sind die Grenzen meiner Welt...", das wusste schon Wittgenstein zu berichten. Und in der Tat ist Sprache ein wichtiges Mittel in allen Lebenslagen - und in jedem Alter.

Tag der Tiefkühlkost

Der ehemalige US-Präsident Ronald Reagan rief 1984 mit der Proclamation 5157 den 6. März offiziell zum National Frozen Food Day aus, dem Tag der Tiefkühlkost – im Gedenken daran, dass Mut und Pioniergeist die Welt verbessern können.
Am 6. März 1930 wurde in den USA das erste tiefgekühlte Gemüse unter dem Namen "Birds Eye Frosted Foods" verkauft. Der amerikanische Biologe Clarence Birdseye hatte sich bei einer seiner Expeditionen bei den Inuit hoch im Norden eine Konservierungs-

methode abgeschaut, bei der frisch gefangene Fische in der minus 40 Grad kalten Luft zum Gefrieren aufgehängt und so ganz natürlich haltbar gemacht werden. Besonders beeindruckte Birdseye, dass die Fische nach dem Auftauen genauso gut wie frische schmeckten – er führte es auf das schnelle Gefrieren durch besonders tiefe Temperaturen zurück. Wieder zurück entwickelte er eine Maschine, die diese Prinzipien aufgriff und mit der er Lebensmittel erstmals maschinell einfrieren konnte.

Tag des Zahnarztes
Zahnärzte gehören sicher nicht zu der Art von Ärzten, die man gerne besucht, aber dennoch sind sie bei Problemen immer helfend zur Stelle, wenn Zähne Probleme machen.
Damit könnte der 6. März Gelegenheit geben, den Zähnen mal wieder etwas Aufmerksamkeit zukommen zu lassen.

Nationalfeiertag Ghana
Am 6. März feiert Ghana seine Unabhängigkeit mit dem Nationalfeiertag. Viele Jahrzehnte war das Land britische Kolonie. Am 6.3. des Jahres 1957 wurde Ghana unabhängig. Deshalb ist der heutige Tag der wichtigste Feiertag des afrikanischen Landes.

7. März

Deutscher Tag der gesunden Ernährung
Seit 1998 veranstaltet der Verband für Ernährung und Diätetik e.V. (VFED) den Tag der gesunden Ernährung. Mit diesem Aktionstag soll wir die Bevölkerung in Deutschland auf die Bedeutung einer gesunden Ernährung aufmerksam gemacht werden. Bundesweit und in den deutschsprachigen Nachbarländern finden jährlich mehr als 2000 Aktionen zum Tag der gesunden Ernährung statt. Dabei werden viele praktische Tipps rund ums Einkaufen, Kochen und Essen gegeben und der Versuch unternommen, die Bevölkerung für eine gesunde Ernährungs- und Lebensweise mit der richtigen Kost und einem aktiven Lebensstil zu sensibilisieren.

8. März

Internationaler Frauentag

Der Internationale Frauentag – auch Weltfrauentag genannt – wird stets am 8. März gefeiert und ist für Frauen auf der ganzen Welt ein wichtiges Datum, in einigen Ländern sogar gesetzlicher Feiertag. Auch wenn diese Zielsetzung erreicht wurde, so ist die Gleichstellung der Geschlechter weder in Deutschland noch im Rest der Welt eine Realität. Frauen auf der ganzen Welt machen am 8. März auf noch immer nicht verwirklichte Frauenrechte aufmerksam.

Tag der Vereinten Nationen für die Rechte der Frau und für den Weltfrieden

Auf der Grundlage einer Resolution der UNO-Generalversammlung aus dem Jahr 1977 wird der Internationale Frauentag jährlich als offizieller UNO-Feiertag begangen, um an den Kampf für die Verbesserung der Lebensbedingungen von Frauen zu erinnern.

9. März

Barbies Geburtstag

Am 9.3.1959 wurde Barbie geboren. Sie war eine der mächtigsten Frauenrechtlerinnen, Trendsetterin, und auch die große Stilikone des zwanzigsten Jahrhunderts. Mit Ihrem Partner Ken, der sie am Valentinstag, 14.2. 2004 verlassen musste, war sie 43 Jahre lang glücklich. Name und Alter des neuen Galans sind nicht bekannt.

11. März

Welttag der Organspende

Seit 2006 veranstalten und koordinieren die Deutsche Gesellschaft für Nephrologie und die Deutsche Nierenstiftung den Weltnierentag in Deutschland sowie die damit verbundenen Aktivitäten und Veranstaltungen nationaler Organisationen, die alle unter einem besonderen, jährlich neu bestimmten Motto stehen. Dabei soll die Bedeutung der Nieren für den menschlichen Organismus sowie die enorme Leistung unserer Nieren aufgezeigt werden.

Europäischer Gedenktag für die Opfer des Terrors

Seit den Terroranschlägen von Madrid vom 11.3.2004 gilt dieses Datum alljährlich als Europäischer Gedenktag für die Opfer des Terrorismus. Damit möchte die EU-Kommission alle Opfer von Terroranschlägen ehren und an diejenigen erinnern, die nach wie vor unter psychischen und körperlichen Folgen der Gewalt leiden.

12. März

Nationalfeiertag Mauritius

Der Tag der mauritischen Unabhängigkeit von Großbritannien am 12.3.1968 wird im ganzen Land mit großem Stolz begangen.

Gregorstag

Papst Gregor I. wird "der Große" genannt und ist einer der vier Kirchenlehrer. Papst war er von 590 bis 604, als solcher Retter Roms vor den anstürmenden Langobarden und ebenso Begründer des gregorianischen Chorgesanges. Er war ein großer Jugendfreund, gründete die ersten Armenschulen und galt im ganzen Mittelalter als Schulpatron. Papst Gregor IV. stiftete zum Gedenken das Gregorifest als Schulfest. Der gregorianische Kalender stammt allerdings von Gregor XIII., der etwa ein Jahrtausend später lebte.

Pflanze-eine-Blume-Tag

In Amerika als Plant-a-flower-day bekannt, der es vorsieht, das Heim, sei es innerhalb der Wohnung, auf dem Balkon oder sonst wo, mit einer selbst gepflanzten Blume zu schmücken.

13. März

Ohrenschützer-Tag

Der US-Amerikaner Chester Greenwood war der Erfinder der Ohrenschützer. Er war eines von sechs Kindern und hatte die Schule abgebrochen. Beim Eislaufen auf einem See fror er an den Ohren und der um den Kopf gewickelte Schal rutschte ständig herunter. Auf ein Paar zurechtgebogene Drahtreifen nähte die Großmutter ein Stück Fell, und am 13. März 1877 erhielt er ein Patent auf seine Greenwood Champion Ear Protector. Mit diesem und mehr als 130 weiteren Patenten verdiente er ein Vermögen.

14. März

Steak- und Blowjob-Tag

Als Steak-und-Blowjob-Tag, in Deutschland auch Schnitzel-und-Blowjob- oder kurz Schniblo-Tag genannt, wird der 14. März 2015 weltweit begangen. Vier Wochen nach dem Valentinstag dürfen nun mal die Frauen ihrem Liebsten zeigen, wie viel ER ihnen bedeutet. Dieser Tag wurde 2002 von einem Radio-Moderator aus den USA namens Tom Birdseye eingeführt. Wie er begangen wird? (Wenn gar nichts mehr geht, mit Luftballons im Badezimmer.)

Pi-Tag

Der Pi-Tag (Pi-day) findet jedes Jahr am 14. März statt und geht zurück auf die amerikanische Datumsschreibweise 3-14.

Der numerische Wert von π ist 3,14 auf zwei Dezimalen gerundet. Besonders genaue Pi-Fans feiern um 1 Uhr 59 und 26 Sekunden und erreichen die Kreiszahl damit bis zur siebten Nachkommastelle, 3,1415926.

Erfahre-mehr-über-Schmetterlinge-Tag

Am 14. März wird weltweit der "Erfahre-mehr-über-Schmetterlinge-Tag" begangen. In Japan symbolisiert der Schmetterling eine junge Frau und in China einen verliebten jungen Mann. Der altgriechische Name für Schmetterlinge ist übrigens Psyche, zu deutsch etwa ‚Hauch, Atem, Seele'. Der deutsche Name Schmetterling stammt aus dem slawischen Sprachraum und bedeutet Schmand, da die kleinen Tiere beim Buttern angelockt werden und sich gerne auf den Schmand oder den Rahm setzen. Daher auch der deutsche Name Butterfliege oder ähnliche regionale Bezeichnungen.

Diese zarten Wesen müssen sich als wechselwarme Tiere erst aufwärmen, um fliegen zu können. Tagfalter nutzen dafür die Sonne. Nachtfalter müssen sich durch Vibrieren der Flügel und die aus der Bewegung der Muskeln resultierende Wärme aufheizen. Wenn die Körpertemperatur an sonnigen, sehr heißen Tagen zu hoch wird, setzen sich die Falter in den Schatten und kühlen sich durch Flügelschlag.

Weißer Tag - White Day / Valentinstag in Japan

In Japan bezeichnet man den 14. März als White Day. Ein Konditor hat diesen Tag im Jahr 1977 als Dankestag initiiert, an dem Männer sich für Geschenke, die sie zum Valentinstag erhalten haben, mit

Geschenken bedanken können. Dies geschieht normalerweise in Form von Süßigkeiten. Ein solcher Tag hätte sich nicht überregional durchgesetzt, wäre die Idee nicht von Süßwarenherstellern aufgegriffen und über die Jahre massiv unterstützt worden, sodass er regelmäßig öffentlich beachtet wurde. Seinen Namen erlangte der White Day dadurch, dass betreffenden Unternehmen sich vor allem auf weiße Süßwaren als Geschenke konzentrierten.

Internationaler Tag der Flüsse
Der 14. März ist der Internationale Tag der Flüsse. An diesem Tag geht es auch um den Erhalt naturnaher Fließgewässer, um gute Wasserqualität, um den Schutz von Pflanzen und Tieren, vor allem um eine lebenswerte Flusslandschaft für Mensch Fauna und Flora.

Nationaler Tag des Kartoffelchips
Vermutlich wurden die Kartoffelchips am 24. August 1853 von George Crum, einem Koch des Hotels Moon Lake Lodge im US-amerikanischen Saratoga Springs erfunden. Ein Gast beschwerte sich wiederholt über zu dicke Bratkartoffeln. Als sie schließlich so dünn waren, dass sie sich nicht mehr mit der Gabel essen ließen, war der Gast begeistert und die neue Kartoffelvariation wurde schließlich als Saratoga Chips in die Speisekarte aufgenommen.

Internationaler Aktionstag gegen Staudämme
Jedes Jahr protestierten Organisationen und Betroffenenverbände in verschiedenen Ländern im Rahmen des "Aktionstags gegen Staudämme – für die Flüsse, das Wasser und das Leben". Der Aktionstag wird jedes Jahr am 14. März begangen. Er wurde 1997 im Anschluss an ein Treffen betroffener Gemeinden in der brasilianischen Stadt Curitiba ins Leben gerufen. Es wurde auf die negativen Auswirkungen der Aktivitäten transnationaler Energiekonzerne und ihrer gigantischen Wasserkraftprojekte hingewiesen. Insbesondere die Vertreibung Tausender in Ufernähe angesiedelter Gemeinden wurde kritisiert. Die Menschen seien in keiner Weise entschädigt worden. Weltweit werden über 45.000 Wasserkraftwerke betrieben. Die Zahl der Menschen, die wegen der Errichtung dieser Kraftwerke ihre Heimat aufgeben mussten, beläuft sich auf etwa 100 Millionen.

Iden des März

In vielen Sprachen gibt es diese gebräuchliche Metapher für bevorstehendes Unheil, die auf die Ermordung Gaius Julius Cäsars am 15. März des Jahres 44 vor Christus Bezug nimmt. Die Iden waren Festtage in der jeweiligen Monatsmitte des römischen Kalenders. Cäsar wurde tags zuvor gewarnt:,Hüte dich vor den Iden des März!'

Internationaler Protesttag gegen Polizeibrutalität

Der Internationale Tag gegen Polizeibrutalität findet seit dem Jahr 1997 am 15. März 2015 statt. Dieser Polizeibrutalität anprangernde Tag soll die Gründung und Verstärkung der Verbindungen zwischen den Gruppen, die weltweit direkt und indirekt gegen staatliche Brutalität kämpfen, ermöglichen. Er soll zudem internationale Solidarität, die angesichts der weltweit kollaborierenden und äußerst gut organisierten Polizei unbedingt notwendig ist, schaffen.

Europäischer und Weltverbrauchertag

Den Anstoß für den Welttag der Verbraucherrechte gab der ehemalige US-Präsident John F. Kennedy. Am 15.3.1962 formulierte Kennedy vor dem Kongress in Washington vier Grundrechte des Verbrauchers: Das Recht auf Sicherheit, auf Information, auf Wahlfreiheit sowie das Recht, Gehör zu finden. Diese Rechte wurden zur Grundlage der – zuletzt 1999 erweiterten – Verbrauchercharta der Vereinten Nationen. Und die Rede Kennedys wurde zum Anlass genommen, den "World Consumer Rights Day" zu schaffen, der seit 1983 alljährlich am 15. März begangen wird. Organisiert wird er von der weltweit aktiven Verbraucherorganisation "Consumers International". Sie gibt auch Jahr für Jahr das Thema vor, unter dem der Welttag steht.

Tag der Rückengesundheit

Der Tag der Rückengesundheit wurde im Jahr 2002 durch das Forum Schmerz im Deutschen Grünen Kreuz eingeführt. Mit dem Aktionstag wird zur aktiven Prävention von Rückenbeschwerden aufgerufen. In Deutschland haben statistisch gesehen zurzeit 30 bis 40 % aller Menschen Rückenschmerzen d.h. rund jeder Dritte leidet unter Beschwerden. Ziel von z. B. Rückenschulen ist, die relevanten Muskelgruppen zu stärken und so die Wirbelsäule zu entlasten, da die Muskulatur mit zunehmendem Alter als Stütze der Wirbelsäule immer wichtiger wird. Neben den regelmäßigen Übungen wird auch das Bewusstsein für eine rückenfreundliche Haltung und Bewegung im Alltag gefördert.

Alles-was-du-denkst-ist falsch-Tag

Der Alles-was-du-denkst-ist-falsch-Tag findet jährlich am 15. März statt. Falsche Vorstellungen werden in der Umgangssprache durch eine große Zahl von Ausdrücken und Redewendungen bezeichnet. Einbildung, Träumerei, Hirngespinst und Seifenblase sind nur einige davon. Das heißt ja nicht, dass Illusionen schlecht sind. Aber man kann am heutigen Tag vielleicht einmal überprüfen, ob die eigenen Erwartungen und Lebensziele auch zu den Gegebenheiten passen. Die Illusion und das heute praktisch unbekannte Tuwort (Verb) illudieren sind eine zusammengesetzte Form des lateinischen ludere=spielen. Die Bedeutung von illudieren reicht dabei von *ins Spiel werfen* über sein Spiel treiben bis *täuschen* und *betrügen*. Auf diesen Tag bezogen: Sollte mal wieder ein Gedanke allzu schön sein, reicht vielleicht die Frage „Was hältst Du denn davon ...?" um ein wenig Realitätsbezug herzustellen. Und der ist nie verkehrt.

16. März

Alles-was-du-machst-ist-richtig-Tag

Goethe lässt seinen Faust folgendes sagen: „Der Worte sind genug gewechselt, lasst mich auch endlich Taten sehen! Indes ihr Komplimente drechselt, kann etwas Nützliches geschehen."
Nachdem am vorherigen Tag Illusionen als solche und als falsche Wahrnehmungen erkannt und berichtigt wurden, nachdem neue Ziele ins Auge gefasst wurden geht es nun an die Realisierung.
Gutes Gelingen.

17. März

St.Patrick's Day

St. Patrick's Day ist der wohl bekannteste irische Feiertag. In jedem Jahr wird der 17. März als Feiertag von Iren in der ganzen Welt gefeiert und manch Nicht-Ire wird „Irish for a Day". Das deutlichste äussere Merkmal der St. Patricks Day Feiern sind heute die Paraden, die seit der zweiten Hälfte des 18. Jahrhunderts belegt sind. Zum einen bewiesen die Iren durch die ordentlichen Paraden Disziplin und machten auf sich als geschlossene Gruppe in den der USA aufmerksam, zum anderen wurde der Zusammenhalt der Emigranten gestärkt und die Verbindung ins "old country" aufrecht erhalten. Der heilige Patrick hatte im 5. Jahrhundert 30 Jahre lang der Kirche gedient und ganz Irland christianisiert.

Nationalfeiertag Irlands

Am 17. März ist in Irland Nationalfeiertag. Dieser Tag wird mit Festen und Umzügen ausgelassen gefeiert. Grund für die Feiern und deren Namensgeber ist St. Patrick. St. Patrick, der Schutzheilige der grünen Insel brachte den Iren in der Mitte des fünften Jahrhunderts das Christentum.

18. März

Bundesweiter Aktionstag für die Freiheit politischer Gefangener

Libertad! ist eine bundesweite Initiative für die Freiheit aller politischen Gefangenen weltweit. Sie setzt sich gegen staatliche Repression und Unterdrückung ein. Libertad! trat im Herbst 1993 mit dem Aufruf „Freiheit für alle politischen Gefangenen weltweit" an die Öffentlichkeit, der die Idee eines internationalen Tages für die Freiheit der politischen Gefangenen enthielt. Daraus entstand der seit 1996 meist in Kooperation mit anderen linken Organisationen wie der Roten Hilfe oder der Antirassistischen Initiative Berlin begangene bundesweite Aktionstag 18. März.

Tag der Fruchtbarkeitsgöttin

Im März findet nach germanischem Kalender die Verehrung der Fruchtbarkeitsgöttin Nerthus statt. Ihr zuliebe gab es auch einen Umzug, der mit einem geschmückten Wagen, sowie einem Abbild Ihrer stattfand. Dieses Fest zu Ehren Nerthus sollte für eine ertragreiche Ernte im nächsten Jahr sorgen.

Auch Aphrodite war eine solche Fruchtbarkeitsgötting. Sie verkörpert im antiken griechischen Kanon der 12 olympischen Gottheiten die Göttin der Liebe, Schönheit und der sinnlichen Begierde. Schaut man sich im Folgenden den Werdegang Aphrodites im Verlauf der griechischen Mythologie etwas näher an, so wird man schnell feststellen, dass die Figur ursprünglich für das Wachstum und Entstehen von Leben zuständig war. Erst im Verlauf übernahm sie die Rolle und Funktion der Liebesgöttin, die dann auch unter dem Namen Venus in die römische Mythologie übernommen wurde.

19. März

Joseftag

Am Josefstag wird dem Schutzpatron der Arbeiter, vorrangig der Zimmerleute, der Ehepaare, der Familien, der Kinder und der Jungfräulichkeit gedacht. Junge Frauen werden mit Blumen beschenkt. Männer eröffnen in den Biergärten die Saison. Am 19. März werden zahlreiche Starkbierfeste und Bauernfeste durchgeführt. Jungverheiratete tauschen Josefiringe als Zeichen der Treue aus.

Nationalfeiertag Vatikanstadt

Der Staat Vatikanstadt kurz auch **Vatikan** genannt, ist der kleinste allgemein anerkannte Staat der Welt mit einer Fläche von 0,44 km². Er ist eine Enklave in Italien im Stadtgebiet von Rom und mit 836 Einwohnern auch der Staat mit den wenigsten Einwohnern. Der Nationalfeiertag des Vatikan ist der jeweilige Wahltag des Papstes. Im Falle von Franziskus ist das der 13. März (2013).

20. März

Internationaler Tag des Glücks

Die Generalversammlung der Vereinten Nationen, beschließt in ihrer 118.Plenarsitzung am 28.6.2012, den 20.3.zum Tag des Glückes zu erklären und bittet alle Mitgliedstaaten, den Tag entsprechend zu begehen und durch Bildungsarbeit und Sensibilisierungsmaßnahmen zu begleiten.
Der Internationale Tag des Glücks soll lt. UN in besonderem Maße für Aktivitäten auf der ganzen Welt genutzt werden, die dem Glück besondere Aufmerksamkeit schenken. Er soll Antrieb sein für aktionsbasierte Programme und einen höheren Grad an Verbundenheit und Bildung.
Der 20.3.wurde bewusst gewählt, da er als Frühlingsanfang gleichzeitig den Tag markiert, an dem Tag und Nacht gleich lang sind.

Internationaler Kinder- und Jugendtheatertag

Der Internationale Kinder- und Jugendtheatertag fand auf Initiative der ASSITEJ International erstmals im Jahr 2001 statt und gewinnt seither in vielen Ländern der Erde mehr und mehr an Bedeutung.

Frühlingsanfang

Astronomisch beginnt der Frühling am 20. oder am 21. März. Frühlingsanfang ist immer der Tag der Tagundnachtgleiche.

Welttag der französischen Sprache

Die französischsprachige Welt hat den 20. März zu ihrem Tag, dem Internationalen Tag der Frankophonie erklärt.

Der heutige Tag steht ganz im Zeichen der Verbreitung und Förderung des Französischen als Weltsprache und der Darstellung der kulturellen Vielfalt der französischsprachigen Welt.

Deutscher Tag des Vergiftungsschutzes für Kinder im Haushalt

In jedem Haushalt sind sie zu finden – Spülmittel, Allzweckreiniger, Entkalker, Waschmittel und vieles mehr. Sie stellen insbesondere für Kinder eine Gefahr dar, vor allem bei sorglosem Umgang mit diesen chemischen Produkten. Um an das hohe Vergiftungsrisiko für Kinder zu erinnern, findet jedes Jahr am 20.3. der „Tag des Vergiftungsschutzes für Kinder im Haushalt" statt. Initiator ist das Forum Unfallprävention im Deutschen Grünen Kreuz.

Weltmundgesundheitstag

Der internationale Weltmundgesundheitstag (WOHD) - eine Initiative der FDI (World Dental Federation) - wird jedes Jahr am 20. März gefeiert. Ziel ist es, ein weltweites Bewusstsein für die Probleme rund um die Mundgesundheit und die Bedeutung der Mundhygiene bei Jung und Alt zu schaffen. Der erste internationale Tag im Zusammenhang mit der Mundgesundheit wurde bereits 1994 veranstaltet, im Internationalen Jahr der Mundgesundheit. Der diesjährige Weltmundgesundheitstag steht unter dem Thema "Feiern eines gesunden Lächelns" und beschäftigt sich schwerpunktmäßig mit dem Schutz von Mund und Zähnen der Bevölkerung während des gesamten Lebens, von der Kindheit bis zum Erwachsenenalter.

Weltspatzentag

Der "World Sparrow Day" stammt aus Indien: Die Nature Forever Society rief ihn dort 2010 ins Leben. Andere Naturschutzorganisationen schlossen sich an, darunter die britische Royal Society for the Protectione of Birds, eine der wichtigsten Vogelschutzbünde der Welt. In Deutschland griff der bayrische Landesbund für Vogelschutz, der mit dem NABU zusammen arbeitet, die Idee auf. Auf Facebook wird der Weltspatzentag u.a. in den Gruppen ‚Vogelfreunde' und ‚Freunde der Vogelwelt' zelebriert.

Nationalfeiertag Tunesien

Frankreich erkannte am 20. März 1956 die Unabhängigkeit seiner Kolonie Tunesiens an. Am 12. November 1956 wurde das Land Mitglied der Vereinten Nationen.

Weltgeschichtentag

Veranstaltungen in vielen Ländern dieser Welt sind am Weltgeschichtentag, der immer am 20. März, dem Tag der Tag-und-Nacht-Gleiche und des Frühlingsanfangs, stattfindet, der Kunst des mündlichen Erzählens gewidmet - mit dem Ziel, Geschichten (mit-) zu teilen, sich am Reichtum der Bilder, Sprachen und Geschichten zu erfreuen und neue Kontakte zu knüpfen

21. März

Equal Pay Day / Tag der Entgeltgleichheit

Der Equal Pay Day ist international längst ein bestehender Begriff geworden. Schließlich symbolisiert er den Verdienstunterschied von Frauen und Männern, der nach Angabe des Statistischen Bundesamtes bei 22 Prozent liegt.

Seit 2008 rufen die Business and Professional Women (BPW) Germany, Initiatorinnen des Aktionstags für gleiche Bezahlung von Frauen und Männern in Deutschland, am 20. März den Equal Pay Day auf. Der Termin steht für 79 Tage, die Frauen im Jahr mehr als Männer arbeiten müssen, um rein rechnerisch auf das durchschnittliche Gehalt ihrer männlichen Kollegen zu kommen.

Internationaler Tag für die Beseitigung der Rassendiskriminierung
(Internationaler Tag gegen Rassismus)

Am 21.3. Jahren wurde eine friedliche Demonstration in Sharpeville in Süd-Afrika in Reaktion auf ein Gesetz über die Apartheid blutig niedergeschlagen und kostete 69 Menschen das Leben. In Reaktion darauf haben die Vereinten Nationen 1966 den 21.3. als "Internationalen Tag zur Überwindung von Rassendiskriminierung" ausgerufen.

Internationaler Tag des Waldes
den die FAO, die Ernährungs- und Landwirtschaftsorganisation der Vereinten Nationen hatte bereits in den 1970er Jahren den „Tag des Waldes" als Reaktion auf die globale Waldvernichtung ins Leben gerufen.

Welttag der Hauswirtschaft
Der Internationale Verband für Hauswirtschaft (IVHW) feiert seinen Tag jedes Jahr am 21. März. Wegen der demografischen und gesellschaftlichen Entwicklungen steigt die Nach-frage nach haushaltsnahen und personenbezogenen Dienstleistungen. Der Welttag der Hauswirtschaft ist eine gute Möglichkeit, gemeinsam über Image und gesellschaftliche Wertschätzung der Hauswirtschaft zu reflektieren.

Welttag der Poesie
Die UNESCO hat "Welttag der Poesie" ausgerufen. Er wurde erstmals im Jahr 2000 begangen. Der Welttag soll an den Stellenwert der Poesie, an die Vielfalt des Kulturguts Sprache und an die Bedeutung mündlicher Traditionen erinnern. Die UNESCO weist der Dichtkunst auch im Zeitalter der neuen Informationstechnologien einen wichtigen Platz im kulturellen und gesellschaftlichen Leben zu. Der Welttag der Poesie soll Verlage ermutigen, poetische Werke besonders von jungen Dichtern zu unterstützen, und er soll dazu beitragen, den kulturellen Austausch zwischen den Völkern zu intensivieren.

Welttag des Down-Syndroms
Seit dem Jahr 2006 werden am Welt-Down-Syndrom-Tag weltweit Veranstaltungen zum Thema Down Syndrom organisiert. Der 21.3. symbolisiert das charakteristische Merkmal des Down Syndroms: Im

Erbgut der Betroffenen ist das 21. Chromosom dreifach vorhanden (Trisomie 21). War bis vor kurzem die Untersuchung eines Babys im Mutter-leib nur durch einen Eingriff möglich, kann heute schon durch einen Bluttest auf eine Down-Syndrom-Erkrankung untersucht werden. Der Eingriff mit einer Blutentnahme ist völlig risikofrei. Wird der Gendefekt diagnostiziert, werden schon heute statistisch gesehen etwa 90 Prozent der Schwangerschaften vorzeitig beendet. Mit der vereinfachten Bestimmungsmethode wird diese Quote wohl noch steigen. Dennoch werden in Deutschland jährlich etwa 700 Babys mit einer Trisomie 21 geboren.

Internationaler Nouruztag
Das *Persische Neujahr* – auch Nauryz bzw. Nouruz genannt – findet jedes Jahr am 20. oder 21. März statt. Kasachstan feiert Nouruz dagegen am 22. März.
Das *Persische Neujahr* ist ein uraltes Kulturgut. Es ist das Fest der Frühlingserneuerung und fällt ziemlich genau mit dem Äquinoktium im Frühling, also mit der Tag- und Nachtgleiche, zusammen. Das Frühlingsfest feiern heute mehr als 300 Millionen Menschen in aller Welt. Es wird auf dem Balkan (z. B. in Mazedonien, Albanien oder Griechenland), in der Schwarzmeerregion (z. B. in Bulgarien, Rumänien und Georgien), im Kaukasus (z. B. in Aserbaidschan und der Türkei) sowie in Zentralasien (z. B. in Kasachstan, Kirgistan oder Usbekistan) und dem Nahen Osten (z. B. im Iran oder Syrien) traditionell begangen.
Das *Persische Neujahr* ist darüber hinaus seit 2010 von den Vereinten Nationen als Internationaler Nouruz-Tag am 21.3. anerkannt.

Sternzeichen Widder
21. März bis 20. April

Internationaler Tag des Puppenspiels
Auf der Räteversammlung der UNIMA in Atlanta im Juni 2002 wurde der 21.3. als wiederkehrender "Internationalen Tag des Puppenspiels" ausgewählt.
UNIMA ist die Älteste internationale Theaterorganisation - angeschlossen an die UNESCO -, die Menschen aus der ganzen Welt zusammenbringt, die zur Entwicklung der Puppentheaterkunst beitragen, mit dem Ziel, diese Kunst in der Verfolgung menschlicher Werte wie Frieden und gegenseitige Verständigung zwischen

Völkern unabhängig von ihrer Herkunft, politischer oder religiöser Überzeugung und kultureller Unterschiede zu nutzen

Nationalfeiertag Namibia

Am 21. März 1990 erklärte dieses Land, an der Südwestküste Afrikas, seine Unab-hängigkeit. Damit endete nach 100 Jahren die Fremdbestimmung für die Bevölkerung, die sich zahlreichen unterschiedlichen Völkern und Sprachfamilien zurechnet.

22. März

Weltwassertag
Der Weltwassertag ist ein Ergebnis der UN-Weltkonferenz über Umwelt und Entwicklung 1992 in Rio de Janeiro, auf der er von der UN-Generalversammlung per Resolution ausgerufen wurde.

22. März

Deutscher Tag der Kriminalitätsopfer
Der Tag der Kriminalitätsopfer erinnert am 22. März eines jeden Jahres an die Situation der durch Kriminalität und Gewalt geschädigten Menschen, die auf Hilfe Schutz und Solidarität unseres Gemeinwesens angewiesen sind.

23. März

Nationalfeiertag Pakistan
Der Pakistan-Tag erinnert an das Inkrafttreten der Verfassung am 23. März 1956, die Pakistan als Islamische Republik bezeichnet. Das Land gehört seit dem 30.09.1947 den Vereinten Nationen an.

Welttag der Meteorologie (Weltwettertag)
Der Welttag der Meteorologie, der Weltwettertag, findet am 23. März statt. Er erinnert an die am 23. März 1950 beschlossene Konvention, die Gründung der Weltorganisation für Meteorologie (WMO) und daran, wie wichtig Wettervorhersagen für Sicherheit und Wohlergehen der Menschen auf der ganzen Welt sind.. In der Sonderagentur der Vereinten Nationen arbeiten 191 Staaten und Gebiete zusammen.

24. März

Welt-Tuberkulosetag

In 1982 erklärte die Weltgesundheitsorganisation (WHO) den 24.3. zum Welt-Tuberkulose-Tag, um gezielt auf die Tuberkulose aufmerksam zu machen. Die DAHW Deutsche Lepra- und Tuberkulosehilfe unterstützt im Jahr 2014 insgesamt 189 Programme und Projekte in 21 Ländern mit insgesamt 13,3 Millionen Euro. Rund 400.000 an Tuberkulose erkrankte Menschen bekommen durch die DAHW Zugang zu Diagnose und Therapie.

Tag der schokolierten Rosinen

Am 24. März wird ein Feiertag für Schokoladenliebhaber, die auch Rosinen mögen, gefeiert: Der Tag-der-schokolierten-Rosinen.

Internationaler Tag für das Recht auf Wahrheit über schwere Menschenrechtsverletzungen und auf die Würde der Opfer

Die Vereinten Nationen haben den 24. März zum Internationalen Tag für das Recht auf Wahrheit in Bezug auf schwere Menschenrechtsverbrechen und für die Würde der Opfer erklärt. In der Begründung wird an die Bedeutung derjenigen erinnert, die ihr Leben dafür einsetzten, indem sie Menschenrechte für alle verteidigten und schützten. Explizit wird in diesem Zusammenhang die wichtige und wertvolle Arbeit von Monseñor Oscar Arnulfo Romero genannt, dem Bischof von San Salvador, der am 24. März 1980 von Militärs umgebracht wurde, weil er sich aktiv für den Schutz der Menschenrechte in seinem Land eingesetzt hat und dessen Anklage der Verletzung der Menschenrechte der einfachen Bevölkerung internationale Beachtung gefunden hat.

25. März

Tag der Verkündigung des Herrn

Das heutige Fest Verkündigung des Herrn am 25. März ist ausgelöst vom Fest der Geburt Christi am 25. Dezember. Genau neun Monate zuvor memoriert die Kirche die Verkündigung des Engels an Maria und ihre Antwort: "Ich bin die Magd des Herrn; mir geschehe, wie du es gesagt hast". Im 6. Jahrhundert in der Ostkirche gefeiert, wird das Fest im 7. Jahrhundert von der Westkirche übernommen.

Tag der Waffel

In Schweden stand der Tag der Waffel schon immer für den Frühlingsanfang, allerdings unter dem schwedischen Namen Vaffeldagen. Es ist zu einem Familienbrauch geworden, den Waffeltag gemeinsam mit Mariä Verkündigung am 25.3. zu begehen, indem man an diesem Tag Waffeln backt.

Nunmehr ist es so, dass bei den meisten Schweden der religiöse Part des Festes keine Rolle mehr spielt, aber Waffeln, mit Konfitüre und Schlagsahne als Dessert, gibt es immer noch bei vielen. Beim nächsten Besuch in Schweden, besonders, wenn dieser auf einen 25. März fällt, unbedingt Waffeln als Dessert zu essen!

Nationalfeiertag Griechenland

Am 25. März ist es wieder so weit. In ganz Griechenland wird es Militärparaden, Aufführungen von Schulkindern und religiöse Zeremonien geben. Im Mittelpunkt der festlichen Bewegung steht die blau-weiße griechische Flagge. Denn die Griechen feiern an diesem Nationalfeiertag den Beginn ihrer Unabhängigkeitsbewegung gegen die Osmanen vor 190 Jahren, als sich die Aufständischen am 25. März 1821 in dem Kloster „Agia Lavra" und sich schworen, ihre Unabhängigkeit auf „Freiheit oder Tod" zurückzuerkämpfen.

26. März

Nationalfeiertag Bangladesch

Der Nationalfeiertag von Bangladesch erinnert an die Unabhängigkeitserklärung gegenüber Pakistan am 26.3.1971. Seit dem 17.9.1974 ist Bangladesch UN-Mitglied.

Purple Day (Aufklärung über Epilepsie)

Der „Purple Day" wird jedes Jahr am 26. März in vielen Ländern der Welt zum Anlass genommen, über Epilepsien zu informieren und die Betroffenen darin zu bestärken, dass sie nicht allein sind.

Die Idee entwickelte im Jahr 2008 Cassidy Megan, ein in Kanada lebendes Mädchen, das an Epilepsie erkrankt ist. Angesichts ihrer eigenen Erfahrungen wollte Cassidy sich für mehr Aufklärung über ihre Erkrankung in der Bevölkerung einsetzen.

Epilepsien gehören zu den häufigsten Erkrankungen des Gehirns. Sie entstehen zwar vorwiegend im Kindes-, Jugend- und frühen

Erwachsenenalter, aufgrund des demografischen Wandels leiden jedoch auch immer mehr ältere Menschen an Epilepsien, z.B. nach einem Schlaganfall oder einer Kopfverletzung.

27. März

Rupertstag

Der Rupertstag am 27. März ist dem heiligen Rupertus gewidmet, der seit Mitte des 7. Jahrhunderts bis 717 Bischof von Worms war.

Welttheatertag

Im Jahr 1961 wurde vom finnischen ITI (Internationales Theaterinstitut) und unterstützt von den anderen skandinavischen Zentren ein Welttheater-Tag vorgeschlagen. Der IX. ITI-Kongress in Wien (1961) nahm den Vorschlag einstimmig an und proklamierte den traditionellen alljährlichen Eröffnungstag des Festivals "Theater der Nationen" in Paris, den 27. März, zum Welttheatertag. Unerwartet war dieser Initiative ein großer, weiterwirkender Erfolg beschieden; in etwa 80 bis 100 Ländern - also vielfach auch dort, wo noch kein ITI-Zentrum bestand - wurde der Welttheatertag schon im ersten Jahr begangen.

28. März

Ehrentag des Unkrauts

Eigentlich wollte man das Wort "Unkraut" durch die Bezeichnung "Wildkraut" ersetzen, aber das konnte sich nicht durchsetzen. Da bleibt es beim "Unkraut", das es ja auch zum sprich-wörtlichen Inhalt gebracht hat. Aus Sicht der "Leben und Leben lassen Anhänger" hat das Unkraut jedenfalls einen Ehrentag verdient.

31. März

Welt-Backup-Tag

Um auf die Bedeutung der Datensicherung bei der Computernutzung aufmerksam zu machen, wurde deshalb vor einigen Jahren der Welt-Backup-Tag ins Leben gerufen, der immer am 31. März begangen wird. Er erinnert daran, regelmäßige Backups durchzuführen, um einem eventuellen Datenverlust entgegen zu wirken.

Tag des Bunsenbrenners

Der deutsche Chemiker Robert Wilhelm Bunsen wurde am 31. März 1811 in Göttingen geboren. Er perfektionierte den nach ihm benannten Bunsenbrenner und erfand das Bunsenelement und das Bunsen-Fotometer.

April

Erster Mittwoch im April

Tag der älteren Generation

Dieser Tag wurde 1968 durch die Kasseler Lebensabendbewegung (LAB) initiiert. Seitdem wird an jedem ersten Mittwoch im April auf die Rolle der Senioren in der Gesellschaft aufmerksam gemacht. Er stellt die älteren Menschen und deren spezifischen Lebenssituationen ins Zentrum der Aufmerksamkeit.

Erster Freitag

Nationaler Geh-zur-Arbeit-Tag

Der erste Freitag im April wird in Amerika als National-Walk-to-Work-Day im Wortsinne begangen. Arbeitnehmer sind aufgefordert, mindesten 30 Minuten täglich zu gehen, ggf. sogar den Weg zur Arbeit zu Fuß zurückzulegen oder wenigsten einen Abendspaziergang zu machen. - Im Jahr 2004 rief der Gesundheitsminister der USA Tommy George Thompson den Tag ins Leben, um an die gesundheitlichen Vorteile dieser Fortbewegungsart zu erinnern.

Erster Samstag

World Pillow Fight Day (Tag der Kissenschlacht)

Der "Pillow Fight Day" wird seit 2006 am ersten Samstag im April in aller Welt gefeiert. Es handelt sich dabei um einen sogenannten Flashmob, zu dem sich die Teilnehmer über das Internet organisieren und spontan zu Aktionen auf öffentlichen Plätzen treffen.

Dritter Samstag

Record Store Day

Dies ist der internationale Tag unabhängiger Plattenläden. Er findet seit 2007 jeden dritten Samstag im April statt. Der RSD, Record Store Day, wurde in den USA organisiert von Fachhändlern und Angestellten, um den Fachhandel wieder stärker zu präsentieren im Wettbewerb mit dem Internethandel. Kunden und Käufer sollen wieder die Beratung und die Atmosphäre der Fachhändler zu schätzen lernen.

Vierter Donnerstag

Girls Day
„Mädchen-Zukunftstag"
Seit dem Start der Aktion im Jahr 2001 öffnen am Girls Day Unternehmen, Betriebe und Hochschulen in Deutschland ihre Türen für Schülerinnen ab der 5. Klasse. Die Mädchen lernen Ausbildungsberufe und Studiengänge in Handwerk, Naturwissenschaften und Technik kennen, in denen Frauen bisher eher selten vertreten sind.

Vierter Donnerstag

Boys-Day
„Jungen-Zukunftstag"
Seit 2011 findet parallel zum Girls Day der Boys Day statt. An diesem Tag können Jungen der Klassen 5 bis 10 schulische und außerschulische Angebote zur Berufs- und Lebensplanung wahrnehmen. Ziel des Boys'Day ist die Erweiterung des Berufswahlspektrums von Jungen hin zu Berufen im erzieherischen und sozialen Bereich der Gesundheitsbranche.

Letzter Mittwoch

Tag gegen Lärm
Alljährlich findet seit 1998 der *Tag gegen Lärm* statt. Dieser Termin ist abgestimmt mit dem US-amerikanischen *International Noise Awareness Day*. In Deutschland ist der „Tag gen Lärm" eine Aktion der Deutschen Gesellschaft für Akustik (DEGA) in Kooperation mit dem Arbeitsring Lärm der DEGA (ALD) sowie den DEGA-Fachausschüssen „Lärm: Wirkungen und Schutz" und „Hörakustik".

Tag der Sekretärinnen, Sekretäre u. Bürokräfte

Bereits 1952 führte die US-amerik. National Secretaries Association, der Verband der Sekretärinnen, die "National Secretaries Week" ein. Diese Woche sollte dazu dienen, die Verdienste der Sekretärinnen an ihrem Arbeitsplatz offiziell zu würdigen. Seit 2000 wurde daraus dann der "Adminstrative Professional Day".

Letzter Samstag

Deutscher Venentag

Der Deutsche Venentag ist ein Gesundheitstag, der viele angeht. Denn kaum einer über 30 hat gesunde Venen. Von der Deutschen Venenliga ins Leben gerufen, sensibilisiert der Venentag für Therapie und Prävention dieser unterschätzten Volkskrankheit. Venen transportieren sauerstoffarmes Blut zurück zum Herz-Lungen-System; wenn sie sich weiten, schließen die Klappen nicht mehr und es kommt zu Blutanstauungen. Beine werden schwer, Krampfadern und Durchblutungsstörungen können entstehen.

Letzter Samstag

Internationaler Taiji- und Quigong-Tag

Der erste Internationale Welt Tai Chi und Qigong Tag fand 1998 statt. Er wird in Verbindung mit dem Weltgesundheitstag der Vereinten Nationen jedes Jahr am letzten Samstag im April begangen. Der internationale Tai Chi- und Qigong Tag soll Menschen mit den Möglichkeiten von Taijiquan und Qigong bekannt machen und das Miteinander zwischen allen Menschen fördern.

Letzter Sonntag

Internationaler Tag der Partnerstädte

Seit 51 Jahren wird international am letzten Sonntag im April der Welttag der Partnerstädte gefeiert. Er wurde 1963 vom Weltbund für Partnerstädte (englisch: World Federation of United Cities and Towns, vormals United Towns Organisation, UTO) ins Leben gerufen und proklamiert Werte wie Frieden, Demokratie und internationale Kooperation zwischen lokalen Behörden.

Letzter Sonntag

Weltweiter Tag der Lochkamera-Fotographie

Der weltweite Tag der Lochkamera-Fotografie findet jährlich jeweils am letzten Sonntag im April statt. Zweck dieses internationalen Ereignisses ist es, das Fotografieren mit der Lochkamera bekannter zu machen.

1. April

Internationaler Brauchtumstag

Seit dem 16. Jahrhundert ist in Europa der Brauch belegt, am 1. April einen Aprilscherz zu begehen, indem man seine Mitmenschen mit einem mehr oder weniger derben Scherz oder einer Lügengeschichte „in den April schickt".

2. April

Internationaler Kinderbuchtag

Ein deutscher Aktionstag, der die Freude am Lesen unterstützen und das Interesse an Kinder und Jugendliteratur fördern soll. Er wird seit dem Jahr 1967 jährlich am 2. April, dem Geburtstag von Hans Christian Andersen, begangen und wurde gegründet durch das IBBY (International Board on Books for Young People).

Welttag der Aufklärung über Autismus

Der Welttag der Aufklärung über Autismus findet seit 2008 jährlich statt und wurde von den Vereinten Nationen initiiert. Ziel dieses Gedenktages ist unter anderem, ein Bewusstsein für Autisten zu geschaffen und deren Akzeptanz in der Gesellschaft zu erhöhen.

Nationaler Erdnussbutter- und Marmelade-Tag

An diesem Tag gibt es ein besonderes Frühstück. Softes Weißbrot mit Marmelade (mit Erdbeergeschmack) und Erdnussbutter bestrichen - das beste Rezept für einen glücklichen Start in den Tag und für viele Menschen das höchste der Gefühle.

3 April

Finde-einen-Regenbogen-Tag

Der Tag ist vielleicht ein Grund, mal wieder ins Freie zu gehen. Als ein nicht alltägliche und stets beeindruckendes Naturschauspiel haben Regenbögen ihre Spuren in der Kulturgeschichte der Menschheit hinterlassen. Da sich die farbenfrohen Regenbögen vielerorts großer Beliebtheit erfreuen, wurden sie immer schon gern als symbolisches Motiv in Kunstwerken, Versen, Liedern und Mythen verwendet.

Welt-Party-Tag

Am 3. April steht Welt-Party-Tag im Kalender, im englischen Sprachraum Party- oder einfach P-Day genannt. Wer einfach einen Anlass zum Feiern sucht oder braucht, hat hier einen gefunden.

4. April

Internationaler Tag der Minenaufklärung

Am 4. April machen die Vereinten Nationen mit dem Internationalen Tag der Minenaufklärung" auf die anhaltende Gefahr durch Minen und Blindgänger aufmerksam. Ihre Entschärfung ist besonders in Regionen wichtig, in die Flüchtlinge zurückkehren wollen.

Erzähl-eine-Lüge-Tag

Der Erzähl-eine-Lüge-Tag wird jährlich für alle gefeiert, die entweder den 1. April verpasst haben oder die Aprilscherze mal so richtig auf die Spitze treiben wollen. Doch Vorsicht: ‚Wer einmal lügt, dem glaubt man nicht, und wenn er selbst die Wahrheit spricht.'

Nationalfeiertag Senegal

Senegal erlangte am 4. April 1960 seine Unabhängigkeit von Frankreich und begeht am Jahrestag seinen Nationalfeiertag. Das Land wurde am 28.9.1960 Mitglied der Vereinten Nationen

Qingming-Fest

Das Qingming-Fest am 4. oder 5. April ist das chinesische Totengedenkfest. Es ist seit 2008 ein offizieller Feiertag in der Volksrepublik China. Man säubert die Gräber und legt Nahrungsmittel,

Blumen und Dinge, die den Verstorbenen zu ihren Lebzeiten gefielen, vor die Gräber und zündet Weihrauchstäbchen an.

6. April

Internationaler Tag des Sports / Welt-Olympia-Tag

Der internationale Tag des Sports für Entwicklung und Frieden findet seit 2014 statt, am Eröffnungstag der ersten Olympischen Spiele der Neuzeit am 6.4.1896. Das wurde am 23.8.2013 von der Generalversammlung der Vereinten Nationen in der Resolution A/RES/67/296 beschlossen.

Tartan-Day

Der Tartan-Day ist ein nordamerikanischer Feiertag, an dem Millionen Menschen schottischer Abstammung ihre transatlantische Verbindung zur Heimat feiern. Das Datum erinnert an die schottische Unabhängigkeitserklärung anno 1320, die älteste bekannte Unabhängigkeitserklärung überhaupt.

7. April

Weltgesundheitstag

Der Weltgesundheitstag wird auf der ganzen Welt am 7. April begangen. Die Weltgesundheitsorganisation erinnert mit diesem Tag an ihre Gründung im Jahr 1948. Ziel ist es dabei, die aus der Sicht der WHO vorrangigen Gesundheitsprobleme ins Bewusstsein der Weltöffentlichkeit zu rücken.

Keine-Hausarbeit-Tag

Der Keine-Hausarbeit-Tag, an dem Staubwedel und Putzeimer getrost in der Ecke stehen bleiben dürfen. Ein amerikanisches Ehepaar - immer die Amis - stiftete diesen Tag im Jahr 1987, um daran zu erinnern, dass man bei allem Pflicht- und Sauberkeitsbewusstsein auch einmal an sich selbst denken darf. Aber wer kocht dann?

Pillow Fight Day

Tag der Kissenschlacht
Ein Tag für die beste Schlacht der Welt – die Kissenschlacht.

Karamell-Popcorn-Tag

Das Popkorn ist auf dem amerikanischen Kontinent eine beliebte Zwischenmahlzeit. Bekannt wurde es, als während der amerikan. Depressionszeit in den 1930er Jahren die Kinos aufkamen, die sogenannten Nickel-Odeons, wo der Eintritt nur einen Nickel kostete. Hier konnte man für kleines Geld den Popkorn-Snack für zwischendurch bekommen. Heute wird Popcorn gesalzen, gezuckert, pur oder eben mit einem Karamell-Überzug hergestellt und vertrieben.

New-Beer's Eve

Der Nationale Biertag ist ein inoffizieller Feiertag in den USA, an dem das Ende der Prohibition gefeiert wird. Nach 13 Jahren konnten die Menschen in den USA am 7. April 1933 wieder legal Bier und alkoholische Getränke kaufen. Die Schlangen vor den Geschäften waren lang, weil die Menschen nach so langer, trockener Zeit diesen Anlass gebührend feiern wollten.

8. April

Internationaler Tag der Roma

Seit 1971 steht der 8. April in der weltweiten Roma-Community als internationaler Tag der Roma unter dem Zeichen des Kampfes um Selbstbestimmung, Unabhängigkeit und Würde. PRO ASYL erinnert an die historische Verantwortung Deutschlands gegenüber Angehörigen der Roma in den Balkanstaaten und in Deutschland.

Kambutsue

Kambutsue – in Japan auch Hana-Matsuri genannt – bezeichnet die Feier zum Geburtstag des ersten Buddha, des „Erleuchteten", die in Japan am 8. April stattfindet. Das genaue Datum, die Gegebenheiten während der Zeremonie und teilweise sogar der Name des Festes variieren in den unterschiedlichen Ländern, in denen der Buddhismus beheimatet ist.

9. April

Nationalfeiertag Irak

Der provisorische Verwaltungsrat schaffte alle vom Saddam-Regime verordneten Feiertage ab und machte den 9.4. zum Nationalfeiertag.

Welt-Tag der Geschwister

Seit 1998 findet jedes Jahr am 10. April der „Tag der Geschwister" statt. Dieser Tag ist eine Ergänzung zum Vater- und Muttertag. Eingeführt wurde er auf Initiative von Claudia A. Evart, die einen Tag für ihre beiden, bei einem Unfall verstorbenen Geschwister Alan und Lisette schaffen wollte. Das Datum 10. April geht zurück auf den Geburtstag der Schwester Lisette.

Tag der Golfer

Heute ist Tag der Golfer. Am 10.April in 1916 wurde in New York City die Professional Golfers Association of America, der US-amerikanische Verband der Berufsgolfer, gründet.

11. April

Unsichtbarkeitstag

Seit 2006 ist am 11.4.l Unsichtbarkeitstag. Von wem und warum der Tag gestiftet wurde ist weniger bekannt. Dafür besitzt der Unsicht-barkeitstag jedoch ein Ziel: Am heutigen Tag soll man möglichst nicht auffallen und nicht wahrgenommen werden, quasi ein Leben unter dem Radar führen. Einen Tag in völliger Unsichtbarkeit zu verbringen, klingt sehr reizvoll. Es mag Momente geben, in denen man gerne unsichtbar wäre. Was man da alles anstellen könnte...

Welt-Parkinson-Tag

Der Welt-Parkinson-Tag wurde im Jahr 1997 als Aktionstag einge-führt durch die European Parkinsons Disease Association am Geburts-tag von James Parkinson. Etwa zwei Millionen Menschen leben weltweit mit dieser Diagnose, mindestens 280.000 Menschen davon in Deutschland. Die Nervenkrankheit hat drei Hauptsymp-tome: die Verlangsamung der Bewegungsabläufe, eine erhöhte Muskelsteifheit sowie Zittern.

12. April

Tag der Kosmonauten

Als "Tag der Kosmonauten" wird der 12. April in Russland gefeiert - zum Gedenken an den ersten Menschen im Weltraum.

Am 12. April 1961, um 9.57 Uhr Moskauer Zeit, wurde das Rundfunkprogramm in der damaligen Sowjetunion abrupt unterbrochen und mit feierlicher Stimme verlas der Sprecher eine Meldung, die eine neue Ära in der Geschichte der Raumfahrt einläuten sollte: "Das erste Raumschiff der Welt, 'Wostok', ist heute von der Sowjetunion aus mit einem Menschen an Bord in einen Orbit über der Erde gestartet worden. Der Kosmonautenpilot des Raumschiffs 'Wostok' ist ein Bürger der Union der Sozialistischen Sowjetrepubliken, Luftfahrtmajor Juri Gagarin."

13. April

Welt-Ehrentag der Pflanze
Der Internationale Ehrentag der Pflanze oder auch englisch International Plant Appreciation Day wird am 13. April und vor allem in den USA gefeiert. Man würdig damit, dass uns Pflanzen neben Nahrung, Kleidung, reiner Luft, Papier, schöne Anblicke, Düfte und eine Menge lebensnotwendige und angenehme Freuden schenken.

Scrabble-Tag
Der Scrabble-Tag findet alljährlich am Geburtstag seines Erfinders, statt. Alfred Mosher Butts, geboren am 13.April 1899, erfand das Buchstabenspiel 1938 in seinem Geburtsort in Poughkeepsie.

14. April

Schau-in-den-Himmel-Tag
Der 14. April soll der Schau-in-den-Himmel-Tag sein. Diesen Tag mag man zum Anlass nehmen, wieder einmal mehr nach oben in den Himmel zu schauen und zu sehen, was über uns zu sehen ist.

Tag der Pekannuss
Die Pekannuss ist der offizielle Staatsbaum des US-Bundesstaates Texas. Seit 1996 wird in den USA jeweils am 14. April der „Tag der Pekannuss" (National Pecan Day) begangen.

Tiburtius-Tag
Tiburtius aus Tibur (heute Tivoli) wurde zusammen mit seinem Bruder des Glaubens wegen verurteilt und hingerichtet und gilt als Märtyrer. Der Tag, geschätzt der 14. April, ist kathol. Gedenktag.

Titanic-Gedenktag

Der Luxusdampfer Titanic versinkt nach seiner Kollision mit einem Eisberg am 15. April 1912 um 2:20 Uhr im Atlantik. Zwischen 1490 und 1517 Menschen sterben.

Tag des Radiergummis

Am Tag des Radiergummis feiern wir die Erfindung des Ratzefummel. Mit dem Gummihelferlein lassen sich Fehler ausradieren, die man mit Bleistift verursacht hat.

16. April

Internationaler Tag der Stimme

Seit 1999 ist der 16. April der Internationale Tag der Stimme. Dieser Tag wurde etabliert, um der Stimme in Beruf und Wirtschaft, in der Schule und im täglichen Zusammenleben mehr Aufmerksamkeit und Bewusstsein zu schenken.

Tag des Leipziger Auwaldes

Seit 1994 wird jährlich am 16. April ein Tag des Leipziger Auwaldes begangen. Er dient dem Anliegen, den Bürgern der Stadt ihren wertvollen Wald und dessen Schutzwürdigkeit nahe zu bringen. Veranstalter ist der NABU Regionalverband in Zusammenarbeit mit dem Leipziger Amt für Umweltschutz.

Nationaler Eggs-Benedict-Tag

Der 16. April ist in Amerika der Nationale Eggs Benedict Tag. Dabei handelt es sich um einen Frühstücksteller mit zwei geröstetem Hälften von Englisch Muffins mit pochierten Eiern, Speck oder Schinken, gekrönt von Sauce Hollandaise

17. April

Welttag der Hämophilie

Seit 1989 wird jährlich für den 17. April der Welthämophilietag ausgerufen. Das Datum soll an den Kanadier Hans Schnabel erinnern, der 1963 die World Federation of Haemophilia gründete und an einem 17. April geboren wurde. Nach Schätzungen sind weltweit

400000 Menschen Bluter, von denen nur 10 bis 20 Prozent Zugang zu den teuren Therapien haben. Unbehandelt ist die Lebenserwartung deutlich verkürzt. Die Hämophilie ist eine hauptsächlich bei Männern auftretende Erbkrankheit. Die Patienten bluten bekanntlich länger als Gesunde und können verbluten, wenn nicht rechtzeitig Hilfe kommt. Ursache ist eine Gerinnungsstörung.

Europäischer Tag der Jugendinformation
Seit 17. April 2007 feierten Jugendinformationseinrichtungen am 17.April in 27 Europäischen Ländern den Europäischen Tag der Jugendinformation (European Youth Information Day). Der Tag wurde auf Initiative von ERYICA (European Youth Information and Counselling Agency), der Europäischen Dachorganisation für Jugendinformation ins Leben gerufen.

Nationalfeiertag Syrien
Am 17. April 1946 wurde die Syrische Arabische Republik ausgerufen. Seither ist der 17. April syrischer Nationalfeiertag. Syrien gehört zu den Gründungsmitgliedern der UN (24.10.1945).

18. April

Nationalfeiertag Simbabwe
Simbabwes feiert seinen Nationalfeiertag als Erinnerung an die Unabhängigkeit von Großbritannien am 18. April 1980. Das Land ist Mitglied der Vereinten Nationen seit dem 25. August 1980.

Weltamateurfunktag
Am 18. April ist Weltamateurfunktag. Die International Amateur Radio Union IARU hat den World Amateur Radio Day ins Leben gerufen, um an die Gründung des internationalen Amateurfunkverbandes vor 89 Jahren zu erinnern.

Internationaler Denkmaltag
Der Internationale Rat für Denkmalpflege (ICOMOS) hat in Zusammenarbeit mit der Organisation der Vereinten Nationen für Erziehung, Wissenschaft und Kultur (UNESCO) 1982 den „Internationalen Denkmaltag" ins Leben gerufen. An diesem Tag, dieses Jahr am 18. April, sollen die Denkmäler in aller Welt sowie die

Anstrengungen zur Rettung und Bewahrung dieses Kulturerbes in den Blickpunkt der Öffentlichkeit gestellt werden.

19. April

Welt-Fahrradtag

Der Welt-Fahrradtag geht zurück auf den Schweizer Chemiker Albert Hofmann. Hofmann hatte bei Arbeiten im Rahmen von Arzneimittelforschungen Veränderungen an sich festgestellt und die Arbeit zunächst unterbrochen. Er berichtete später von kaleidoskopartigen farbigen Visionen. Es handelte sich bei dem von ihm untersuchten Stoff um LSD, Lysergsäurediethylamid. Um die Wirkung an sich selbst zu testen, nahm er ein geringe Menge davon ein, die ihm vertretbar erschien. Später ergab sich, dass diese Menge stark überhöht war. Seine anschließende, von starken Halluzinationen begleitete Fahrradfahrt am 19. April 1938 vom Labor nach Hause ging später unter dem Namen „Fahrradtag" in die Geschichte der LSD-Kultur ein.

Primrose Day

Primeltag

Der Primel-Tag, der jährlich am 19. April stattfindet, wurde bis zum Ersten Weltkrieg jährlich zum Todestag von Benjamin Disraeli, dem Romanschriftsteller und zweifachen Premierminister, begangen.

Weltfondstag

Am 19. April 1744 kam Abraham van Ketwich, der Gründer des weltweit ersten Investmentfonds in Amsterdam zur Welt. Der Steuerungskreis der Investmentgesellschaften, der aus Vertretern der größten Gesellschaften in Deutschland besteht, nahm diesen Tag zum Anlass, den deutschlandweiten Weltfondstag auszurufen.

Nationaler Tag des Knoblauchs

Ein "Stinker" hat seinen Ehrentag, der Knoblauch. An diesem Tag wird die »stinkende Rose› gefeiert.

Knoblauch ist in weiten Teilen der Welt als Gewürz und Gemüse bekannt und verbreitet. Einen besonderen Stellenwert genießt er in der Küche des gesamten Mittelmeerraums, des Nahen Ostens und weiten Teilen Asiens. Er wirkt allgemein geschmacksverbessernd und wird deshalb zu verschiedensten Gerichten hinzugefügt.

20. April

Welttag der chinesischen Sprache
Seit dem Jahr 2010 wird am 20. April jährlich der „UNO Tag der chinesischen Sprache" begangen. Dieser Tag soll die kulturelle Vielfalt und Mehrsprachigkeit, sowie die Benutzung der sechs offiziellen UN-Sprachen innerhalb der Organisation der Vereinten Nationen fördern. Das Datum wurde bewusst am 20. April festgelegt, da im chinesischen Mondkalender jährlich etwa um diese Zeit an Cang Jie, dem mythologischen Erfinder der chinesischen Schrift, erinnert wird.

Gedenktag zu Ehren der Columbine-Opfer
Der Gedenktag für die Columbine-Opfer wurde ins Leben gerufen, weil so viele Unschuldige aus dem Leben befördert wurden durch einen bis zu diesem Zeitpunkt noch nie dagewesenen Amoklauf an einer amerikanischen Schule.
An der Columbine High School in Columbine, einem nahe Littleton gelegenen Vorort von Denver im US-Bundesstaat Colorado hatten zwei Schüler, Eric Harris und Dylan Klebold, mit Schusswaffen, die sie sich unbemerkt beschaffen konnten, 12 Mitschüler im Alter zwischen 14 und 18 Jahren ermordet, 24 weitere schwer verletzt und sich dann selbst getötet. Das Tragen von Waffen ist in Amerika jedem und jederzeit gestattet.

Internationaler Kiffer-Tag / Cannabis-Tag
Der Überlieferung zufolge soll sich anno 1971 in Kalifornien eine Gruppe von Studenten regelmäßig um 4.20 Uhr nach dem Unterricht zusammengefunden haben, um gemeinsam den einen oder anderen Joint zu konsumieren. Daraus entstanden ist der Terminus "4/20" (auch 420 oder 4:20), unter dem sich in den USA die Anhänger des illegalen Krautes zu einer Bewegung zusammengeschlossen haben. Seither trifft man sich am 20. April und raucht gemeinsam in aller Öffentlichkeit - aber sicher keine Zigaretten ...

21. April

Sternzeichen Stier
21. April bis 20. Mai

Kindergarten-Tag

Der 21. April ist der Tag des Kindergartens. Er ist auch der Geburtstag seines Begründers. Am 21.4.1782 wurde der deutsche Pädagoge Friedrich Wilhelm August Fröbel geboren. Sein besonderes Verdienst besteht darin, die Bedeutung der frühen Kindheit nicht nur erkannt, sondern durch die Schaffung eines Systems von Liedern, Beschäftigungen und Spielgaben die Realisierung dieser Erkenntnisse vorangetrieben zu haben. Im Jahr 1840 gründete er den ersten Kindergarten in Bad Blankenburg. Die von ihm entwickelten Spiel- und Lernmaterialien sind auch heute noch anerkannt.

Natale di Roma

Mit dem Natale di Roma findet jährlich am 21.April ein Gedenktag an die Gründung Roms am 21. April 753 v. Chr. Statt.

22. April

Nationaler Tag der Jelly-Beans

Ganz im Zeichen der kleinen süßen Bohne, die die Welt erobert, steht der 22. April. Denn heute ist der Tag der Jelly-Beans. Ronald Reagan, 40. Präsident der USA, war bekennender Fan der Jelly Beans. Jelly Belly sind in 50 Geschmacksrichtungen verfügbar und verwöhnen in aller Herren Länder den anspruchsvollen Gaumen.

Tag der Erde

Earth Day

Im Jahr 1970 entstand Earth Day als spontane Studentenbewegung in den USA. Mit dem Earth Day sollte dem Washingtoner Establishment und der Öffentlichkeit demonstriert werden, dass es in Nordamerika eine Umweltbewegung gab und dass die Natur jetzt über eine starke Lobby verfügen wird. Der 22. April ist seitdem der weltweit begangene Earth Day. Begründet wurde die Volksaktion von dem sozial engagierten US-Senator Gaylord Nelson. In Kanada wie in vielen anderen Ländern der Erde ist die Earth Day-Idee eng mit der nationalen Umweltpolitik verwoben. Im Jahr 2009 wurde auf Vorschlag der bolivianischen Regierung der 22.April von der Generalversammlung der Vereinten Nationen zum Internationalen Tag der Mutter Erde erklärt.

23. April

Tag des deutschen Bieres

Der 23. April steht traditionell in Deutschland in jedem Jahr ganz im Zeichen des Bieres. Der Erlass von Herzog Wilhelm IV. vom 23. April des Jahres 1516 ist längst ein Inbegriff für die Qualität deutscher Biere. Das deutsche Reinheitsgebot schreibt vor, dass nur Wasser, Hopfen und Gerste zur Herstellung deutschen Bieres verwendet werden dürfen.

Welttag des Buches und des Urheberrechts

Die UNESCO erklärte 1995 den 23.April zum Welttag des Buches, zum Tag für das Lesen, für Bücher und die Rechte der Autoren. Der katalanische Brauch, am Namenstag des Volks-heiligen St. Georg Rosen und Bücher zu verschenken hatte die UN-Organisation für Kultur und Bildung dazu inspiriert.

Welttag der englischen Sprache

Der Welttag der englischen Sprache wird am 23. April begangen, am Geburtstag des englischen Dramatikers und Lyrikers William Shakespeare. Die englische Sprache ist eine der sechs Amtssprachen der Vereinten Nationen und hat – wie die anderen Amtssprachen übrigens auch – ihren eigenen Gedenktag.

Georgstag

Der Georgstag ist der 23. April und der Festtag zu Ehren des heiligen Georg, eines frühchristlichen Märtyrers aus Kappadokien, der etwa im 3. Jahrhundert lebte. Der heilige Georg ist einer der 14 Nothelfer, einer Gruppe von Heiligen aus dem Spätmittelalter die in der katholischen und evangelischen Kirche verehrt werden.

Türkisches Kinderfest

Zur Erinnerung an den 23. April 1920, an dem das türkische Parlament eröffnet wurde, widmete Mustafa Kemal Atatürk, Gründer und erster Präsident der türkischen Republik diesen Tag den Kindern, weil Kinder die Zukunft jedes Landes sind.

24. April

Internationaler Tag des Versuchstieres
Der Internationale Tag des Versuchstieres wurde 1962 ins Leben gerufen durch Lady Dowding, die in einer britischen Tierschutzbewegung aktiv war und sich besonders gegen Tierversuche in der Kosmetik engagierte. Sie wählte den Geburtstag ihres Mannes am 24. April zum Internationalen Tag des Versuchstieres.

Würstchen-im-Schlafrock-Tag
Mindestens ebenso beliebt, aber nicht zu verwechseln mit der amerikanischen Verwandtschaft Hot Dog oder Corn Dog ist das Würstchen im Schlafrock, ein Frankfurter Würstchen im Teigmantel, für das es mittlerweile unzählige Varianten der Zubereitung gibt.

Gedenktag für die Opfer Völkermordes an den Armeniern 1915
An diesem Tag wird des ersten Völkermordes im Europa des 20. Jahrhunderts gedacht. Am 24. April 1915 wurde die geistige Elite der in Konstantinopel, dem heutigen Istanbul, lebenden Armenier in einer Nacht- und Nebelaktion aus ihren Häusern und Wohnungen geholt und umgebracht.

25. April

Internationaler Tag der Eltern-Kind-Entfremdung
Tag der Eltern-Kind-Entfremdung, auch Parental Alienation Awareness Day: Dieser weltweite Aktions- und Aufklärungstag soll auf die mögliche Eltern-Kind-Entfremdung nach Trennung oder Scheidung in der Öffentlichkeit aufmerksam machen.

Welt-Pinguin-Tag
Der Welt-Pinguin-Tag wurde eingeführt, um den Schutz dieser erstaunlichen Tiere zu verstärken. Auf diesen Tag fällt auch die jährliche Wanderung der Pinguine nach Norden. Bei der McMurdo Station auf Antarktika haben Wissenschaftler und Forscher festgestellt, dass jedes Jahr am 25. April eine Kolonie von Adeliepinguinen nach Monaten auf See an Land zurückkehrt. Sie kommen jedes Jahr am selben Tag zum selben Platz zurück. Dies ist kein Zufall, sondern es ist das normale Wanderungsmuster dieser Tiere. Nach einigen Jahren der Beobachtung konnten die Wissenschaftler die Ankunft

der Pinguine vorhersagen und erklärten einen Feiertag zu ihrem Erscheinen. Jedes Jahr kommen hunderte von Pinguinen pünktlich dort an und die Feier beginnt von neuem.

Welttag des Baumes

Seit 1952 wird jeweils am 25. April der Festtag für den Baum von der Schutzgemeinschaft Deutscher Wald (SDW) in Zusammenarbeit mit Städten, Forstämtern und Kommunen begangen.

Weltmalariatag

Der Weltmalariatag am 25. April würdigt den weltweiten Kampf gegen Malaria. Der Gedenktag wurde 2001 als *Africa Malaria Day* eingeführt und 2007 von der Weltgesundheits-Versammlung als Malariatag beschlossen. Immer noch müssen große Anstrengungen unternommen werden in Sachen Vorbeugung und Behandlung von Malaria.

Welt-DNA-Tag

Am 25. April 1953 veröffentlichten Francis Crick und James Watson die so rätselhaft erscheinende Struktur des Erbmaterials - die Desoxyribonukleinsäure (DNA) - erstmals in einer wissenschaftlichen Publikation beschrieben.

Markustag

Das Fest des Heiligen Markus in Venedig wird am 25. April jeden Jahres, dem Todestag des Evangelisten Markus und Schutzpatrons Venedigs, gefeiert. Auf dem Markusplatz werden an verschiedenen Verkaufsständen die "Bocolo" (Rosenknospen) zum Verkauf angeboten. Die Tradition will nämlich, dass die Männer an diesem Tag ihren geliebten Frauen eine Rose schenken.

Eine Geschichte erzählt von der Liebe zweier Jugendlicher aus zwei verfeindeten Familien. An einem 25. April erblühte dank ihrer Liebe zueinander ein Rosenstrauch, der, seitdem die Familien im Streit lagen, nicht mehr geblüht hatte. Ein geheimnisvoller Rosenstrauch aus der Grabstätte des Heiligen Markus, dem Schutzpatron Venedigs, schließt den Kreis aus Glauben, Mysterium und Romantik, der das Fest in Venedig umgibt.

26. April

Welttag des geistigen Eigentums

Auf Anregung der UNESCO rief die Weltorganisation für geistiges Eigentum (WIPO) im Jahr 2000 den Welttag des geistigen Eigentums aus. An diesem Tag soll daran erinnert werden, wie wichtig der Schutz von Erfindungen und künstlerischen Leistungen ist.

Tag der Erneuerbaren Energien

Die sächsische Stadt Oederan hatte 1996 - am 10. Jahrestage der Tschernobyl-Katastrophe - einen Tag der Erneuerbaren Energien ins Leben gerufen. In mehreren Bundesländern öffnen am 26. April Solar-, Wind-, Wasserkraft- und Blockheizkraftwerke, Bioenergieanlagen und energieeffiziente Häuser ihre Türen für Interessierte.

Nationalfeiertag Tansania

Der Nationalfeiertag wird in Tansania als Erinnerung an den Zusammenschluss von Sansibar und Tanganjika am 26.4.1964 begangen.

Jahrestag der Katastrophe von Tschernobyl

Der 26. April 1986 erinnert als Jahrestag an die Katastrophe von Tschernobyl, bei der Explosionen einen Reaktorkern des Atomkraftwerkes zerstörten. In der Folge wurde radioaktives Material in die Atmosphäre freigesetzt. Über gesundheitliche Langzeitfolgen weltweit besteht nach wie vor Unklarheit.

27. April

Welt-Grafiker-Tag

Der Welt-Grafiker-Tag am 27.4. beruht angeblich auf einer Tradition des Grafik-Verbands Iocgrada, der an diesem Tag seine Gründung im Jahr 1963 feiert. Der Begriff Grafiker bezieht sich sowohl auf Anwendungsbereiche innerhalb der Angewandten Kunst als auch der Bildenden Kunst.

Nationalfeiertag Sierra Leone

An seinem Nationalfeiertag am 27. April feiert Sierra Leone mit dem Tag der Republik seine Unabhängigkeit seit 1961.

Nationalfeiertag Niederlande –Koningsdag

Am 27. April feiern die Niederländer mit ihrem Koningsdag den Geburtstag des Königs Willem Alexander. Aus diesem Anlass kleiden sich viele Niederländer in Orange, der Farbe des Königshauses von Oranien, und feiern landesweit mit Paraden, Volksfesten und Konzerten. Charakteristisch sind die Flohmärkte, auf denen jeder verkaufen darf. Die Einkünfte des Tages sind steuerfrei.

Nationalfeiertag Togo

Am 27. April feiert Togo seinen Nationalfeiertag und damit auch seine Unabhängigkeit. Das Land war französisches Treuhandgebiet und unter Kaiser Wilhelm II. deutsche Kolonie.

Nationalfeiertag Süd-Afrika

Südafrika feiert an seinem Nationalfeiertag am 27. April den Tag der Freiheit, an dem nach Jahrhunderten der Unterdrückung und Apartheid endlich 20 Millionen erwachsene Menschen durch freie Wahlen ihre Regierung wählen durften.

Welttag des Designs

Den Welttag des Designs - World Day of Design - hat die Berufsvereinigung amerikanischer Designer AIGA am 27.4.2006 in den USA eingeführt. Von hier konnte sich der Tag in die Welt verbreiten.

Nationaler Prime-Rib-Tag

Am 27. April wird in Amerika alljährlich der Prime-Rib-Tag begangen. Dazu wird ein spezielles Stück Fleisch aus dem Rückenstück des Rinds, die Hochrippe, zubereitet, vorzugsweise gegrillt.

28. April

Welttag für Sicherheit und Gesundheitsschutz am Arbeitsplatz

Der alljährliche Welttag für Sicherheit und Gesundheitsschutz am Arbeitsplatz: Seit dem Jahr 2003 begeht die Internationalen Arbeitsorganisation (ILO) diesen Welttag, in dessen Mittelpunkt die Prävention von Unfällen und arbeitsbedingten Erkrankungen durch sozialen Dialog und das Dreiersystem der ILO stehen.

Tag der Immunologie

Seit 29.4.2005 findet der Internationale Tag der Immunologie statt. Ziel dieses weltweiten Aktionstages ist es, Themen rund um die Immunologie ins Bewusstsein der Öffentlichkeit zu rücken. Die Deutsche Gesellschaft für Immunologie (DGfI) gestaltet diesen Tag auf Bundesebene maßgeblich.

Welttag des Tanzes

Im Jahr 1982 wurde erstmals der Welttanztag für den 29. April vom Internationalen Komitee des Tanzes des International Theater Institutes (ITI) der UNESCO angeregt und ausgerufen. Das Datum ist der Geburtstag des französischen Tänzers und Choreographen Jean Georgees Noverre (1727–1810), Gründer des modernen Ballets.

30. April

Walpurgisnacht

Die Walpurgisnacht wird in der Nacht vom 30. April auf den 1. Mai gefeiert. Es handelt sich dabei um ein traditionsreiches Fest mit europäischen Wurzeln, welches in der heutigen Zeit hauptsächlich unter den Bezeichnungen Maifeiertag oder Tanz in den Mai bekannt ist. Die Walpurgisnacht lässt sich, der Mythologie nach, auf vorchristliche Feierlichkeiten im Harz zurückführen, wobei die eigentliche Namensgebung erst wesentlich später stattfand.

Internationaler Tag des Jazz

Im November 2011 hat die 36. Generalkonferenz der UNESCO den 30. April zum "Internationalen Tag des Jazz" ausgerufen. Er soll an die künstlerische Bedeutung des Jazz, seine Wurzeln und seine weltweiten Auswirkungen auf die kulturelle Entwicklung erinnern. Er soll Künstler, Jazz-Enthusiasten, Historiker und Wissenschaftler sowie Musikeinrichtungen und Schulen zum Dialog anregen und die universelle Bedeutung des Jazz bewusst machen.

Deutscher Tag für gewaltfreie Erziehung

Der Internationaler Tag für gewaltfreie Erziehung am 30. April wirbt für ein Kinderrecht, das noch lange nicht selbstverständlich ist!

Dieser Tag geht auf die internationale Organisation zur Beendigung körperlicher Gewalt gegen Kinder zurück, deren Ländervertretung in den USA erstmals am 30. April 1998 zum "International No Hitting Day for Children aufrief. Der Tag der Gewaltfreien Erziehung wird mittlerweile in vielen Ländern gefeiert, hauptsächlich in anglo-amerikanischen Ländern wie England und Kanada, aber auch in der Schweiz. Der Deutsche Kinderschutzbund ruft seit 2004 am 30.April zum Tag der gewaltfreien Erziehung auf.

Mai

Anfang Mai

Weltfischbrötchentag
An der schleswig-holsteinischen Ostseeküste findet am ersten Wochenende im Mai dieser besondere Gedenktag für kulinarische Hochgenüsse statt.
An diesem Tag wird dem salzigen Fischgenuss feierlich gehuldigt, der entsteht, wenn man die Früchte der Ostsee, seien es Krabben, Aal, Matjes oder Bismarckhering, zwischen 2 Brötchenhälften packt. Veranstaltungen finden entlang der Ostseeküste zwischen Lübeck und der dänischen Grenze statt.

Erster Sonntag im Mai

Weltlachtag
Der Weltlachtag wird jedes Jahr am ersten Maisonntag gefeiert, so z.B. am 4.Mai 2014. Dabei treffen sich in mehreren Städten lachende Menschen, um genau um 14:00 Uhr drei Minuten lang gemeinsam zu lachen. Der erste Weltlachtag wurde am 11.1.1998 von 12.000 Teilnehmern in Bombay begangen.

Tag der Regenbogenfamilien
Am ersten Sonntag im Mai wird der "Internationale Tag der Regenbogenfamilien" begangen. Der International Family Equality Day, wie er offiziell auf Englisch heißt, wurde im Juli 2011 vergangenen Jahres auf dem ersten internationalen Symposium von Organisationen lesbischer, schwuler, homo- und transsexueller Paare und Familien aus Europa, USA und Kanada ausgerufen.

Erster Dienstag

Weltasthmatag

Der Weltasthmatag findet immer am ersten Dienstag im Mai statt, also z.B. am 6.5.2014. Er wird veranstaltet auf Veranlassung der Global Initiative for Asthma (GINA) und soll Betroffenen und Angehörige über die Erkrankung, gesundheitliche Folgen, den Umgang damit sowie über Warnsignale im Voraus informieren.

Erster Freitag

Ohne-Hose-Tag

Immer am 1. Freitag im Mai findet ein Aktionstag für Menschen statt, deren größtes Vergnügen darin zu besteht, sich ohne Hose in der Öffentlichkeit zu bewegen.

Zweites Wochenende

Weltzugvogeltag

An jedem zweiten Wochenende im Mai findet der seit 2006 eingeführte Weltzugvogeltag statt. Geregelt wird diese Kampagne durch das Übereinkommen zur Erhaltung der wandernden wild lebenden Tierarten (CMS) und das Abkommen zur Erhaltung der afrikanisch-eurasischen wandernden Wasservögel (AEWA). Der Weltzugvogeltag hat es sich zum Ziel gemacht, Zugvögel zu schützen und ihre Lebensräume zu erhalten.

Zweiter Sonntag

Muttertag

Die Amerikanerin Anna Marie Javis initiierte am 12.5.1907, dem 2. Todestag ihrer Mutter eine Gedenkveranstaltung. Auf ihr Drängen wurde im folgenden Jahr allen Mütter eine Andacht in ihrer methodistischen Gemeinde gewidmet. Bereits 1914 wurde der Muttertag in USA zum ersten Mal als nationaler Feiertag begangen, und schon am 13. Mai 1923 fand der erste deutsche Muttertag statt. Wegbereiter war der Verband deutscher Blumengeschäftsinhaber, der zunächst ganz unpolitisch für einen Tag der Blumenwünsche warb. Seit 1950 gibt es den Muttertag in der Bundesrepublik als nichtgesetzlichen Feiertag am 2. Sonntag im Mai.

Zweiter Montag

Deutscher Tag der Kinderbetreuung

Tag für Tag engagieren sich Hunderttausende Erzieherinnen und Erzieher, Kinderpflegerinnen und Kinderpfleger, Tagesmütter und Tagesväter dafür, dass immer mehr Eltern Beruf und Familie miteinander vereinbaren können. Dafür haben all diese Kinderbetreuer unsere Anerkennung und ein dickes Dankeschön verdient! Aus diesem Grund hat sich in 2012 eine Initiative gebildet und den Tag der Kinderbetreuung ins Leben gerufen, der immer am Montag nach dem Elterntag (früher: Muttertag) gefeiert wird.

Zweiter Donnerstag

Tag des richtigen Liegens (Schweiz)

Richtiges Liegen ist die Grundlage für guten und erholsamen Schlaf. Viele Schmerzen und Verspannungen lassen sich mit richtigem Liegen vermeiden. Daher lohnt es sich darüber nachzudenken, wie gut Sie liegen. Die Interessengemeinschaft Richtig-Liegen-und-Schlafen (IGPLS) initiiert deshalb am 8. Mai 2014 in der Schweiz den «Tag des richtigen Liegens».

Zweiter Samstag

Europäischer Weltladentag / World Fair Trade Day

Einmal jährlich am zweiten Samstag im Mai ruft der Weltladen-Dachverband die Weltläden in Deutschland zu gemeinsamen politischen Aktionen auf. am Beispiel von Machtkonzentrationen in Lieferketten möchte der Verband Ungerechtigkeiten im Welthandel thematisieren und aufzeigen, welche Auswirkungen diese auf Kleinproduzent/innen in Norden und Süden haben.

1.Mai

Maifeiertag

Kurz nach Ende des Bürgerkrieges 1865 wurde von amerikanischen Gewerkschaften erstmals die Forderung nach Einführung des Acht-Stunden - Tages erhoben. Die Durchsetzung zog sich bis in die 1880er Jahre hin. Aus dieser Zeit stammt auch die Wahl des 1. Mai als Streiktermin. Man wählte den „Moving Day", der traditionell als Tag für Abschluss und Aufhebung von Verträgen galt und forderte die Aufnahme des 8-Stunden Tages in die neuen Arbeitsverträge. Am 1.Mai 1886 traten erstmals 400.000 Arbeiter in den Streik.

Die Arbeiterbewegung kam über Frankreich nach Deutschland, wo schon im Dezember 1889 18 Gewerkschaften ihre Absicht erklärten, am 1.Mai zu streiken. Trotz drohender Sanktionen beteiligten sich etwa 100.000 Arbeiter.

Die SPD beschloss im Oktober desselben Jahres, den 1.Mai als Feiertag der Arbeiter einzuführen. Zunächst wurde der 1.Mai 1919 zum gesetzlichen Feiertag erklärt. 1933 bemächtigten sich die Nationalsozialisten dieses Tags, den Hitler zum „Feiertag der nationalen Arbeit" erklärte. Der Maifeiertag wurde im April 1946 vom alliierten Kontrollrat als gesetzlicher Feiertag bestätigt.

Nachdem die beiden deutschen Staaten jahrzehntelang ihre jeweils eigene Version begingen, konnte nach dem Zusammenbruch des Sozialismus der 100. Jahrestag des 1. Mai in der neugewonnenen staatlichen Einheit vor dem Berliner Reichstag gefeiert werden

Staatsfeiertag (Österreich)

In 1893 wurde die erste Maikundgebung der christlichen Arbeiterbewegung veranstaltet, am 25.4.1919 wurde der 1. Mai zum Staatsfeiertag erklärt.

Von den Nationalsozialisten zum „Tag der deutschen Arbeit" vereinnahmt, wurde der 1.Mai nach Kriegsende wieder zum Staatsfeiertag erklärt

Nationalfeiertag Marshallinseln

Die Marshallinseln feiern mit ihrem Nationalfeiertag am 1. Mai die Ausrufung der Republik Marshallinseln am 1. Mai 1979. Bis dahin gehörten sie zum Treuhandgebiet Pazifische Inseln, welches im Auftrag der UN von den USA verwaltet wurde.

Patrona Bavariae

Das Marienfest wird erst seit dem Jahr 1970 am 1. Mai gefeiert. Zuvor wurde das Fest zu Ehren der Gottesmutter Maria am 14. Mai begangen, nachdem Papst Benedikt XV. dem Bitten des bayrischen Königs Ludwig III. nachgekommen war und Maria im April 1916 zur Schutzpatronin Bayerns erklärt und der Feier eines Marienfestes zugestimmt hatte. Die Marienverehrung, die zum Zeichen des Katholischen wurde, reicht 300 Jahre zurück bis zu Kurfürst Maximilian I., möglicherweise noch früher. Dieser lies bereits im Jahr 1616 eine Münze prägen, die Maria als Patronin Münchens zeigte.

Gedenktag Josef der Arbeiter

Den Gedenktag „Josef der Arbeiter" führte Papst Pius XII. als Reaktion auf die soziale Bewegung, als kathol. Pendant zu dem weltweit begangenen Tag der Arbeit ein. Josef war der bibl. Überlieferung nach Bauhandwerker und gilt als Patron der Arbeiter.

Bitttag um gesegnete Arbeit

Die Evangelische Kirche in Deutschland feiert am 1.Mai den Bitttag um gesegnete Arbeit.

2.Mai

Internationaler Kampf- und Feiertag der Arbeitslosen

Seit 2004 findet in Berlin die Demonstration zum Internationalen Kampf- und Feiertag der Arbeitslosen statt, mit Gebet gegen den Zwang zur Lohnarbeit. Arbeitslose und Freunde der Arbeitslosigkeit fordern erneut zu einer Politik auf, die die Parole „Arbeit für alle" als falsch entlarvt und zukunftsgerichtete Perspektiven verlangt: Ein bedingungsloses Grundeinkommen. Die Einsparung sämtlicher Verschwendungs-gelder für Wirtschaftsförderung, Jobcenter, Strukturmaßnahmen. Automatisierung und Rationalisierung als Chance. Die geistig-moralische Wende: Nicht Lohnarbeit sondern Beschäftigung ist Lebenssinn, die den Menschen erfüllt, egal ob er damit seinen Lebensunterhalt bestreiten kann oder nicht.

Remembrance & Resistance

Der 2. Mai ist der Internationale Tag zur Erinnerung an die Verbrechen der NS-Psychiatrie und ihrer Kooperateure und der Tag des Widerstandes gegen Zwangspsychiatrie.

3. Mai

Welttag der Pressefreiheit

Auf Vorschlag der UNESCO hat die UN-Generalversammlung 1993 den internationalen Tag der Pressefreiheit ausgerufen, dessen Botschaft lautet, dass jeder Journalist überall auf der Welt das Recht haben muss, frei und ohne Angst berichten zu können. Eine Beschränkung der Pressefreiheit ist immer auch eine Beschränkung der Demokratie.

Internationaler Tag der Sonne

Durch das Umweltprogramm UNEP der Vereinten Nationen wurde deshalb ein Gedenktag ins Leben gerufen. Seit dem Jahr 2007 findet der internationale Tag der Sonne alljährlich am 3. Mai statt.

Nationalfeiertag Polen

Am 3. Mai 1791 wurde die „Verfassung vom 3. Mai 1791" von Polen-Litauen im Warschauer Königsschloss verabschiedet. Sie gilt als die erste moderne Verfassung Europas im Sinne der Aufklärung.

4. Mai

Tag der Feuerwehrleute

Am 4. Mai, dem Tag des heiligen Florian, findet seit 1999 alljährlich der Tag der Feuerwehrleute statt, um an Feuerwehrleute zu erinnern, die bei einem Einsatz in Australien ihr Leben verloren.

Florianstag

Der heilige Florian war Offizier der römischen Armee und Oberbefehlshaber einer Einheit zur Feuersbekämpfung. Florian gilt als Schutzpatron der Feuerwehr, der Bierbrauer, der Schmiede, der Bäcker, der Gärtner, der Rauchfangkehrer, der Böttcher, der Töpfer und der Seifensieder.

Nazionale Dodenherdenking
Ein niederländischer Gedenktag, der seit dem 9. Mai 1945 alljährlich begangen wird, um der niederländischen Opfer des 2. Weltkrieges zu gedenken. Seit 1961 werden alle Bürger und Soldaten des Königreichs mit einbezogen, die in militär. Konflikten umgekommen sind.

4. Mai

Star-Wars-Tag
Der Satz May the force be with you, deutsch: Möge die Macht mit Dir sein, gilt als eine der bekanntesten Phrasen aus dem Star Wars-Universum und hat ihren Weg auch in die Alltags-sprache gefunden. Aufgrund der phonetischen Ähnlichkeit zwischen *May the force* und *May the 4th* erkoren amerikanische Star Wars-Fans dieses Datum als offiziellen Star Wars Day aus.

5. Mai

Europatag des Europarates
Der 5. Mai ist der Europatag des Eroparates. Damit wird an die Gründung des Europarates durch die Unterzeichnung seiner Satzung am 5. Mai 1949 in London erinnert.

Europäischer Protesttag zur Gleichstellung von Menschen mit Behinderungen
Dieser Aktionstag wurde 1992 von den Interessenvertretungen Selbstbestimmt Leben Deutschland (ISL) ins Leben gerufen. Als Aktionstag wurde der 5.5. gewählt, weil der gleichzeitig Europatag ist und die Behindertenbewegung damit deutlich machen wollte, dass es eines Europas für alle bedarf.

Bevrijngsdag
Am 5. Mai wird in den Niederlanden der Tag der Befreiung begannen, am 5.Mai '45 kapitulierte die deutsche Armee und der 2. Weltkrieg war für die Niederlande beendet.

Gedenken gegen Gewalt und Rassismus
Am 5. Mai 1945 befreiten Soldaten der US-Army die Überlebenden des nationalsozialistischen Konzentrationslagers Mauthausen.

Daher wird der 5. Mai in Österreich im Gedenken an die Opfer des Nationalsozialismus als Tag gegen Gewalt und Rassismus begangen.

Internationaler Hebammentag

Der Internationale Hebammentag wird seit 1991 jeweils am 5. Mai in mittlerweile mehr als 50 Ländern begangen, um Hebammen auf die Bedeutung der Hebammen für die Gesellschaft hinzuweisen. Zum ersten Mal wurde dieser Tag 1991 begangen, seit 1992 findet der Internationale Hebammentag regelmäßig statt.

Kodomo no Hi

Der 5. Mai ist in Japan der Tag der Kinder. Früher offiziell nur ein gefeierter Festtag für Jungen, wurde 1948 aus dem Knabenfest das Kodomo no hi - für alle Kinder. Die Familien hängen an diesem Ehrentag der Kinder Papierfahnen in Karpfenform Koi Nobori auf.

Tag des herzkranken Kindes

Der Tag des herzkranken Kindes soll auf die Belastung für die kleinen Patienten und ihre Angehörigen aufmerksam machen. Jährlich am 5. Mai und den folgenden Tagen geben Experten Tipps für ein gesundes Leben trotz Herzfehlers

Welthändehygienetag

Die Weltgesundheitsorganisation (WHO) hat den 5. Mai zum Welt-händehygienetag ausgerufen. Das Datum 5.5. symbolisiert die zwei-mal fünf Finger des Menschen. Wer seine Hände gründlich und regelmäßig wäscht, schützt sich und andere vor Infektionskrankheiten. Es ist eine ganz einfache, doch ebenso grundlegende Hygieneregel, die oft nicht ausreichend beachtet wird.

Tag der Befreiung in Dänemark und Niederlande

Die Kapitulation der deutschen Wehrmacht in Schleswig-Holstein, Dänemark und Holland wurde am 4. Mai 1945 vereinbart. Dies geschah zwischen Großadmiral Karl Dönitz und Feldmarschall Bernard Montgomery und galt vom folgenden 5. Mai ab 8 Uhr.

6. Mai

Internationaler Anti-Diät-Tag

Der Internationale Anti-Diät-Tag ist ein inoffizieller internationaler Aktionstag, der von der brit. Autorin und Feministin Mary Evans Young ins Leben gerufen wurde und jährlich am 6.5. statt-findet. Der Tag soll darauf aufmerksam machen, wie sinnlos Diäten sind.

Welttag der geistlichen Berufe

Den Tag der geistlichen Berufe am 6.5. führte Papst Paul VI. im Jahr 1964 zum Anfang seiner Zeit als Oberster Hirte der Römisch-Kathol. Kirche ein. Hier wird derer gedacht die zum Dienst in der Kirche, zum Seelenheil und als Ratgeber der Menschen in Familie, Beruf und Freizeit, bestellt sind.

8. Mai

Ohne-Socken-Tag

Das US-amerik. Ehepaar Tom und Ruth Roy erschuf den Ohne-Socken-Tag, oder den Nosocks-day. Es komme der Umwelt zugute, wenn man auf frische Socken verzichte um die anfallende Schmutz-wäsche zu reduzieren. Jeder sollte seinen Füßen die Freiheit gönnen, ohne Socken, Strümpfe oder ähnl. den Tag zu begehen.

Tag der Befreiung und des Sieges über den Nationalsozialismus

Am 8. Mai wird in verschiedenen europäischen Ländern der bedingungslosen Kapitulation der Wehrmacht und damit dem Ende des Zweiten Weltkrieges in Europa gedacht.

Weltrotkreuztag

Das Rote Kreuz feiert jährlich am 8. Mai den Weltrotkreuztag. Damit wird an Rotkreuz-Gründer Henry Dunant erinnert, der an diesem Tag vor 186 Jahren geboren wurde. Henry Dunant wurde im Juni 1859 unfreiwillig Zeuge der Schlacht von Soliferno. Über die Erlebnisse schrieb er ein Buch mit dem Titel Eine Erinnerung an Solferino. In der Folge kam es zur Gründung des Internationalen Komitees der Hilfsgesellschaften für die Verwundetenpflege in Genf, das seit 1876 den Namen Internationales Komitee vom Roten Kreuz (IKRK) trägt. Die 1864 beschlossene Genfer Konvention geht wesentlich auf Vorschläge aus Dunants Buch zurück.

9. Mai

Europatag (der Europäischen Union)

Am 9.Mai 1950 schlug Robert Schumann, der französische Außenminister vor, eine Produktionsgemeinschaft für Kohle und Stahl zu schaffen. Diese Schumann-Erklärung führte zur Gründung der Montanunion und gilt gemeinhin als Grundstein der heutigen Europäischen Union.

Tag des Sieges

Am 9. Mai feiert Russland alljährlich den Jahrestag des Sieges im Großen Vaterländischen Krieg. So wird in Russland der Zweite Weltkrieg 1941-1945 genannt. Der 9. Mai wurde zum Siegestag erklärt, weil in der Nacht vom 8. auf den 9. Mai 1945 der sowjetische Marschall Schukow die bedingungslose Kapitulation aller Wehrmachtsteile angenommen hat.

Tag des Orgasmus

Die brasilianische Kleinstadt Esperantina im Nordosten Brasiliens feiert seit 2002 den 9. Mai als inoffiziellen „Tag des Orgasmus". Jeder Menschsolle das Recht auf Lust bis zum letzten haben.

Tag der verlorenen Socke

Der Tag der verlorenen Socke ist ein internationaler Gedenktag für die vielen voneinander getrennten Socken. Dieser Tag wird jährlich am 9. Mai begangen. Es soll an diesem Tag der während des Waschvorgangs verloren gegangenen Socken und ihrer zurückgelassenen und nunmehr vereinsamenden Partner gedacht werden.

10. Mai

Deutscher Tag des freien Buches

Der Tag des freien Buches ist ein Gedenktag in Deutschland. Er wurde am 10. Mai 1947 erstmals in Berlin von Kulturvertretern sämtlicher vier Sektoren als Gedenktag anlässlich der Bücherverbrennung 1933 in Deutschland begangen und im sowjetischen Sektor und später in der DDR als „Tag des freien Buches" weitergeführt In der Bundesrepublik wurde er 1983 als „Tag des Buches"eingeführt.

Deutscher Tag gegen den Schlaganfall

Die Deutsche Schlaganfall-Hilfe hat erstmalig am 10. Mai 1999 den bundesweiten "Tag gegen den Schlaganfall" ausgerufen.

11. Mai

Eisheilige – 11. bis 15. Mai

Die Eisheiligen und der in ihrem Gefolge auftretende Frost kann vor allem jungen Gemüsepflanzen gefährlich werden. Die Heiligen erscheinen meist pünktlich zu folgenden Terminen:
- Mamertus am 11. Mai,
- Pankratius am 12. Mai,
- Servatius am 13. Mai,
- Bonifatius am 14. Mai
- und die Kalte Sofie am 15. Mai

12. Mai

Tag der Krankenpflege

Am 12. Mai 1820 wurde Florence Nightingale, die Begründerin der systematischen Krankenpflege, geboren.

Tag des Chronischen Erschöpfungssyndroms6

Am 12. Mai, dem CFS-Tag, soll auf das oft nicht erkannte Syndrom aufmerksam gemacht werden. Am Chronischen Erschöpfungs-syndrom CFS leiden nach Schätzungen des Selbsthilfeverbandes Fatigatio in Deutschland rund 300 000 Menschen. Von CFS spricht man, wenn ein Mensch länger als sechs Monate an lähmender Ermüdung leidet und keine andere Krankheit die Ursache ist.

13. Mai

Tag des Apfelkuchens

Am 13. Mai ist der "National Apple Pie Day", der "Tag des Apfel-kuchens". Wieder mal ein Event, das aus dem Amerikanischen stammt aber in Deutschland sicher Freunde findet, ausreichendes Vorhandensein von Kuchen vorausgesetzt. Seiner Meinung nach ist die Oberfläche der Erde für lebende Pflanzen und nicht die für die Bebauung durch den Menschen gemacht.

14. Mai

Underground American Day
Der amerikanische Architekt und Umweltaktivist Malcolm Wells, bekannt als Vater der Erdhäuser, rief er bereits 1974 den 14. Mai zum Underground American Day, den Tag des amerikanischen Untergrundes, als Aktionstag aus.

Nationalfeiertag Israel
Israel wurde am 14. Mai als repräsentative Demokratie mit einem parlamentarischen Regierungssystem proklamiert.

15. Mai

Internationaler Tag der Kriegsdienstverweigerung
Der 15.Mai ist der Internationale Tag der Kriegsdienstverweigerung. An diesem Tag wird in aller Welt an diejenigen erinnert, die weiterhin dafür, dass sie das Töten verweigern, verfolgt und inhaftiert werden. Es wird auch an diejenigen erinnert, die sich in früheren Generationen dem Krieg verweigerten.

Nationalfeiertag Paraguay
Der Nationalfeiertag ist als Día de la Independencia, der Tag der Unabhängigkeit von Spanien 1811 gesetzlicher Feiertag in Paraguay.

Internationaler Tag der Familie
Im September 1993 haben die Vereinten Nationen UN den 15. Mai als Tag der Familie proklamiert. Gemeinsam wollen die UN und die Weltgesundheitsorganisation WHO die Bedeutung der Familie als wichtigste Grundeinheit jeder Gesellschaft herausstellen.

Nationaler Tag der Schokoladentropfen
Am 15. Mai ist der Nationaler Tag der Schokoladentropfen. Üblicherweise sind das kleine Schokoladenstücke, die am Boden flach und kreisförmig sind und nach oben in Tropfenform kegelförmig zulaufen. Die kleinen Meister der Tarnung verstecken sich gewöhnlich in allerlei Gebäck.

Tag der Sea-Monkeys

Urzeitkrebse

International gehören die Sea Monkeys zu den bekanntesten Urzeitkrebsen überhaupt. Sie sind heute so beliebt, dass mit dem Tag der Sea Monkeys am 16. Mai 2013 ein besonderes Highlight auf die Fans der Urzeitkrebse wartet; ein Tag, der sich vollumfänglich den kleinen Minikrebsen widmet. Weltweit ist der Salinakrebs in seiner natürlichen Umgebung überwiegend in Salzgewässern zu finden. Er ist bestens auf das Leben im Salzwasser ausgerichtet. Filtrierend ernährt sich die Art von Algen und Nanoplankton.

Tag der ungewollt Kinderlosen

Aktionstag der ungewollt Kinderlosen, ein Tag für Familien und Paare, die auf natürlichem Weg keine Kinder bekommen können. Den Schritt, von einem Paar zu einer Familie zu werden, wird gemeinhin als eine der weitreichsten Entscheidungen beschrieben, die im Leben zu fällen sind. Eltern betonen gerne, dass sich ihr Leben in genau zwei Teile teilen lässt: In die Zeit VOR dem Kind und in die Zeit SEIT dem Kind. Galt es lange Zeit als gegeben, dass Paare irgendwann Eltern werden, ist es mittlerweile gesellschaftlich fast genauso legitim, sich offen gegen eine Familie zu entscheiden und keine Kinder zu haben. Wenig Stimme und Raum in öffentlichen Debatten haben allerdings diejenigen, die weder zur einen, noch zur anderen Gruppe zählen. Paare, die nicht Eltern sind, aber auch nicht freiwillig ohne Nachwuchs leben: Ungewollt Kinderlose.

17.Mai

Weltfernmeldetag - Tag der Informationsgesellschaft

1973 ursprünglich initiiert als Weltfernmeldetag, wird an die Gründung der heutigen Internationalen Fernmeldeunion (ITU) am 17. Mai 1865 als Internationaler Telegraphenverein erinnert. Seit 2006 wird am 17.5. der „World Information Society Day" begangen – der „Welttag der Informationsgesellschaft". Hervorgegangen aus dem „Weltfernmeldetag" und anerkannt von der UNO dient der Aktionstag dazu, einerseits die Chancen durch die zunehmende Vernetzung zu diskutieren, sich andererseits aber auch mit neuen Herausforderung durch das Internet vertraut zu machen.

Welthypertonietag

Der Welt Hypertonie Tag ist ein Aktionstag, der auf Bluthochdruck und seine Folgen aufmerksam machen will. Initiiert von der Welt Hypertonie Liga und der Deutschen Hochdruckliga e.V. DHL findet er jedes Jahr am 17. Mai statt. Hochrechnungen zufolge ist knapp die Hälfte aller Todesfälle in Deutschland auf die Folgen von Bluthochdruck zurückzuführen. Die Prävention von Bluthochdruck ist daher besonders wichtig: Dabei geht es um Vermeidung, rechtzeitige Diagnose und Behandlung.

Sebastian-Kneipp-Tag

Der Kneipp-Bund e.V. möchte, dass der Geburtstag von Sebastian Kneipp am 17. Mai eines jeden Jahres bundesweit ein bekannter Feier- und Aktionstag für die Gesundheitsförderung wird. Die Kneippsche Lehre verfügt über das Potenzial, sowohl in Lebens- als auch in Arbeitswelten die vorherrschende Lebensqualität in erheblichem Maße zu steigern. Sebastian Kneipp selbst pflegte zu sagen: „Ich habe die Überzeugung gewonnen, dass die Kräuter und manche Hausmittel noch immer die besten Heilmittel sind."

Norwegischer Verfassungstag

1814 wurde nach 434 Jahren die Union der Doppelmonarchie Dänemark-Norwegen aufgelöst und Norwegen kam in eine Union mit Schweden. In diesem Zusammenhang wurde am 17. Mai 1814 die Verfassung Norwegens verabschiedet.

Internationaler Tag gegen Homophobie

Am 17. Mai 1990 beschloss die Generalversammlung der Weltgesundheitsorganisation längst Überfälliges: Homosexualität von der Liste psychischer Krankheiten zu streichen. Der 17. Mai wurde daraufhin zum Internationalen Tag gegen Homophobie ausgerufen. Das Europäische Parlament betonte im Januar 2006, dass Diskriminierung aufgrund sexueller Orientierung auf das Schärfste verurteilt wird – eine Kampfansage gegen Homophobie und Hassgewalt, der alle Mitgliedstaaten verpflichtet sind.

Nationalfeiertag Norwegen

Nachdem Norwegen 400 Jahre lang Teil der dänischen Monarchie war, verabschiedete die Nationalversammlung am 17. Mai 1814

Norwegens eigene Verfassung und trat in einen losen Verbund mit Schweden ein, der bis 1905 hielt.

Eine eingeschränkte Erbmonarchie wurde eingeführt, in der der König seine Amtsgewalt mit Hilfe einer Regierung durchsetzt, während das Parlament über die Finanzen wacht und Gesetze beschließt. Die norwegische Verfassung war zu dieser Zeit die Modernste Europas.

Norwegens Verfassung deklariert das Land als unabhängige Nation. Sie wurde am 17. Mai 1814 bei Eidsvoll unterzeichnet. Obwohl die volle Unabhängigkeit erst 1905 erreicht wurde, wird an diesem Datum Norwegens Nationalfeiertag gefeiert.

18. Mai

Internationaler Museumstag

Der Internationale Museumstag wird vom Internationalen Museumsrat ICOM seit 1978 jährlich um den 18. Mai ausgerufen. Seit 1992 wird der Internationale Museumstag von einem jährlich wechselnden Motto begleitet. Der Internationale Museumstag möchte auf das breite Spektrum der Museumsarbeit und die thematische Vielfalt der Museen in aller Welt aufmerksam machen.

20. Mai

Ernte-Erdbeeren-Tag

Der 20. Mai ist "Ernte-Erdbeeren-Tag". Um den Tag gebührend zu feiern gehe man auf ein Erdbeerfeld, pflücken fleißig und genieße die Früchte dann zu Hause mit Eis, Sahne, gezuckert oder pur.

Europäischer Tag der Meere

m auf die Bedeutung der Küsten und Meere aufmerksam zu machen, rief die Europäische Union 2008 den europäischen Tag der Meere (European Maritime Day) ins Leben, der jedes Jahr am 20. Mai stattfindet. Der europäische Tag der Meere wird von wechselnden europäischen Küstenstädten ausgerichtet. Zu diesem Anlass treffen rund 1.000 Wissenschaftler, Politiker und Verwaltungsspitzen aus allen europäischen Ländern mit Meeresküste zusammen, um aktuelle Fragen zu Umweltschutz, Rohstoffnutzung und maritimen Technologien zu diskutieren.

Fremdworttag

Der 20.Mai wurde bereits 2006 von dem Blogger Bastian Melnyk zum Fremdworttag erklärt. In Zeitungstexten kann der Anteil der Fremdwörter schon mal 10 bis 15 % betragen, in Fachtexten auch mehr. Dem Sprachphänomen Fremdwort ist damit auch ein eigener Tag gewidmet.

Der Kontakt mit anderen Völkern und der damit verbundene Austausch von Kenntnissen und Erfahrungen hat im Mittelalter genauso wie heute seinen Niederschlag gefunden. Die deutsche Sprache ist zu keiner Zeit ohne Fremdwörter ausgekommen.

Zunächst kamen Wörter aus dem griechischen und lateinischen Wortschatz, später aus dem französischen und englischen Sprachraum. Viele dieser Wörter sind unserer Sprache so sehr angeglichen, dass man ihnen ihre Herkunft nicht mehr ansieht.

Nationalfeiertag Kamerun

Kamerun feiert seinen Nationaltag am 20. Mai, der Tag der Volksabstimmung über die Vereinigte Republik Kamerun im Jahr 1972.

21. Mai

Sternzeichen Zwillinge

21. Mai bis 21. Juni

Internationaler Tag für kulturelle Entwicklung

Die 31. Generalversammlung der UNESCO im November 2001 verabschiedete eine *Allgemeinen Erklärung zur kulturellen Vielfalt*, anlässlich derer der Welttag der kulturellen Vielfalt für Dialog und Entwicklung, verkürzt; *Tag für kulturelle Entwicklung*, ausgerufen.

Er soll Bewusstsein für kulturelle Vielfalt schaffen und den Beitrag von Künstlern zum Dialog der Kulturen betonen.

22. Mai

Tag zur Erhaltung der biologischen Vielfalt

Der Internationale Tag der biologischen Vielfalt wurde von den vereinten Nationen ins Leben gerufen findet seit dem Jahr 2000 jährlich am 22. Mai statt. Um die Ziele des Übereinkommens über die biologische Vielfalt (CBD) zu verwirklichen, müssen sich viele

Akteure aus allen gesellschaftlichen Gruppen beteiligen. In Artikel 13 der CBD werden die Vertragsstaaten deshalb aufgefordert, das Bewusstsein für die Bedeutung der Erhaltung der biologischen Vielfalt und das Verständnis für die dazu notwendigen Maßnahmen zu fördern. Dies soll durch eine Verbreitung der Thematik in den Medien und durch Einbeziehung in Bildungsprogramme geschehen.

World Goth Day

Seit 2009 ist der 22. Mai der World-Goth-Day, der Tag an dem weltweit die Gothik-Szene und ihre sich selbst Fans feiern und der Welt präsentieren – wie immer, natürlich in schwarz und mit entsprechender musikalischer Untermalung.

Initiiert wurde der Tag, als ein britischer Radiosender eine Sendung über die Gothic-Scene ausstrahlte zeitgleich mit dem Beginn eines lokalen Goth-Day. Dieser Event verbreitete sich international und wurde so zum heutigen WorldGothDay.

Nationalfeiertag Jemen

Am 22. Mai des Jahres 1990 schlossen sich die Arabische Republik Jemen und die Volksdemokratische Republik Jemen zur Republik Jemen zusammen. Dieser Tag ist heute Nationalfeiertag.

23. Mai

Welt-Schildkröten-Tag

Der 23. Mai ist seit 2000 Welt-Schildkröten-Tag (World Turtle Day). Dieser wurde im Jahre 2000 ins Leben gerufen.

Der Welt-Schildkröten-Tag soll darauf aufmerksam machen, dass diese Art, die sich seit 220 Millionen Jahren allen Veränderungen anpassen konnte, durch menschliches Verhalten akut gefährdet ist.

Tag des Grundgesetzes

Das Grundgesetz bildet die rechtliche und politische Grundordnung der Bundesrepublik Deutschland. Am Anfang des Grundgesetzes stehen die Grundrechte. Sie dürfen nicht verletzt werden.

Am 23. Mai 1949 wurde das Grundgesetz in Bonn feierlich verkündet und unterzeichnet. Es sollte eine Übergangslösung bis zu einer gesamtdeutschen Verfassung sein.

Dieser Zwischenlösungscharakter kam auch in der Präambel ("für eine Übergangszeit") und im Schlussartikel 146 zum Ausdruck:

"Dieses Grundgesetz verliert seine Gültigkeit an dem Tage, an dem eine Verfassung in Kraft tritt, die von dem deutschen Volke in freier Entscheidung beschlossen worden ist."
Das Grundgesetz wurde zur gesamtdeutschen Verfassung mit dem Vollzug der staatlichen Einheit Deutschlands am 3. Oktober 1990.

Internationaler Tag zur Erhaltung der Artenvielfalt

Auch als "Internationaler Tag der biologischen Vielfalt" wird dieser Aktionstag jährlich am 22. Mai begangen. Er setzt sich für den Schutz der biologischen Vielfalt sowie geeigneter Lebensräume ein und weist darauf hin, dass weit größere Anstrengungen als bislang geleistet werden müssen, wenn wir die gegenwärtige Entwicklung mit dem ständigen Verlust unzähliger Arten abmildern wollen. Erstmalig im Jahr 2001 abgehalten, dient dieser Aktionstag der Erinnerung an das UN-Übereinkommen über biologische Vielfalt, welches 1992 in Nairobi beschlossen wurde und woran sich über 190 Vertragsstaaten beteiligt haben. Somit ist es eines der erfolgreichsten Übereinkommen der Vereinten Nationen.

24. Mai

Tag der Weinbergschnecke

Seit dem Jahr 2001 wird der 24. Mai offiziell als Tag der Weinberg-schnecke begangen, einer durchaus schützenswerten Art, die in Deutschland, Österreich und der Schweiz unter Naturschutz steht. Dagegen steht sie in Frankreich des öfteren auf dem Speiseplan. Auf ihrer eigenen Speisekarte stehen welke Pflanzenteile, gerne auch mal ein Kopf Salat oder was die Schnecke sonst so im Garten findet. Weinbergschnecken werden in der Natur bis zu 8 Jahre als, bei guter Pflege schaffen sie's auch mal doppelt so lange.

Tag der kyrillischen Schrift

Der Tag der kyrillischen Schrift, auch Fest der Buchstaben, wird in Bulgarien und Mazedonien gefeiert. Er ist ein Feiertag, bei dem besonders die Bulgaren den beiden Brüdern Kyrill und Methodius aus Thessaloniki gedenken, die im 9. Jahrhundert die kyrillische Schrift eingeführt und verbreitet haben.

Europäischer Tag des Parks

Im Jahr 1999 wurde der Europäische Tag der Parks ins Leben gerufen, der jedes Jahr am 24. Mai begangen wird. Dieser Tag dient dem Ziel, vorhandene Schutzgebiete in Form von Nationalparks, Biosphärenreservaten oder Naturparks bekannter zu machen und die Öffentlichkeit für die Wichtigkeit derselben zu sensibilisieren.

Nationalfeiertag Eritrea

Der Unabhängigkeitskrieg Eritreas endete nach dreißig Jahren 1991 mit dem Sieg der Eritreischen Volksbefreiungsfront und anderen Rebellengruppen. Der Anlass für den Nationalfeiertag Eritreas war, dass am 24. Mai 1993 eine neue Regierung gebildet werden konnte.

25. Mai

Internationaler Tag der vermissten Kinder

Am 25. Mai 1979 verschwand im New Yorker Stadtteil Soho der damals sechsjährige Etan Patz spurlos. Dieser Tag wurde als der Internationale Tag der vermissten Kinder eingeführt, der seit elf Jahren auch in Europa begangen wird. Den Eltern, die ein Kind vermissen, soll dieser Tag Hoffnung geben. Im März 2011 wurde der „Initiative Vermisste Kinder" die Rufnummer 116 000 für eine Hotline für vermisste Kinder zugeteilt. Durch die Hotline werden Betroffene bei der Suche nach ihrem vermissten Kind unterstützt.

Afrikatag

Der Afrikatag ist ein jährlicher Erinnerungstag an die Gründung der Organisation für afrikanische Einheit am 25. Mai 1963. Sie gilt als Vorgängerorganisation der 2001 gegründeten Afrikanischen Union. In vielen Ländern Afrikas ist der 25. Mai seitdem ein gesetzlicher Feiertag.

Towel Day (Handtuchtag)

Alljährlich seit 2001 findet am 25. Mai der Towel Day, deutsch *Handtuch-Tag* als ein Gedenktag für den britischen Autor Douglas Adams statt. Fans des Schriftstellers tragen an diesem Tag ein Handtuch mit sich herum als eine Reminiszenz an das Buch Per Anhalter durch die Galaxis, in dem ein Handtuch als „so ziemlich das Nützlichste" bezeichnet wird, was man auf Reisen durch die Galaxis mit sich führen kann.

Urbanstag

Der Heilige Urban von Langres war im 4. Jahrhundert Bischof von Langres und Autun. Der Legende nach verbarg er sich vor seinen Verfolgern hinter einem Weinstock. In der christlichen Ikonographie wird er deshalb oft mit einer Traube von Weinbeeren oder einem ganzen Weinstock in der Hand abgebildet. Er gilt auch als Schutzpatron der Winzer.

National Sorry Day

Der National-Sorry-Day wird seit 1998 alljährlich am 25.Mai als nichtamtlicher australischer Feiertag begangen. Anlass war die zwischen 1900 und 1969 offiziell und systematisch durchgeführte Entnahme und Zwangsadoption von zumeist halbblütigen Kindern aus den Familien der australischen Eingeborenen. Die Kinder sollten in der „weißen" Gesellschaft erzogen und assimiliert werden, nachdem sie ihren Mütter zuvor regelrecht aus den Armen gerissen wurden. Der australische Premierminister hielt am 13. Februar 2008 eine Reed vor dem Parlament, in der er die Aborigines für das geschehene Unrecht um Entschuldigung bat.

Nationalfeiertag Argentinien

Im Zuge der Mai-Revolution erzwangen die spanischen Kolonien am 25. Mai 1810 einen Kongress, der den napoleontreuen Vizekönig absetzte und die Regierung in die Hände einer Junta unter dem Vorsitz des Militärs legte. Dieses Datum gilt heute als Argentiniens Aufbruch in die Unabhängigkeit, der 25. Mai als Nationalfeiertag.

Nationalfeiertag Jordanien

Am 25. Mai 1946, dem heutigen Nationalfeiertag, erlosch das britische Mandat in Transjordanien und das Land erhielt seine volle Unabhängigkeit. Abdallah I. nahm den Königstitel an.

26. Mai

Nationalfeiertag Georgien

Heute feiert Georgien seinen Nationalfeiertag: Am 26. Mai 1918 erklärte die "Demokratische Republik Georgien" ihre Unabhängigkeit. Diese hielt zwar nur drei Jahre, für die Identität Georgiens als eigenständige Nation hat das Datum jedoch prägende Bedeutung.

Muttertag in Polen

Der 26. Mai ist traditionell der Muttertag in Polen. Während in vielen Ländern der Welt schon am 2. Sonntag im Mai viele, viele Blumensträuße verschenkt wurden, wird jetzt auch matka polka beehrt. – Vielleicht ist das eine Option für alle, die den deutschen Ehrentag aller Muttis und Familienpremiers verschlafen haben.

27. Mai

Welttag des Purzelbaums

Am 27. Mai 2009 hat ein evangelische Pfarrer aus Asbach im Westerwald den Welttag des Purzelbaums ins Leben gerufen. Angeblich war das Gedicht "Der Purzelbaum" von Christian Morgenstern Anlass für die Ernennung des Jahrestages. Erstmalig erwähnt wurde der Purzelbaum übrigens 1571.

28. Mai

Nationalfeiertag Aserbaidschan

Am 28. Mai 1918 wurde die Demokratische Republik Aserbaidschan gegründet, die erste demokratische Staatsordnung in der Geschichte der orientalischen Völker. Von den Alliierten wurde Aserbaidschan im Januar 1920 als unabhängiges Land anerkannt, wurde aber durch die Rote Armee im April 1920 sowjetisiert.

Nationalfeiertag Äthiopien

Die Demokratische Bundesrepublik Äthiopien begeht am 28. Mai ihren Nationalfeiertag.

Nationalfeiertag Nepal

Nepal begeht am 28. Mai seinen Nationalfeiertag. Am 28. Mai 2008 hatte die gerade gewählte, als Volksvertretung fungierende verfassunggebende Versammlung (CA) offiziell das Ende der Monarchie erklärt und die Bundesrepublik Nepal ausgerufen.

Tag der Grenzsoldaten

Der Tag des Grenzsoldaten ist ein russischer Feiertag. Er wird seit 1994 alljährlich am 28. Mai zu Ehren der russischen Grenztruppen begangen.

Welt-MS-Tag

Alljährlich am 28. Mai ruft der Welt MS Tag seit 2008 zur Solidarität mit den weltweit 2,5 Millionen MS-Erkrankten auf. „Gleiche Chancen trotz MS. Wir arbeiten dran. Helfen Sie mit": Unter diesem Motto rückten der Bundesverband der Deutschen Multiple Sklerose Gesellschaft, die Landesverbände und rund 900 Kontaktgruppen an diesem besonderen Tag, die Anliegen von Menschen mit MS ins Zentrum des öffentlichen Interesses.

Tag der Lebensspende

Der 28. Mai ist der Tag der Lebensspende, ein Tag für Lebensretter und die, die es werden könnten indem sie den Kampf gegen Leukämie aktiv unterstützen. Die Deutsche Knochenmarksspenderdatei DKMS rief im Jubiläumsjahr 2001 ihren Gründungstag erstmals als Tag der Lebensspende aus, um den Stammzellspendern zu danken.

Weltspieletag

Der Weltspieltag wurde 1999 auf der 8. Konferenz der International Toy Library Association (ITLA) in Tokio als „World Play Day" ins Leben gerufen., der Weltspieltag wurde von der UNO 2000 jeweils für den 28. Mai eines Jahres proklamiert und wird inzwischen auch durch die UNESCO unterstützt. Wunsch der Veranstalter ist es, Kinder und Erwachsene verschiedener sozialer Schichten durch das Spielen näher zu bringen und den Spaß am Spielen zu fördern.

29. Mai

Internationaler Tag des UN-Friedenssicherungspersonals

Mit dem Internationalen Tag der UN-Peacekeeper würdigen die Vereinten Nationen am 29. Mai den Einsatz der über 120.000 internationalen Soldaten, Polizisten und zivilen Mitarbeiter, die in gegenwärtig 15 UN-Missionen einen Beitrag für Frieden leisten.

Der Internationale Tag der UN-Peacekeeper fand erstmals 2003 statt. Die UN-Generalversammlung wählte den 29. Mai, da an diesem Datum im Jahr 1948 die erste Peacekeeping-Mission der Vereinten Nationen, die Beobachtermission United Nations Truce Supervision Organization in Palästina, beschlossen worden war.

30. Mai

Gieß-eine-Blume-Tag

Am 30. Mai wird der Gieße-Deine-Blume-Tag gefeiert. Wie so viele Feiertage stammt auch die Idee zu diesem Tag von unseren Freunden aus den USA. - Blumen sollten ja sowieso regelmäßig gegossen werden. Dieser Feiertag ist Gelegenheit, dies mit besonderer Andacht zu tun.

31. Mai

Weltnichtrauchertag

Der Welt-Nichtrauchertag wurde am 31.05.1987 von der Weltgesundheitsorganisation WHO ausgerufen und steht seitdem jedes Jahr unter einem anderen Motto.

Juni

Erster Samstag

Tag der Organspende

Jeweils am 1. Samstag im Juni jeden Jahres wird seit 1982 ein bundesweiter «Tag der Organspende» durchgeführt. Viele Selbsthilfegruppen, die Deutsche Stiftung Organtransplantation und andere Institutionen beteiligen sich an Veranstaltungen.

Erster Sonntag

Tag des Hundes

Seit 2010 begehen der Verband für das Deutsche Hundewesen VDH und seine Mitgliedsvereine den Tag für den geliebten Vierbeiner. Dabei werden vielfältige Aktionen rund um das Thema Hund angeboten, um den gehorsamen Begleiter des Menschen, der Familienmitglied, Freizeitgestalter oder Unterstützer seines Halters in den verschiedensten Lebenslagen sein kann, sei es als Blinden-, Rettungs- oder Spürhund oder auch als Dienst- oder Jagdhund.

Weltnaturistentag

Immer am ersten Sonntag im Juni wird der Weltnaturistentag begangen und organisiert von der *Internationalen Naturisten Föderation (INF)*, deren Ziel die offizielle Anerkennung des Rechts auf Nacktheit in der Natur bzw. unter natürlichen Bedingungen ist.

Erster Mo.

Welt-Orthoptik-Tag

Initiiert von der Internationanlen Orthoptic Association (IOA) wird dieses Jahr der 1. Welt-Orthoptik-Tag begangen. Orthoptik ist eine Spezialdisziplin der Augenheilkunde. Das Wort Orthoptik kommt aus dem Griechischen und setzt sich aus den Wörtern "orthos" = gerade, richtig und "opsis" = sehen zusammen.

Erster Di.

Aktionstag gegen den Schmerz

Die Deutsche Schmerzgesellschaft e. V. hat einen jährlich stattfindenden „Aktionstag gegen den Schmerz" bei der Bundeszentrale für gesundheitliche Aufklärung (BZgA) beantragt. Der „Aktionstag gegen den Schmerz" findet jährlich am 1. Dienstag im Juni statt.

Zweiter So.

Deutscher Tag des Gartens

Im Jahr 1984 wurde vom BDG, dem Bundesverband Deutscher Gartenfreunde e.V, der Tag des Gartens ins Leben gerufen. Er wird seitdem jährlich am zweiten Sonntag im Juni begangen.

Welt-Hirntumortag

Der Verein Deutsche Hirntumorhilfe e.v. initiierte im Jahr 2000 den Welt-Hirntumor-Tag, englisch: *World Brain Tumor Day,* der alljährlich als Aktions- und Gedenktag am 8. Juni begangen wird. Der Tag soll Aufmerksamkeit erzeugen für eine im Vergleich zu anderen Krebsarten doch recht seltene Krebserkrankung.

Dritter Sa.

Tag der Verkehrssicherheit

Unter dem Dach des Deutschen Verkehrssicherheitsrates (DVR) findet seit 2005 traditionell am 3. Samstag im Juni bundesweit der Tag der Verkehrssicherheit statt.

Dritter So.

Mobil ohne Auto

Der Mobil-OHNE-Auto-Aktionstag ist grundsätzlich der 3. Sonntag im Juni. Ausgewählte Straßen werden für Autos gesperrt und es finden Sternfahrten für Radfahrer und Inliner statt. Mit dem Aktionstag wird langfristig eine Reduzierung des automobilen Verkehrs angestrebt.

Zweites Wochenende

Geotag der Artenvielfalt

Alle Naturfreunde in Deutschland und den Nachbarländern sind am GEO-Tag der Artenvielfalt dazu aufgerufen, in einem selbst festgelegten Gebiet innerhalb von 24 Stunden möglichst viele verschiedene Tier- und Pflanzenarten zu entdecken.

Drittes Wochenende

Tag der Musik

Der Tag der Musik ist eine Initiative des gesamten deutschen Musiklebens unter dem Dach des Deutschen Musikrates. Am dritten Wochenende im Juni zeigen Musiker aller Stilrichtungen die Vielfalt und die Qualität der musikalischen Praxis im Musikland Deutschland.

Pfingstmontag

Deutscher Mühlentag

Der Deutsche Mühlentag findet seit 2009 jährlich am Pfingstmontag statt. Der Themen und Aktionstag wurde von der Deutschen Gesellschaft für Mühlenkunde und Mühlenerhaltung ins Leben gerufen mit dem ziel, die alte Kulturtechnik des Müllerhandwerkes wieder ins Bewusstsein der Bevölkerung zu bringen und die alten Mühlen als technische Denkmale zu begreifen und zu erhalten.

Wochenenden nach Pfingsten

Tag des offenen Hofes

Bauernverband, Landjugend und Landfrauen veranstalten seit 1992 alle zwei Jahre am Wochenende nach Pfingsten die bundesweite Aktion „Tag des offenen Hofes" bzw. das „Wochenende der Landwirtschaft". Dann öffnen insgesamt viele landwirtschaftliche Betriebe ihre Hoftore in ganz Deutschland, um Verbrauchern einen Blick hinter die Kulissen zu ermöglichen.

Letzter Do.

Kollege-Hund-Tag

Der Deutsche Tierschutzbund hat erneut zum Tag des "Kollege Hund" aufgerufen. An diesem Tag dürfen Mitarbeiter ihren Hund mit zur Arbeit nehmen. Die Firmen, die sich an der Aktion "Kollege Hund" beteiligen, bekommen vom Deutschen Tierschutzbund eine Urkunde als 'tierfreundliche Firma'.

Letztes Wochenende

Tag der Architektur

Das letzte Wochenende im Juni ist für Architekturbegeisterte inzwischen ein fester Veranstaltungstermin: In allen Bundesländern laden die Architektenkammern zum Tag der Architektur ein.

1.Juni

Weltbauerntag

Der Welt-Bauerntag am 1. Juni jeden Jahres ist ein Gedenktag, der auf Beschluss der Vollversammlung der Vereinten Nationen im Jahr 2000 erstmals ausgerichtet wurde. An diesem Tag wird daran erinnert, dass letztlich Bauern und Landwirte für die Erzeugung von Lebensmitteln für die Gesellschaften sorgen. Der Tag ist wie andere Gedenktage auch Anlass, die Erfolge und Leistungen der Völkergemeinschaft in der Vergangenheit zu erinnern und zu würdigen, Lösungen für aktuelle weltweite Probleme zu suchen, Aufmerksamkeit für Zukunftsthemen zu schaffen und möglichst viele Menschen zu Engagement zu motivieren.

Weltmilchtag

Die Ernährungs- und Landwirtschaftsorganisationen der Vereinten Nationen, auch Welternährungsorganisaton, und der Internationale Milchwirtschaftsverband organisieren einmal im Jahr, meistens am 1. Juni den Weltmilchtag, um für den Konsum von Milch zu werben. Der Weltmilchtag ist aber nicht zu verwechseln mit dem Weltschulmilchtag, der am letzten Mittwoch im September stattfindet.

Albert-Schweitzer-Tag

Der 1. Juni wurde von den Albert- Schweitzer-Kinderdörfern und Familienwerken als Albert-Schweitzer-Tag initiiert. Der Tag und dieses Datum stehen für die nach ihrem Namensgeber benannte Kinderschutzorganisation. Der, Theologe, Organist, Philosoph und Arzt hatte sich dem Dienst am Menschen verschrieben und sein Motto lautete: „Ich bin ein Leben, das leben will inmitten von Leben, das leben will."

Meteorologischer Sommerbeginn

Meteorologisch beginnt der Sommer immer am 1. Juni. Damit gehören die 3 wärmsten Monate Juni, Juli und August zum Sommer. Einfach deshalb, weil es sich statistisch mit vollen Monaten leichter rechnen lässt.

Internationaler Kindertag

Am 1. Juni ist Internationaler Kindertag. Nach Muttertag und Vatertag stehen damit an diesem Tag deutschlandweit die Kinder an erster Stelle. Dieser Tag wurde bereits 1950 in der ehemaligen DDR begangen. Die Ziele sind dieselben wie die des Weltkindertages, der in Deutschland traditionell am 20. September gefeiert wird.

Nationalfeiertag Samoa

Auf den westlichen Samoainseln feiern die Menschen am 1. Juni ihren Nationalfeiertag und damit auch ihre Unabhängigkeitserklärung vom 1. Januar 1962. Die westlichen Samoainseln bilden den Staat Samoa, die östlichen Inseln stehen als Amerikanisch-Samoa weiterhin unter amerikanischer Herrschaft

Hurentag

Der Internationale Hurentag wird seit 1989 in Deutschland begangen. Er wurde ausgerufen durch die Hurenbewegung. Bereits 1975 hatten etwa 100 Prostituierte eine Kirche in Lyon besetzt und waren in Streik getreten, um auf ihre Situation und auf die staatliche Diskriminierung durch französische Strafverfolgungsbehörden sowie durch polizeiliche Repressalien aufmerksam zumachen.

Nationalfeiertag Italien

Der 2. Juni ist als Festa della Repubblica Italia Nationalfeiertag und gesetzlicher Feiertag in Italien. Italienerinnen und Italiener feiern an diesem Tag die Gründung der Republik am 2. Juni 1946.

3.Juni

Europäischer Tag des Fahrrades

Am 3. Juni findet seit 1998 der Europäische Tag des Fahrrades statt. Der Tag wurde von ATTAC eingeführt, um auf die zunehmende Verkehrsdichte und damit verbundene Probleme hinzuweisen. Darüber hinaus soll für die umweltfreundliche, sozialverträgliche und gesundheitsfördernde Art der Fortbewegung geworben werden.

4. Juni

Internationaler Tag der Kinder, die unschuldig zu Aggressionsopfern geworden sind

Die Vereinten Nationen haben den „Internationalen Tag der Kinder, die unschuldig zu Aggressionsopfer geworden sind" am 4. Juni ins Leben gerufen, um auf eben diese Kinder aufmerksam zu machen, die in Kriegs-gebieten unter ständiger Angst leben, die vielleicht als Kindersoldaten gezwungen werden, teilzuhaben an der Gewalt; aber auch an Kinder, die in Suchtfamilien leben oder in ähnlichen Umständen. Kinder sollen auch die Erfahrung machen dürfen und können, dass Gewalt eben kein Schicksal und schon gar nicht unausweichliches ist. Sie sollen lernen, sich zu einer starken Persönlichkeit zu entwickeln und dem eigenen Leben zu stellen.

Umarme-deine-Katze-Tag

Alljährlich am 4. Juni feiern unsere amerikanischen Nachbarn den „Umarme-deine-Katze-Tag". Wie dieser Tag zu begehen ist bleibt jedem selbst überlassen. Vielleicht umarmt man einfach mal den Stubentiger und zeigt so wieder mal Zuneigung zum Tier, das dieselbe sicherlich auch erwidern wird.

Schafskälte

Zwischen dem 4. und 20. Juni gibt es in Mitteleuropa oft einen Kälteeinbruch. In Deutschland ist dieser besonders spürbar. Tiefdruckgebiete über Nord- und Osteuropa bringen dann kühle Luftströme aus der Arktis nach Mitteleuropa. So kann es selbst im Juni noch zu einstelligen Temperaturen und nachts sogar zu Bodenfrost kommen. Diese späte Kälte trägt im Volksmund den Namen "Schafskälte". Weil Anfang Juni die Schafe traditionell schon geschoren waren konnten die niedrigen Temperaturen den Tieren, besonders den Lämmern, gefährlich werden.

Nationalfeiertag Tonga

Das Königreich Tonga wurde am 4. Juni 1970 unabhängig von Großbritannien. Am 14. September 1999 wurde Tonga bei den Vereinten Nationen als Mitglied aufgenommen.

5.Juni

Weltumwelttag

Vom United Nations Environment Programme, dem Umweltprogramm der Vereinten Nationen, wurde am Eröffnungstag der ersten Weltumweltkonferenz, dem 5.6.1972, in Stockholm, offiziell der ‚Weltumwelttag' oder ‚Tag der Umwelt' ausgerufen. Am World Environment Day (WED) beteiligen sich seitdem weltweit jährlich rund 150 Staaten. In Deutschland werden seit 1976 zum Weltumwelttag Aktionen zur Naturzerstörung weltweit, zur Schärfung des Umweltbewusstseins und Recycling, organisiert.

Nationalfeiertag Dänemark

Der 5. Juni ist der dänische Nationalfeiertag. Er wird Grundlovsdag, dänisch für: *Tag des Grundgesetzes* genannt. Der ‚Grundlovsdag' war zwischen 1891 und 1975 war offiziell ein halber Feiertag. Obwohl der Nationalfeiertag heute kein arbeitsfreier Tag mehr ist, schließen

Geschäfte und Behörden an diesem Tag ganz oder früher. Die dänische Verfassung, am 5. Juni 1849 nach Unterschrift durch König Frederik VII. eingeführt, ersetzte das absolutistische Königs-gesetz von 1665und begründete die Konstitutionelle Monarchie.

6.Juni

Welttag der russischen Sprache

Der Geburtstag Alexander Puschkins am 6. Juni ist seit 2011 der Tag der russischen Sprache. Puschkin gilt nach Werken wie Eugen Onegin, Boris Godunow und vielen weiteren Erzählungen und Gedichten als Begründer der modernen russischen Sprache.

Tag der Sehbehinderten

Der Deutsche Blinden- und Sehbehindertenverband führt seit 1999 alljährlich am 6. Juni den Sehbehindertentag durch. Die Landes-vereine mit über 250 Beratungsstellen, der Verband der Augenärzte und der Zentralverband der Augenoptiker sowie weitere Organisationen wie nutzen den Tag, um auf die besonderen Belange von Menschen mit Sehproblemen aufmerksam zu machen.

D-Day-Gedenktag

Der Jahrestag des D-Day wird alljährlich zum Gedenken an eine der größten Militäroperationen der Menschheitsgeschichte in der Normandie feierlich begangen. Bei der sogenannten Operation Overlord verliessen etwa 20.000 Schiffen am Abend des 5.6.1944 britische Häfen, um Europa vom Faschismus zu befreien. Morgens zwischen 6:30 und 7:30 landeten ca. 135.000 Soldaten an den fünf dafür vorgesehenen Strandabschnitten. Die Schlacht um die Normandie dauerte 100 Tage und kostete 200.000 Soldaten beider Seiten das Leben.

Nationalfeiertag Schweden

Der 6. Juni ist seit dem 19. Jahrhundert in Schweden nationaler Gedenktag. Gedacht wurde der Krönung Gustav Wasas am 6. Juni im Jahr 1523 und die damit verbundene Auflösung der Union mit Dänemark, was Schweden zu einem selbständigen Staat machte. Seit 1916 wird der 6. Juni als „Tag der schwedischen Flagge" gefeiert, seit 1983 ist dieser Tag auch Nationalfeiertag.

Nationaltag der Donuts

Der erste Freitag im Juni wird in den USA alljährlich als Nationaltag des Donut gefeiert. Ein amerikanischer Arzt hatte im 1. Weltkrieg verwundete Soldaten, die er behandeln sollte, zunächst mit Donuts versorgt. Die amerikanische Heilsarmee griff diese Idee später wieder auf und verteilte kostenlose Donuts an amerikanische Soldaten – während des 2. Weltkrieges übernahm das Rote Kreuz. Heute verteilen Donutbäckereien und Cafes kostenlose Krapfen anlässlich dieses Tages.

7.Juni

Nationaler Schokoladeneis-Tag

Und wer von dem ganzen Süßkram noch nicht genug hat, der feiere am heutigen 7. Juni mit amerikanischen Nachbarn und Freunden den Schokoladeneis-Tag. Nach einer Umfrage des Verbandes der italienischen Speiseeishersteller in Deutschland belegt diese Sorte in Deutschland hinter dem Vanilleeis den sensationellen zweiten Platz bei den beliebtesten Eissorten.

VCR Day – Tag des Videorekorders

Am 7. Juni ist der Tag des Videorekorders. Aus diesem Grund führte deals.com, ein Portal für kostenlose Gutscheine, eine Umfrage durch, die ergab, dass mehr als die Hälfte der Deutschen noch so einen Veteran des analogen Heinkinos zu Hause stehen hat. Genutzt werden die Geräte heute noch, um selbst aufgenommene, gekaufte oder auch selbst gedrehte Filme anzuschauen. Nur weniger als 10 % der Befragten hatten ein solches Gerät als Dekoration im Schrank stehen.

8.Juni

Welttag der Ozeane / Welttag der Meere

Seit 2009 wird der 8. Juni als Tag des Meeres von den Vereinten Nationen begangen. Der Aktionstag hat seinen Ursprung im Erdgipfel am 8. Juni 1992 in Rio de Janiero, er wurde von der Generalversammlung der Vereinten Nationen im Dezember 2008 ausgerufen (Resolution A/RES/63/111). Es soll daran erinnert werden, dass die Meere und Ozeane, die etwa 70 % der Erde bedecken, eine entscheidende Rolle in fast allen ökologischen Prozessen spielen.

Was-willst-du-trinken-Tag – Name your Poison

Der amerikanische Was-willst-du-trinken-Tag heißt im Original „Name-your-Poison", ins Deutsche übersetzt: „Nenne dein Gift". Was sich abends an der Theke zunächst nach der Aufforderung zur Wahl eines alkoholischen Getränkes anhört, mag vielleicht auch verstanden werden als Ermunterung , sein Gift zu nennen, eine wichtige Entscheidung zu treffen, wenn oder bevor man in eine Zwickmühle, sozusagen ‚zwischen Hammer und Amboss', gerät und dann gar keine Wahl mehr hat.

10. Juni

Eistee-Tag

Am 10. Juni feiern die Amis den Eistee–Tag, englisch: Iced Tea. Gemeint ist traditionell mit diesem ‚geeisten' Tee ein frisch gekochter schwarzer Tee, der mit Eiswürfeln schnell herunter gekühlt wird, weniger jedoch hierzulande unter gleichem Namen erhältliche Zuckerwässer. In der britischen und der amerikanischen Küche sind für diese Tee-Variante bereits seit dem 19. Jahrhundert mehrere Rezepte bekannt.

Deutscher Kindersicherheitstag

Die Bundesarbeitsgemeinschaft Mehr Sicherheit für Kinder e.V. organisiert seit dem Jahr 2000 den Kindersicherheitstag.
Die Veranstaltung, die immer unter einem zentralen Thema steht, hat als Ziel, Bewusstsein für Unfallgefahren speziell für die Kleinsten zu wecken. Der Kindersicherheitstag richtet sich an Multiplikatoren sowie an Eltern und an Verwandte.

Portugal-Tag

Der Portugal-Tag am 10. Juni ist portugiesischer Nationalfeiertag. Auch Millionen Emigranten überall auf der Welt begehen den Portugal-Tag Dieser Tag ist der Todestag des im Jahr 1580 verstorbenen Nationaldichters Luis de Camoes.

11. Juni

Tag des deutschen Schokoladenkuchens

Am 11. Juni steht in amerikanischen Kalendern der National German Chocolade Cake Day. Der Name geht allerdings weniger auf das

Ursprungsland, als vielmehr den Erfinder, Samuel German, zurück, der im Jahr 1852 dunkle süße Schokoriegel für eine amerikanische Süßwarenfabrik entwickelte.

Barnabastag

Der 11. Juni ist Namens- und Gedenktag de Heiligen Barnabas, der zum erweiterten Kreis der Jünger Jesu gezählt wird. Er ist Patron der Küfer und Böttcher, bei Streit und Traurigsein, gegen Betrübnis, Hagel und Steinschlag, außerdem Schutzheiliger von Mailand, Florenz und Logrono in Spanien.

12. Juni

Nationalfeiertag Philippinen

Der philippinische Nationalfeiertag wird am 12. Juni gefeiert. Es handelt sich bei diesem Datum um den Jahrestag der Unabhängigkeit von Spanien, die am 12. Juni 1898 von dem ersten Präsidenten der Philippinen, Emilio Aquinaldo ausgerufen wurde.

Internationaler Tag gegen Kinderarbeit

Der Internationalen Tag gegen Kinderarbeit wurde in 2002 zum ersten Mal von der Internationalen Arbeitsorganisation (ILO) ausgerufen. Am 12.Juni jeden Jahres soll darauf aufmerksam gemacht werden, dass weltweit immer noch über 200 Millionen Kinder arbeiten müssen, viele ganztags und unter Bedingungen, die nicht ihrem Alter entsprechen. All diesen Kindern wird die Möglichkeit verwehrt einfach nur Kind zu sein: zu spielen, sich versorgt zu fühlen und für das Leben zu lernen.

Welt-Tag des Tagebuchs

Am 12. Juni 1942 bekam Anne Frank ein Notizbuch von ihrem Vater zu ihrem 13ten Geburtstag geschenkt. Ihr Tagebuch sollte zu einem der bedeutendsten historischen Dokumente der Zeit werden.

Nationalfeiertag Russland

Am 12. Juni 1990 verabschiedete der erste Kongress der Abgeordneten der Russischen Föderation die Deklaration über die Souveränität Russlands. Ein Jahr später fanden die ersten freien Präsidentschaftswahlen in Russland statt. Seit 1994 wird dieses

Datum als offizieller Feiertag gefeiert. 2001 erhielt der Tag seine heutige Bezeichnung: „Tag Russlands"

13. Juni

Donald-Ducks-Geburtstag

Walt Disney selbst soll festgelegt haben, dass Donald Duck an einem Freitag, den 13. „geboren" wurde. Damit sollte wohl sein Status als Pechvogel dokumentiert werden. Auch das Kennzeichen von Donalds Wagen, die „313", spielt darauf an. Ein Zeichner namens Don Rosa legte dann als Geburtsjahr 1920 fest.

Deutscher Tag des Rauchmelders

Als Rauchmeldertag nutzen Feuerwehren, Versicherer, das Schornsteinfegerhandwerk sowie die Industrie seit einigen Jahren den Freitag den 13.6., um auf die Vorteile von Rauchmeldern aufmerksam zu machen. Das Datum soll symbolisieren, dass der Schutz von Menschen bei einem Brand kein Glücksfall ist.

14. Juni

Weltblutspendetag

Der Weltblutspendetag wird am 14. Juni, dem Geburtstag von Karl Landsteiner (1868–1943), dem Entdecker der Blutgruppen, begangen. Er wurde 2004 ausgerufen von vier Organisationen, die sich weltweit für sicheres Blut auf der Basis freiwilliger und unentgeltlicher Blutspenden einsetzen: die Internationale Föderation der Blutspendeorganisationen, die Internationale Gesellschaft für Transfusionsmedizin, die Internationale Organisation der Rotkreuz- und Rothalbmondgesellschaften und die Weltgesundheitsorganisation.

15. Juni

Welttag gegen die Misshandlung älterer Menschen

Auf Initiative des „International Network for the Prevention of Elder Abuse"(INPEA) finden seit 2005 jährlich am 15.Juni weltweit unter der Bezeichnung „Welttag zur Sensibilisierung und Ächtung von Diskriminierung und Misshandlung älterer Menschen", oder englisch: „World Elder Abuse Awareness Day", Aktionen statt, mit denen auf die Diskriminierung und Misshandlung von alten Menschen aufmerksam gemacht werden soll.

Global-Wind-Day – Welt-Wind-Tag

Der 15. Juni wird seit 2007 als Welt-Wind-Tag begangen. Um dieses Datum herum finden jährlich Informationsveranstaltungen statt zum Thema alternative Energiegewinnung aus Windkraft.

16. Juni

Bloomsday

Der alljährlich am 16. Juni stattfindende Bloomsday ist ein Gedenktag zu Ehren der Hauptfigur Leopold Bloom aus dem Roman Ulysses des irischen Schriftstellers James Joyce.

Tag des afrikanischen Kindes

Der Tag des Afrikanischen Kindes, zum Andenken an die Schulkinder, die am 16.6.1976 bei dem Schüleraufstand in Soweto in Südafrika niedergemetzelt wurden. Der Aufstand in Soweto und die vielen Todesopfer führten zu lange anhaltenden Protesten gegen das Apartheidsregime des Landes.

17. Juni

Nationaler Gedenktag des deutschen Volkes

Der 17. Juni war als Tag der deutschen Einheit Nationalfeiertag der Bundesrepublik Deutschland von 1954 bis zur deutschen Wiedervereinigung im Jahre 1990.

Welttag für die Bekämpfung von Wüstenbildung und Dürre

Der Tag, der seit 1995 stattfindet, erinnert an die Verhandlungen über das internationale Übereinkommen zur Bekämpfung der Wüstenbildung, die am 17.06.'94 in Paris erfolgreich abgeschlossen werden konnten, und auch dran daran, die beschlossenen ziele weiterhin zu verfolgen.

Tag des Cholesterins

Seit 2003 veranstaltet die Deutsche Gesellschaft zur Bekämpfung von Fettstoffwechselstörungen und ihren Folgeerkrankungen DGFF (Lipid-Liga) e. V. den Tag des Cholesterins, um die Menschen über die Risiken und Folgen eines erhöhten Cholesterinwertes zu informieren und aufzuklären.

Nationalfeiertag Island

Am 17. Juni 1944 wurde Island zur Republik ausgerufen und ist seither ein souveräner, freier Staat. Island stand von 1380 bis 1918 unter dänischer Herrschaft. Seit 930 hielten die Isländer eigene Volksversammlungen ab. Das sogenannte Althing, gleichzeitig auch Gericht, gilt damit als ältestes Parlament der Welt.

18. Juni

Tag der Ausbildung

Deutsche Industrie- und Handelskammern ebenso wie Handwerkskammern und die Agentur für Arbeit haben den 18.6. zum „Tag der Ausbildungschance" ausgerufen. Mit der bundesweit stattfindenden Initiative sollen Jugendliche und deren Eltern über die duale Berufsausbildung und die Vielfalt der Ausbildungsberufe informiert.

Tag der Apotheke

Jedes Jahr seit dem 10.9.1998 wird der Tag der Apotheke durch die ABDA Bundesvereinigung Deutscher Apothekerverbände ausgerufen. Mit dieser bundesweiten Aktion wollen die Apotheker auf die Bedeutung ihres Heilberufes für die Arzneimittelversorgung der Bevölkerung aufmerksam machen.

Autistic-Pride-Day

Seit 205 wird alljährlich am 18. Juni der Autistic-Pride-Day gefeiert mit dem Motto „Acceptance not Cure". Betroffenen möchten nicht länger als Kranke ausgegrenzt werden und als heilungsbedürftig gelten, vielmehr wünschen sie sich Möglichkeiten, ihre Fähigkeiten und Sichtweisen gleichberechtigt und barrierefrei einbringen zu können in die Gesellschaft. Weil menschliche Gehirne eben nicht alle gleich sein und gleich funktionieren müssen, soll Autismus als Zeichen neurologischer Vielfalt trotz Unterschiedlichkeit gleichwertig sein.

Nationalfeiertag Seychellen

Der 18. Juni wird auf den Seychellen als Nationalfeiertag – als Constitution-Day – begangen. Das Land wurde am 29.06.1976 unabhängig vom Vereinigten Königreich.

19. Juni

Welt-Martini-Tag

Der 19.Juni ist Tag des Martini, jenes Cocktails, der gerührt und nicht geschüttelt wird. Etwa 6 cl Gin und ca. 1-1,5 cl trockene Wermut werden in ein Glas mit Eiswürfeln gegeben und umgerührt. Durch Umrühren verbinden sich die Spirituosen und das Getränkt im Glas bleibt klar. Nach dem Schütteln bleibt der Martini zunächst trüb und klärt erst auf wenn die Luftbläschen aufsteigen.

20. Juni

Midsommer

In Schweden ist Midsommer nach Weihnachten das zweitgrößte Fest des Jahres, das von den Schweden gerne ausgiebig gefeiert wird. Nach einem Gesetz aus dem Jahre 1953 wird Midsommer immer samstags zwischen dem 20. und dem 26. Juni gefeiert.

Welttag des Flüchtlings (UN)

Aus Anlass des bevorstehenden 50. Jahrestags der Gründung des UNHCR (2001) wurde von der UN-Generalversammlung am 4. Dezember 2001 der internationale Tag des Flüchtlings für den 20. Juni ausgerufen. Am weltweiten Tag des Flüchtlings am 20. Juni wird von Seiten von Menschenrechtsorganisationen verstärkt die weltweite Dimension des Flüchtlingsthemas ins Bewusstsein der Öffentlichkeit gerückt.

21. Juni

Deutscher Tag des Schlafes

Der deutsche Tag des Schlafes wurde im Jahr 2000 ins Leben gerufen durch den gleichnamigen Verein, um mit dem Aktionstag auf die Bedeutung des Schlafes aufmerksam zu machen.

Die Initiatoren hatten „ein erhebliches Informationsdefizit in der Öffentlichkeit" bezüglich Schlafstörungen und Schlaferkrankungen festgestellt und starteten eine Initiative, die seither jährlich mit neuem Motto am 21. Juni stattfindet.

Deutscher Tag des Sonnenschutzes

Nicht umsonst fällt der Tag des Sonnenschutzes auf den 21. Juni, den Tag der Sonnenwende und des Sommeranfangs.

Das Bundesamt für Strahlenschutz (BfS) arbeitet in einem fachübergreifenden UV-Bündnis von Experten aus Wissenschaft und Medizin sowie der Bundeszentrale für gesundheitliche Aufklärung zusammen. Die Bündnispartner setzen sich seit Jahren aktiv für den UV-Schutz und die Prävention von Hautkrebs ein.

Kalendarischer Sommeranfang - Sommersonnenwende

Der Sommeranfang fällt kalendarisch bzw. astronomisch auf jenen Zeitpunkt, wo die Sonne genau senkrecht über dem nördlichen Wende- kreist steht. Der Tag der Sommersonnenwende ist der längste Tag, danach werden die Tage wieder kürzer.

Nationaler Tag des Papierfliegers

Am 21. Juni wird in USA alljährlich am Tag des Papierfliegers des allseits bekannten aus Papier gefalteten Luftspielzeuges gedacht.

Europäischer Tag der Musik - Fete de la Musique

Am 21. Juni 1982 wurde auf Initiative von Jack Lang, französischer Kulturminister, zum ersten Mal in Paris eine Fete de la Musique oder ein Fest der Musik gefeiert mit dem Motto und Ziel, ‚möglichst viele Musiker und Künstler auf die Strasse zu bringen. Profi- und Amateurmusiker aller Stilrichtungen treten in über 500 Städten weltweit öffentlich und gratis auf.

Europäischer Tag der Alten Musik

Am 21. März 2013 organisierte das REMA zum ersten Mal den Europäischen Tag der Alten Musik, ein symbolisches Datum, welches das an Johann Sebastian Bach's Geburtstag und den Anfang des Frühlings erinnert. Das Ziel der Gedenkfeier ist, die Alte Musik in Europa zu beachten und zu fördern. REMA-Mitglieder organisieren vielfache Events an diesem Tage welche von Medien übertragen werden.

Juhannus

Wenn man etwas in Finnland nicht verpassen darf, dann ist es Juhannus - das finnische Mittsommerfest. Gefeiert wird vor allem das Ende des Frühlings und der Beginn des Hochsommers.

Geh-Skateboarden-Tag

1995 wurde in den USA die "International Association of Skateboard Companies" kurz: "IASC" gegründet um den Skateboardsport zu unterstützen. 2004 rief die IASC den 21. Juni als den ersten weltweiten "Go Skateboarding Day" aus, kurz: "GSD". Am GSD sind alle Skater aufgerufen, skaten zu gehen

Deutscher Lebensmittel-Allergietag

Den 21. Juni hat Im Jahr 2008 hat der Deutsche Allergie- und Asthmabund e. V., kurz DAAB, zum Deutschen Lebensmittel-Allergie-Tag erklärt. Ziel des Deutschen Lebensmittel-Allergie-Tags ist es, die Öffentlichkeit auf das Thema der Unverträglichkeit von Lebensmitteln aufmerksam zu machen.

Internationaler T-Shirt-Tag

Erstmals in Jahr 2008 fanden sich T-Shirt-Fans zusammen, um den Internationalen T-Shirt-Tag zu einem Aktionstag, der seither jährlich am 21. Juni begangen wird. Gefeiert wird das T-Shirt als universelles modisches Statement des 20. und 21. Jahrhunderts.

22. Juni

Nationaler-Schokoladen-Eclair-Tag

In den USA ist heute Nationaler Schokoladen-Eclair-Tag. Ein Éclair ist ein längliches, glasiertes und gefülltes Gebäck aus Brandmasse. Die Füllung kann aus Erdbeer-, Himbeer-, Kaffee-, Schokoladen-, Vanillecreme, Sahne oder Pudding bestehen. Oft sind sie mit Fondant oder einer Glasur überzogen. In Deutschland ist das Éclair auch als Liebesknochen, Hasenpfote oder Kaffeestange bekannt.

Stupid Guy Things Day

Endlich ein Tag, an dem Frauen so richtig ablästern dürfen über all die Dinge, die Männer seit eh und je nicht ganz falsch, aber doch irgendwie verkehrt machen. Umgekehrt funktioniert's aber auch.

Sternzeichen Krebs

22.06. – 22.07.

Tag des antifaschistischen Kampfes

In Erinnerung an den 22. Juni 1941, als im Wald Brezovica bei Sisak die erste kroatische Partisaneneinheit gegründet wurde, wird der Tag des antifaschistischen Kampfes in Kroatien alljährlich am 22. Juni als nationaler Feiertag begangen.

23. Juni

Internationaler Olympiatag

Zur Erinnerung an die Gründung des Internationalen Olympischen Komitees (IOC) am 23. Juni 1894 wird seit 1948 an jedem 23. Juni der "Internationale Olympiatag" veranstaltet. Zu diesem Tag gehört seit 1987 der "Olympic Day Run", der das Ziel der Teilnahme am Sport fördern soll.

Tag des öffentlichen Dienstes

Der Tag des öffentlichen Dienstes (Public Service Day) ist in 2003 von der Generalversammlung der Vereinten Nationen beschlossen und in die UN-Liste internationaler Tage aufgenommen worden, um Wert und Bedeutung des öffentlichen Dienstes für die Gesellschaft auf lokaler, nationaler und globaler Ebene zu würdigen.

Tag der Schreibmaschine

Der Tag der Schreibmaschine geht übrigens auf die Patentanmeldung des Amerikaners Christopher Latham Sholes am 23. Juni 1868 zurück. Ins Leben gerufen wurde der Tag der Schreibmaschine allerdings erst im Jahr 2011 von dem amerikanischen Schreibmaschinen-Enthusiasten-Blog Typospere.

Nationalfeiertag Luxemburg

Der luxemburgische Nationalfeiertag wurde traditionell am Geburtstag des jeweiligen Herrschers. begangen.
Im Jahr 1961 wurde entschieden, den Nationalfeiertag vom Geburtstag der damaligen Großherzogin Charlotte am 23.Januar auf den sommerlichen 23. Juni zu verlegen. Bei diesem Feiertagsdatum ist es bei den folgenden Herrschern auch geblieben.

24. Juni

Johannistag oder Sankt Hans Fest

Der Johannestag (*Johanni* oder *Johannistag*) ist der Gedenktag der Geburt Johannes des Täufers am 24. Juni, der in enger Verbindung steht zur zwischen 20. und 26. Juni stattfindenden Sommersonnenwende. Der Johannistag als Tag der Sommersonnenwende leitet meist mit dem Ende der Schafskälte die Erntesaison ein. Zu Johanni oder Sommersonnenwende gehören als Brauchtum ebenfalls Johannes- oder Sonnenwendfeuer sowie das hierzu manchmal verwendete drehende Feuerrad.

25. Juni

Tag des Seefahrers (UNO)

Seit 2010 wird weltweit immer am 25. Juni der von der UNO und International Maritime Organization (IMO) ins Leben gerufene Tag des Seefahrers, der sogenannte Day of the Seafarer begangen. Zweck dieses Seefahrer-Feiertages ist es, Aufmerksamkeit für die Seeleute und ihre Arbeit zu schaffen.

Nationalfeiertag Kroatien

Jedes Jahr am 25. Juni wird in Kroatien der „Tag der Staatlichkeit" als nationaler Feiertag begangen. An 25. Juni 1991 deklarierte, das Parlament der Republik Kroatien die Souveränität und Selbständigkeit des Landes. Seine Unabhängigkeit feiert Kroaten jedoch erst im Oktober.

Nationalfeiertag Mosambik

Mosambik feiert seine Unabhängigkeit am Nationalfeiertag, die es am 25.06.1975 von Portugal erlangte. Das Land gehört seit 12.11.'95 zum Commonwealth of Nations.

Nationalfeiertag Slowenien

Slowenien feiert mit seinem Nationalfeiertag seine Unabhängigkeit vom ehemaligen Jugoslawien, die das Land am 25.06.1991 erklärte.

26. Juni

Internationaler Tag der Vereinten Nationen zur Unterstützung der Opfer von Folter (Tag zur Unterstützung der Folteropfer / UN)

Am 26. Juni 1987 trat das Übereinkommen gegen Folter in Kraft. Dies war ein wichtiger Schritt für die Menschenrechten weltweit sowie der Kenntnisnahme von Folter und anderer grausamer, unmenschlicher oder erniedrigender Behandlung oder Strafe als absolut und eindeutig verboten. Mit dem Ziel dieses historischen Tags zu gedenken, erklärte die UNO 1997 den 26. Juni zum internationalen Tag zur Unterstützung der Opfer der Folter.

Internationaler Tag gegen Drogenmissbrauch und unerlaubten Suchtstoffverkehr (Antidrogentag)

Der „Weltdrogentag", offiziell International Day against Drug Abuse and Illicit Trafficking oder Internationaler Tag gegen Drogenmissbrauch und unerlaubten Suchtstoffverkehr findet jährlich am am 26. Juni statt. Dieser Aktionstag wurde im Dezember 1987 von der UN-Generalversammlung festgelegt und ist gegen jeden Drogenmissbrauch gerichtet.

Nationalfeiertag Madagaskar

Am 25.06.1960 erlangte Madagaskar seine Unabhängigkeit von Frankreich.

27. Juni

Tag der Sonnenbrille

Am 27. Juni ist der internationale Tag der Sonnenbrille. Sie kann als Kleidungsaccessoire getragen werden und dabei zugleich Mode- und Imageaspekte berücksichtigen. Ihre Hauptaufgabe ist aber der Schutz der Augen vor schädlichen UV-Anteilen des Sonnenlichts.

Siebenschläfertag

Der Siebenschläfertag ist Gedenktag für die sieben Schläfer von Ephesus. Die gleichnamige alte Bauernregel besitzt aufgrund der Kalenderreform ihre Relevanz jeweils um den 7. Juli etwa 10 Tage später.

Weltdufttag

im Jahr 2004 wurde Der Weltdufttag zum ersten Mal ausgerufen und seitdem jedes Jahr am 27. Juni gefeiert. Zweck dieses Aktionstages war es, Menschen dazu anzuregen Düfte bewusster wahrzunehmen.

Nationalfeiertag Dschibuti

Dschibuti erlangte am 27. Juni 1977 seine Unabhängigkeit von Frankreich Seit dem 20. September 1977 ist das Land Dschibuti Mitglied der Vereinten Nationen als Mitglied.

28. Juni

Christopher Street Day (CSD)

Der Christopher Street Day erinnert an die Vorfälle am 28. Juni 1969 in der New Yorker Christopher Street: Nach einer Polizeirazzia in einer Bar kam es damals zum Aufstand von Homosexuellen und anderen sexuellen Minderheiten gegen die Polizeiwillkür mit Straßenschlachten. Der CSD steht seither für den Kampf für die Rechte und gegen die Diskriminierung von Schwulen, Lesben, Bisexuellen und Transgendern.

29. Juni

Peter und Paul

Peter und Paul ist ein Gedenktag an den überlieferten Todestag der Apostel und Kirchenväter Simon Petrus und Paulus von Tarsus. Gefeiert wird das Fest, das sich bis ins 4. Jahrhundert zurückverfolgen lässt, am 29. Juni.

Internationaler Donau-Tag

Die Internationale Kommission zum Schutz der Donau ruft seit 2004 jeweils am 29. Juni zum Internationalen Tag der Donau auf. Der Donau-Tag wirbt für eine nachhaltige Nutzung der Donau, des mit rund 2850 Kilometern nach der Wolga zweitlängsten Flusses in Europa. Am 29. Juni 1994 wurde das Donauschutzübereinkommen unterzeichnet, daher feiern seit 2004 die Donauanrainerstaaten jährlich an und um diesen Tag ein Fest für die Donau.

30. Juni

Welt-Tag des Meteors

Der Tag des Meteors erinnert am 30. Juni 2014 an das Tunguska-Ereignis. Am 30. Juni 1908 gegen 7:15 Uhr wurden in Sibirien rund 60 Millionen Bäume durch eine oder mehrere große Explosionen entwurzelt. Als bislang wahrscheinlichste Ursache wird der Eintritt eines Asteroiden oder eines Kometen in die Erdatmosphäre und damit einhergehende Detonationen angenommen.

Internationaler Inkontinenztag

Der 30. Juni ist weltweit ein Tag für Aufklärungsarbeit rund um die Harn- und Stuhlinkontinenz. Der Tag soll beitragen zur Enttabuisierung, zur Aufklärung und zum verständnisvolleren Miteinander.

Nationalfeiertag Demokratische Republik Kongo

Die Demokratische Republik Kongo feiert am Nationalfeiertag ihre Unabhängigkeit, die das Land am 30.06.1960 von Belgien erhielt.

Juli

Erster Samstag

Internationaler Genossenschaftstag

Seit 1923 wird am ersten Samstag des Monats Juli der internationale Genossenschaftstag gefeiert. Durch diesen Tag sollen Werte, Ziele und Erfolge der Genossenschaften gefeiert und gefördert sowie die Zusammenarbeit der Gesellschaft und der Genossenschaftsbewegung auf allen Ebenen gefördert werden.

Letzter Freitag

System Administrator AppreciationDay

Seit dem 28.07.2000 findet dieser Tag jedes Jahr statt, um den schrecklich netten Menschen zu danken, die dafür sorgen, dass die (Rechner-) Systeme dieser Welt so reibungslos funktionieren.
Vielleicht könnte der Dank und die Anerkennung ausgeweitet werden auf all jene Menschen, die ihre Arbeit im Hintergrund tun, ohne viel Aufsehen zu erregen.
(engl Appreciation = dt.: Anerkennung)

1.Juli

Intact-Day
Ein Gedenktag gegen Genitalverstümmelung von Kindern. Immer noch werden in der modernen Welt unschuldige Kinder, Mädchen wie Jungen, aus religiösen Gründen beschnitten. Die Begründungen sind nicht nur manchmal haarsträubend.

July Morning
July Morning ist eine bulgarische Tradition aus der Hippiezeit der 70er Jahre. Besucher kommen oft als Tramper ans Schwarze Meer an die Ostküste Bulgariens, um den Sonnenaufgang am Morgen des ersten Juli zu erleben. Traditionell wird dabei das Lied July Morning der britischen Hard-Rock-Band Uriah Heep gespielt und von den Besuchern mitgesungen.

Nationalfeiertag Kanada
Der 1. Juli wurde im Jahr 1879 als Dominion Day zum Feiertag erklärt, der an den British North America Act vom 1.7.1867 erinnert, an dem Kanada als Bundesstaat des British Common-wealth aus den Provinzen Quebec, Ontario, Nova Scotia und New Brunswick gebildet wurde.

Nationalfeiertag Somalia
Am 1. Juli 1960 schlossen sich Britisch-Somaliland und die italienische Kolonie Italienisch-Somaliland zum unabhängigen Staat Somalia zusammen. Seit 20.September 1960 ist Somalia Mitglied der Vereinten Nationen.

Nationalfeiertag Ruanda
Das ehemalige UN-Treuhandgebiet und von Belgien verwaltete Ruanda-Urundi erlangte am 1.Juli 1962 seine Unabhängigkeit. Es teilt sich in Ruanda und Burundi, die beide seit 18. September '62 Mitglieder der Vereinten Nationen sind

Nationalfeiertag Burundi
Als Deutsch-Ostafrika und als belgisches Protektorat war es seit 1884 von Kolonialismus bestimmt und erlangte 01. Juli 1962 auf Betreiben der UN seine Unabhängigkeit.

2. Juli

Tag der Franken
Seit 2006 wird am 2. Juli der Tag der Franken gefeiert. An diesem Tag soll der wechselvollen Geschichte des Landes gedacht und in Erinnerung gehalten werden. Am 2. Juli 1500 wurde auf dem Reichstag von Augsburg das Heilige Römische Reich, das seit dem Mittelalter Herrschaftsbereich römisch-deutscher Kaiser war, in Reichskreise aufgeteilt. Ab dem Jahr 1522 wurde der Reichskreis Nr. 1 erstmals als Fränkischer Reichskreis bezeichnet, der bis zum Ende des Heiligen Römischen Reiches Deutscher Nation im Jahre 1806 Bestand.

Fest der Niederlegung der Muttergottesgewänder
Nach orthodoxem und katholischem Glauben wurde Maria als Gottesmutter im Augenblick ihres Todes in den Himmel aufgenommen. Dabei blieben ihre Kleider zurück auf Erden zurück. Einige Tuchreliquien werden als Mariengewänder und somit als Zeugnisse für die Menschwerdung Gottes verehrt, die in einer eigens dafür gebauten Kapelle am 2. Juli 452 in Blachernae, einer Vorstadt von Konstantinopel niedergelegt wurden.

Welt-Tag des UFOs
Der 2.Juli ist Welt UFO Tag. Dieser Tag ist der Existenz unidentifizierter Flugobjekte (UFOs) gewidmet. Er wird seit 2001 gefeiert. Dieser Tag soll ein Bewusstsein für die zweifellose Existenz von intelligentem Leben aus dem Weltall zu schaffen.

Hab-ich-vergessen-Tag
Am 2. Juli findet der Habe–ich-vergessen-Tag statt, der von Gaye Anderson als ‚I forgot day' ins Leben gerufen wurde.
Die Erinnerungen verschönen das Leben, aber das Vergessen allein macht es erträglich. (Honore de Balzac)

3 Juli

Welt-Tag der Klimaanlage
Am 3. Juli wird in den USA der als „Air Conditioning Appreciation Day" bekannte „Tag der Klimaanlage" gefeiert. Es lebe die Klima-anlage, jenes Gerät, das für ein angenehmes Raumklima sorgt und

flirrende Sommerhitze vergessen lässt. In den USA wird die untere Scheibe des Fensters einfach nach oben geschoben und das Kühlgerät in de so entstehende Öffnung gestellt. Bei den in Deutschland üblichen Fenstern , die als Drehflügel nach innen aufgehen, müsste eine andere Lösung her.

Nationalfeiertag USA / Independance-Day

Am 4.Juli, dem Nationalfeiertag der Vereinigten Staaten von Amerika wird der Independence Day, der Unabhängigkeitstag; auch Fourth of July, begangen. Er erinnert an die Annahme der Unabhängigkeitserklärung der Vereinigten Staaten durch den Kontinentalkongress am 4. Juli.1776. An jenem Tag wurden die Dreizehn Kolonien erstmals in einem offiziellen Dokument als „Vereinigte Staaten von Amerika" bezeichnet. Obwohl erst am 21. Juni 1788 die rechtliche Grundlage der Vereinigten Staaten entstand, wird bereits der 4. Juli 1776 als Akt der Staatsgründung angesehen.

Ulrichstag

Der Ulrichstag ist ein Gedenktag zu Ehren des Schutzheiligen der Stadt Augsburg, von 923 bis 973 Bischof ebenda, und findet immer am 4. Juli statt. Der heilige Ulrich ist Patron der Fischer und Winzer.

5. Juli

Nationalfeiertag Venezuela

Venezuela war bis Anfang des 19. JH Teilregion des unter spanischer Herrschaft stehenden Neu-Granada. Nachdem Simón Bolivar 1821 die venezolanischen Unabhängigkeitskriege erfolgreich beenden konnte, musste Spanien die Unabhängigkeit anerkennen. Venezuela wurde zunächst Teil der von Bolivar geschaffenen Republik Groß-Kolumbien, fiel aber nach Bolivars Tod 1830 von dieser ab und erklärte sich für selbständig.

Nationalfeiertag Kap Verde

Der 5.Juli ist der Nationalfeiertag der Republik Cabo Verde. Am 05.07.1975 wurde die Unabhängigkeit von Kap Verde ausgerufen.

6. Juli

Tag des Kusses

Der 6. Juli ist der Internationale Tag des Kusses. Angeblich wurde er in den 1990er Jahren in Großbritannien etabliert. Angeblich tut es ein Mensch so um die 100000 mal im Leben; Wissenschaftler haben bis zu 200 verschiedene Variationen festgestellt, dabei werden bis zu 34 Muskeln angestrengt, die dann ca. 20 Kilokalorien – oder auch mehr - verbrauchen; und ein durchschnittlicher Kuss dauert etwa 12 Sekunden. Nur tun müssen Sie es selbst. – Zu zweit!

Nationalfeiertag Komoren

Am 6.7.1975 erklärten die Komoren ihre Unabhängigkeit von Frankreich. Sie wurden am 12.11. Mitglied der Vereinten Nationen.

Nationalfeiertag Malawi

Malawi, das bis dahin Njassaland genannt wurde und unter britischer Herrschaft stand, erlangte am 6. Juli 1964 als neuer Staat die Unabhängigkeit. Genau zwei Jahre später wurde die Republik ausgerufen. Am 1. Dezember 1964 wurde Malawi Mitglied der Vereinten Nationen.

7. Juli

Iwan-Kupala-Tag

Iwan Kupala, das Fest von Feuer und Wasser, auch Sonnenwende genannt, ist ein sehr alter Feiertag, der am 7. Juli jedes Jahr in ganz Russland gefeiert wird, ein Fest, von dem schon Schriften aus dem 12. Jahrhundert berichten. Möglicherweise wurde dieses Fest schon sehr viel früher gefeiert.

Dem slawischen Gott Kubala, dem Gott der Erdfrüchte, wurde alljährlich am 24. Juni (im julianischen Kalender) mit Opfer- gaben, Feuern, Liedern und Tänzen gehuldigt. Mit Einführung des Christentums und nach gregorianischem Kalender fällt der Tag heute auf den 6./7. Juli.

Tanabata

Am siebten Tag des siebten Monats wird in Japan das Sternenfest gefeiert. Es geht auf die Fabel vom Kuhhirten und der Weberprinzessin zurück, die wiederum mit einer Sternenkonstellation zu tun hat, die man im Sommer beobachten kann. Da heute in Japan westliche Zeitrechnung gilt wird das Fest am 7. Juli gefeiert.

Nationalfeiertag Salomonen

Am 7. Juli 1978 erklärten die Salomonen ihre Unabhängigkeit gegenüber dem Vereinigten Königreich. Am 19. September 1978 wurden die Salomonen Mitglied der Vereinten Nationen.

8. Juli

Steuerzahlergedenktag

Der Steuerzahlergedenktag ist ein symbolischer Gedenktag, der vom Bund der Steuerzahler ausgerufen wurde, um auf die Abgabenbelastung der Bürgerinnen und Bürger aufmerksam zu machen. Ab diesem Tag arbeiten die Steuer- und Beitragszahler rein rechnerisch für ihr eigenes Portmonee. Bis zu diesem Zeitpunkt sind ein Großteil Einkommens an den Fiskus und die sozialen Sicherungs-systeme geflossen. Seit 1960 wird jährlich die Abgaben-belastung und der Steuerzahlergedenktag neu ermittelt.

Kilianstag

Zu Ehren des heiligen Kilians wird der Kilianstag begangen. Der iro-schottische Missionsbischof kam zusammen mit seinen Gefährten Kolonat und Totnan 686 n. Chr. nach Würzburg. Bis zu seiner Ermordung 689 n. Chr. missionierte er hier und in der Umgebung. Seitdem ist er der Schutzpatron der Franken und der Stadt Würzburg.

9. Juli

Welt-Tag des Rock'n'Roll

Am 9. Juli ist der Tag des Rock'n'Roll, der als Gedenktag zurückgeht auf Dick Clark, der am 9. Juli 1956 in der Musikshow "American Bandstand" seinen Vorgänger als Moderator ablöste.

Nationalfeiertag Südsudan

Der Südsudan erlangte am 9. Juli 2011 seine Unabhängigkeit vom Sudan. Das Land ist seit 14.07.2011 Mitglied der Vereinten Nationen und seit 27.07.2011 Mitglied der afrikanischen Union.

10. Juli

Tag der Pina Colada
Am 10. Juli ist Tag der Piña Colada. Dem cremig-süßen Rum-Cocktail wird seit den 50ern ein Feiertag gewidmet. Über die Urheberschaft des Getränks und auch des Gedenktages ist man sich nicht sicher. Derartige Mixgetränke waren im karibischen Raum schon seit sehr viel früheren Zeiten bekannt.

Nationalfeiertag Bahamas
Die Bahamas erlangten am 10. Juli 1973 ihre Unabhängigkeit von Groß-britannien. Seit dem 18. September 1973 sind die Bahamas Mitglied der Vereinten Nationen.

11. Juli

Weltbevölkerungstag
Am 11.7.1987 überschritt die Weltbevölkerung nach Angaben der Vereinten Nationen die 5-Milliarden-Grenze. Um auf die damit entstehenden Herausforderungen aufmerksam zu-machen, erklärte die UNO im Jahr 1989 den 11.7. zum Weltbevölkerungstag.

Nationalfeiertag Mongolei
Am 11. Juli 1921 wurde die Mongolei unabhängig von China.

Tag des Genozid in Srebrenica
Das Massaker von Srebrenica vom Juli 1995 war ein Kriegsverbrechen während des Bosnienkrieges, bei dem ca. 8000 Männer im Alter zwischen 13 und 78 Jahren von serbischer Paramilitärs und Polizei ermordet wurden. Es gilt als schwerstes Kriegsverbrechen in Europa seit dem Ende des Zweiten Weltkrieges.

12. Juli

Nationalfeiertag Kiribati
Kiribati ist der heutige Name der Gilbertinseln, einer ehemals britischen Kronkolonie, die sich am 12.07.1979 für unabhängig erklärten. Seit dem 14. September 1999 ist Kiribati Mitglied der Vereinten Nationen.

Nationalfeiertag Sao Tome und Principe
Die portugiesische Kolonie Sao Tome und Principe erlangte am 12. Juli 1975 ihre Unabhängigkeit. Seit dem 16. September 1975 ist Sao Tome und Principe Mitglied der Vereinten Nationen.

13. Juli

Sei-stolz-ein-Geek-zu-sein-Tag
Seit 1990 wird am 13. Juli der Sei-stolz-ein-Geek-zu sein-Tag in den USA gefeiert. Mittlerweile ist dieser Tag wohl doch auch bei uns in Deutschland angekommen. Ein Geek ist ein Sonderling, ähnlich dem Streber aus alten Zeiten, der sich mit abseits des Mainstreams liegenden Dingen beschäftigt. Er kann sich obsessiv und überaus kritisch aktuellen Themen widmen. Er ist gerne etwas intelligenter als andere, beschäftigt sich mit technischen oder wissenschaftlichen Dingen, gerne auch mit solchen, die nur der Phantasie zugänglich sind.

Nationalfeiertag Montenegro
Die Unabhängigkeit Montenegros vom Osmanischen Reich wurde am 13. Juli 1878 vom Berliner Kongress anerkannt.
Das Land ist seit dem 28.06.2006 Mitglied der Vereinten Nationen.

14. Juli

Fete national – franz. Nationalfeiertag
Der französische Nationalfeiertag erinnert an den Beginn der Französischen Revolution mit dem Sturm auf die Bastille am 14. Juli 1789. Die Bastille war ein berüchtigtes und gefürchtetes Staatsgefängnis im damaligen Königreich Frankreich.

15. Juli

Zwölfbotentag
Am 15. Juli war einmal ein bedeutender Feiertag. An diesem Tag gedachte die Kirche der Entsendung der 12 Apostel. Landwirte entsandten und entsenden von diesem Tag an ihre Schnitter – heute: Erntehelfer und Erntemaschinen – aufs Feld, um zu ernten.

16. Juli

Tag Unserer Lieben Frau auf dem Berge Karmel
Der Tag Unserer Lieben Frau auf dem Berge Karmel wird auch Skapulierfest genannt.
Papst Benedikt XII legte diesen Tag 1726 als Feiertag für die katholische Kirche fest. Simon Stock, General des Karmeliterordens, soll im 12. Jahrhundert bei einer Erscheinung der Jungfrau Maria ein Skapulier erhalten haben. Solche Skapuliere, mehrere Stoffstücke mit Marienbildnis, werden unter der Kleidung getragen und bewirken im Verbund mit besonderen Gebets- und Heiligungsritualen ewiges Heil unter dem besonderen Schutz der Gottesmutter Maria.

17. Juli

Internationaler Tag der Gerechtigkeit
Der Tag der Gerechtigkeit, auch International Justice Day genannt, ist ein internationaler Gedenktag.
Am 17.Juli 1998 wurden mit dem Statut von Rom, einem Beschluss der Vereinten Nationen, die Grundlagen für den Internationalen Strafgerichtshof in Den Haag gelegt.
Idee war u.a., es müsse ein Recht geben über den Gesetzen aller Länder, um Bürger zu schützen gegen Mächtige, die gegen Völkerrecht und Menschenrechte verstoßen.

Perseiden (bis 24.8.)
Ab dem 17. Juli bis zum 24. August kann wieder der Meteorstrom der Perseiden beobachtet werden.
Wer mag, hat für jede Sternschnuppe, die selbst gesehen wurde, einen geheimen Wunsch frei. Ob diese Wünsche allerdings in Erfüllung gehen, muss jede(r) selbst ausprobieren.

18. Juli

Internationaler Nelson-Mandela-Tag
Der Internationale Nelson-Mandela-Tag wurde auf Initiative der Vereinten Nationen am 10. November 2009 als Gedenktag zu Ehren des südafrikanischen Nobelpreisträgers Nelson Mandela ausgerufen, der am 18. Juli 1918 geboren wurde.

Tag des Daiquiri

Am 19. Juli ist der Tag des Daiquiri, ein Tag zu Ehren eines der klassischen kubanischen Cocktails, die als Mixgetränke mit Rum hergestellt wurden. Wer diesen Tag gestiftet hat, und wann, ist nicht ganz geklärt.

Der Daiquiri war Lieblingsgetränk des amerikanischen Literatur-Nobelpreisträgers Ernest Hemingway, unter dessen Namen, als Hemingway Special, eine Version des Cocktails mit Grapefruitsaft und Maraschino überliefert ist

20. Juli

Zum Gedenken an den Widerstand gegen die nationalsozialistische Gewaltherrschaft.

Claus Schenk Graf von Stauffenberg stand 1944 als Stabschef beim Befehlshaber des Ersatzheeres im Mittelpunkt eines Netzwerkes von etwa 200 Oppositionellen, die eine Opposition im Staatsapparat aufgebaut, Verbindungen zur zivilen Opposition hergestellt und einen Sprengstoffanschlag auf Hitler vorbereitet hatten. Nachdem bereits mehrere Attentaten misslungen waren, schlug am 20. Juli 1944 auch dieser Versuch fehl, Hitler bei einer militärischen Lagebesprechung im Hauptquartier "Wolfsschanze" zu töten. Er überlebte Stauffenbergs Sprengstoff-anschlag leicht verletzt.

Weltraumforschungstag

Es war der 20.Juli 1969 als die erste bemannte Raumkapsel der Weltraummission Apollo 11 auf dem Mond landete und die beiden Astronauten Neil Armstrong und Edwin Buzz Aldrin als erste Menschen den Erdtrabanten betraten. 7 Jahre später, am 20.Juli 1967 landete die amerikanische Raumsonde Viking 1 auf dem Mars. Am Tag der Weltraumforschung treffen sich Trekkies und Weltraumhelden, aber auch Wissenschaftler und Interessierte zu Veranstaltungen rund um die Weltraumforschung.

Nationalfeiertag Kolumbien

Am 8. Mai 1873 erklärte der Kongress der Vereinigten Staaten von Kolumbien – wie die Republik Kolumbien zu jener Zeit noch hieß – den 20. Juli zum offiziellen Jahrestag der nationalen Unabhängigkeitserklärung vo1810 und schrieb dies auch per Gesetz so fest. Weil Kolumbien mehrere Unabhängigkeitserklärungen erlebt hat, wird jedoch nur noch die von 1810 als Nationalfeiertag begangen.

21. Juli

Nationalfeiertag Belgien

Nachdem Belgien mehrere Jahrhunderte lang Teil einer größeren Staatsstruktur war, wurde das Land erst am 4. Oktober 1830 unabhängig. Der Nationalfeiertag wird am 21. Juli gefeiert. Dieser Tag erinnert an den 21. Juli 1831, als Leopold I., erster König der Belgier, den Eid leistete.

Nationaler Gedenktag für verstorbene Drogenabhängige

Am 21. Juli 1998 wurde an der Gedenkstätte für verstorbene Drogenabhängige in Gladbeck zum 1.Mal vom Landesverband der Eltern und Angehörigen für humane und akzeptierende Drogenarbeit NRW e.V. der nationale Gedenktag für verstorbene Drogenabhängige begangen. Dieser Tag soll Angehörigen und Freunden zur vorbeugenden Selbsthilfe, zur Durchsetzung humaner Drogenpolitik und zur Erinnerung dienen,

22. Juli

Anti-Duckface-Tag

Anti-Duckface dürfte als Gegenbewegung gemeint sein zu einem Trend von meist weiblichen Internetusern. Auf Profilseiten sozialer Netzwerke im Internet präsentieren sich junge Leute mit Kuss- oder Schmollmund und eingesogenen Wangen, dem sog. Duckface, um sexy und selbstironisch zu wirken.
Dieser Tag wurde Im Jahr 2011 zum ersten mal begangen, veranlasst durch ein Kölner Comedy-Trio.

Pi-Annäherungstag

Archimedes, seines Zeichens griechischer Mathematiker näherte sich vor bereits 2000 Jahren der Kreiszahl Pi, indem er 22 durch 7 dividierte. Das ergibt 3,142857 und trifft die Zahl Pi auf 0,04 Prozent

23. Juli

Nationaler Tag des Hot-Dogs

Am 23. Juli ist Nationaler Hot-Dog-Tag – allerdings in Amerika. Hierzulande mag der Tag ebenso ein willkommener Anlass sein, sich mal wieder ein Hot-Dog zu gönnen. Die Herkunft dieses Gedenktages ist nicht geklärt. Sicher ist aber, dass diese Art der Fast-food mit dem Brühwürstchen im Weizenbrötchen in den USA bereits Ende des 19. Jahrhunderts bekannt war. genau, genauer noch als der frühere Pi-Tag am 14. März, und darum ist am heutigen 22. Juli (der 2.) Pi-Tag.

Vanilleeis-Tag

Der 23. Juli wird seit den 1990er Jahren als internationaler Vanille-Eis-Tag begangen. Wie so viele Gedenktage stammt der Vanille-Eis-Tag aus den USA, es ist aber wieder mal unklar, von wem und wann dieser Tag ins Leben gerufen wurde.

Hundstage vom 23.7. bis 23.8.

Der Zeitraum vom 23.7. – 23.8. wird in deutschen Kalendern als „Zeit der Hundstage" bezeichnet, die Zeit der Sommerhitze. Die Hundstage haben ihren Namen von dem Sternbild Großer Hund, das in diesem Zeitraum am Himmel aufgeht.

Sternzeichen Löwe

23. Juli bis 23. August

Nationalfeiertag Ägypten

Nach dem Sturz der Monarchie am 23. Juli 1952 durch einen Putsch der ‚Freien Offiziere' unter Nagib und Nasser, die beide nacheinander Präsidenten des Landes waren, wurde am 18. Juni '53 ein Jahr später die Republik ausgerufen. Das Land ist Gründungsmitglied der Vereinten Nationen seit 1945.

24. Juli

Internationaler BDSM-Tag

Der 24. Juli wird seit 2003 als Internationaler BDSM-Tag gefeiert. Dabei steht das Datum Vierundzwanzigsieben als Abkürzung für 24

Stunden an 7 Tagen pro Woche. Der Tag dient der Fetisch- und SM-Szene dazu, selbstbewusst auf sich aufmerksam zu machen.

Tag der virtuellen Liebe

Am 24. Juli wird der Internationale Tag der virtuellen Liebe gefeiert. Dieser Tag wurde von einigen Online-Partnerbörsen ins Leben gerufen. Der Trend zur Online-Partnersuche steigt weiterhin, die Möglichkeiten des Kennenlernens sind vielfältig, und auch der Ruf des Online-Datings wird zunehmend besser. Vielleicht wird der 24. Juli zukünftig für die Paare, die sich im Internet kennengelernt haben, zum 2. Valentinstag

Internationaler Tag der Freude

Seit etwa 1981 wird am 24. Juli der Internationale Tag der Freude begangen, einer von vielen kaum bekannten Festtagen, von denen keiner wirklich weiß, wer sie ins Leben gerufen hat und warum. Wie man einen solchen Tag feiet? Vielleicht indem man sich selbst die Freude macht, anderen auch eine zu machen

25. Juli

Jakobstag

Am 25. Juli gedenken die christlichen Kirchen Jakobus dem Älteren, eines der erstberufenen Jüngern und späteren Aposteln. Der Tag, Sankt Jakob, oder kurz Jakobi, wurde schon im 8. JH begangen.

26. Juli

Annentag

Der 26. Juli ist der Gedenktag der heiligen Anna. Sie war die Mutter der Maria und somit die Großmutter des Jesus von Nazareth. Ihr Gedenktag wurde 1584 von Pabst Gregor XIII zum Festtag bestimmt. Die Heilige Anna ist als Schutzpatronin mit vielfältigen Aufgaben betraut. Selbst Martin Luther soll sie zum Schutz für Blitz und Donner angerufen haben. Sie ist zuständig u.a. für Mütter und Hausfrauen, Spitzenklöppler, Strumpfwirker, Knechte, Müller, Krämer, Schiffer, Seiler, Tischler, Drechsler, Goldschmiede, Bergleute, und Bergwerke; für eine glückliche Heirat und Kindersegen für Reichtum, Wiederauffinden verlorener Sachen und Regen. Und sie ist Patronin der Städte Florenz, Neapel und Innsbruck.

Nationalfeiertag Liberia

Am 26. Juli 1847 erklärte sich die US-amerikanische Kolonie als einer der ersten unabhängigen Staaten Afrikas für unabhängig und gründete den Staat Liberia. Liberia wurde Mitglied der Vereinten Nationen am 2. November 1945.

Nationalfeiertag Malediven

Die Malediven wurden am 26. Juli 1965 unabhängig von Großbritannien und am 21.9.1965 Mitglied der Vereinten Nationen.

27. Juli

Tag des verschlafenen Kopfes / Tag der Schlafmütze

Vorweg sei gesagt, dass es diesmal die Finnen waren, die uns mit einem speziellen Anlass beschäftigen: Unikeonpäivä ist übersetzt ‚der Tag des verschlafenen Kopfes'. Man könnte auch sagen ‚der Tag der Schlafmütze' Am heutigen Tag geht's den Langschläfern an den Kragen. Wer als letzter noch im Bett erwischt wird, der wird mit kaltem Wasser geweckt.

Unabhängigkeitstag Weißrussland

Am 27.Juli .1990 wurde die Unabhängigkeit Weißrusslands innerhalb der Sowjetunion erklärt. Der vormalige Nationalfeiertag wurde vom Präsident als Tag der Republik auf den 3.Juli vorverlegt.

28. Juli

Nationalfeiertag Peru

Jedes Jahr am 28. und 29. Juli feiert mit großer Begeisterung ganz Peru den Tag, jenen 28. Juli1821, an dem die Unabhängigkeit Perus von der Spanischen Kolonialherrschaft erklärt wurde. Es wird der zahlreichen Männer und Frauen gedacht, die sich der Spanischen Vorherrschaft entgegenstellten.

Welt-Hepatitis-Tag

Die Deutsche Leberhilfe e.V. Köln veranstaltet am 28. Juli den Welt-Hepatitistag. Dabei soll informiert werden über die Gefährlichkeit von Erkrankungen der Leber, deren Diagnose und Behandlung, über Folgen für den Einzelnen und die Gesellschaft.

29. Juli

Tag des Regens

Im Sommer denken die wenigsten Menschen an die Wichtigkeit eines ergiebigen und erfrischenden Regenschauers. In der trockensten Zeit des Jahres in Europa liegt der Welttag des Regens.

30. Juli

Nationalfeiertag Marokko

Der Nationalfeiertag Marokkos am 30. Juli erinnert an die Thronbesteigung von Mohammed VI. am 30. Juli 1999. Marokko ist seit 12. November 1956 Mitglied der Vereinten Nationen.

Nationalfeiertag Vanatu

Am 30. Juli 1980 erlangte Vanuatu Unabhängigkeit, nachdem sowohl Frankreich als auch Großbritannien dem Verlangen nach Unabhängigkeit nachgegeben hatten. Das Land ist weiterhin Mitglied des Commonwealth of Nations.

Zuspätkommtag

Der Zuspätkommtag wurde erstmals 2006 durch einen Blogger ins Leben gerufen. Für etwaige Verspätungen an diesem Tag mag man sich auf den Einsatz am heutigen Aktionstag berufen.

Internationaler Tag der Freundschaft

Am 27. April 2011 wurde durch die Vollversammlung der Vereinten Nationen der Internationale Tag der Freundschaft ausgerufen, der in der ganzen Welt am 30. Juli alljährlich begangen wird.

31. Juli

National Orgazm Day (GB)

In Großbritannien wurde erstmals im Jahre 2008 der 31. Juli zum nationalen Orgasmustag ausgerufen. Ein britischer Hersteller von speziellen Trainings-geräten, die man heute auch als Sex-Toys bezeichnet, hatte in einer Umfrage intime Details u.a. über die Häufigkeit von Höhepunkten zu Tag gefördert. Und kurzerhand wurde der Nationale Orgasmus Tag ins Leben gerufen.

August

Erster Fr.

Internationaler Tag des Bieres

Der Internationale Tag des Biers findet alljährlich am ersten Freitag im August statt. Dieser Tag soll dazu dienen, Freunde zu treffen, gemeinsam Bier zu trinken und zu genießen, Biere aller Kulturen und Nationen als verbindendes Element zu feiern und schließlich die Personen, die uns das edle Getränk bereiten, brauen und servieren, zu ehren.

Der Tag des *deutschen* Bieres findet am 23.April statt.

Letzter So.

Weltrohkosttag

Seit 2010 findet alljährlich am letzten Sonntag im August der Weltrohkosttag statt. Ursprünglich wurde die Aktion von dem Radprofi Stefan Hiene initiiert, der sich selbst ausschließlich von Rohkost ernährt. Am Weltrohkosttag sollen jedes Jahr zum Thema Rohkost Informationsveranstaltungen und Seminare stattfinden, überall auf der Welt treffen sich Menschen, die Rohkost zubereiten, Rezepte tauschen und ausprobieren.

1. August

Nationalfeiertag der Schweiz

Seit dem Jahr 1891 wird in der Schweiz am 1. August die Bundesfeier als gesetzlicher Feiertag begangen. Damit gedenkt die Schweizer Eidgenossenschaft des Bundesbriefes aus *dem Jahre des Herrn 1291 zu Anfang des Monats August*. Der Bundes-brief', eine auf Anfang August 1291 datierte Urkunde wurde zum Gründungsdokument des Schweizer Eidgenossenschaft erhoben. Der drin besiegelte Rütlischwur war ein Bund von Vertretern der drei Urkantone Uri, Schwyz und Unterwalden gegen die Habsburger, geschlossen auf dem Rütli, einer Bergwiese am westlichen Ufer des Urnersees, einem Teil des Vierwaldstädtersees.

Nationalfeiertag Benin

Das heutige Benin war seit Ende des 19. Jahnhunderts zunächst als Kolonie Dahomey Teil der Föderation Französisch-Westafrika. Am 1. August 1960 wurde die Republik Dahomey in die Unabhängigkeit entlassen, 1975 in die Volksrepublik Benin umbenannt.

Welt-Mittelfingertag

Ein aus England stammender Düsseldorfer, Mr. Charles Greene, hatte den 1. August 2012 zum Welttag des Mittelfingers auserkoren. Das Zeigen des Mittelfingers sei ein Symbol des Protestes, das überall auf der Welt und in allen Kulturen verstanden werde.

2. August

Gedenktag Mazedonien

Am 2. August 1903 kam es zum Ilindenaufstand gegen die Herrschaft der Osmanen, einer Volksrevolte durch die in den Regionen Thrakien, Makedonien und Strandscha lebenden makedonischen und thrakischen Bulgaren. Am Jahrestag, dem 2.8.1944 wurde die jugoslawische sozialistische Teilrepublik Mazedonien gegründet.

3. August

Weltweiter Tag der Schwestern

Der heutige Tag steht ganz im Zeichen der Schwestern, also weiblichen Personen, die im Verwandtschaftsverhältnis stehen mit einer Person mit denselben Eltern. Ebenso sind Schwestern Menschen weiblichen Geschlechts, zu denen wir uns besonders hingezogen fühlen, denen wir uns emotional verbunden fühlen. Hierzu zählen auch Krankenschwestern. All diesen Schwestern sei am heutigen 3. August die gebührende Achtung, Liebe und Zuneigung zugetan.

4. August

Welt-Tag des Champagners

Der Champagner gilt vielen als das festlichstes aller Getränke und wird am 4. August exklusiv und gebührend gefeiert.
Diesen Tag erklärten die Hersteller schon in den 1990er Jahren zum "Tag des Champagners".

5. August

Maria Schnee

Maria Schnee ist ein katholischer Gedenktag, der an die Weihe der Papstbasilika Santa Maria Maggiore erinnert. Sie Madonna erschien der Sage nach dem römischen Kaufmann Johannes und seiner Frau in der Nacht zum 5. August und versprach den beiden einen Sohn, wenn ihr zu Ehren da eine Kapelle errichtet werde, wo am nächsten Morgen Schnee liege. Die Eheleute suchten am nächsten Tag Papst Liberius auf, der denselben Traum hatte. Am Morgen des 5. August sei die Spitze des Esquillinhügels mit Schnee bedeckt gewesen. Dort wurde unter Sixtus III. in den Jahren 432-440 eine Kirche errichtet. Diese trägt bis heute das Patrozinium Santa Maria ad Nives (deutsch: Maria Schnee)

6. August

Netzkulturtag

Sir Tim Berners-Lee, ein britische Physiker und Informatiker entwickelte Ende der 1980er Jahre am CERN die Grundlagen des World Wide Web. Am 6. August 1991 machte er das Projekt eines Hypertext-Dienstes im Internet öffentlich und damit die erste Website im Netz verfügbar. Der Netzkulturtag – zu Ehren aller, die das Internet und die Gesellschaft 2.0 möglich machen.

Nationalfeiertag Bolivien

Der Nationalfeiertag Boliviens erinnert seine Unabhängigkeit von Spanien am 6. August 1825. Der Name Bolivien erinnert an den Befreier der vormaligen spanischen Kolonie Simon Bolivar.

Hiroshima-Tag

Am 6.August '45 warfen Amerikanische Bomber die erste von zwei Atombomben über Hiroshima ab.
Die zweite Bombe fiel am 9.August über Nagasaki. Diese Abwürfe trugen dazu bei, daß am 2. September der Zweite Weltkrieg auch in Asien vorbei war. Die beiden Bombenexplosionen forderten aber auch binnen Sekunden etwa 70.000 Menschenleben und weitere ca. 1,5 mal so viele in den Folgemonaten.

Nationalfeiertag Jamaika

Jamaika feiert am heutigen 6.August seine Unabhängigkeit von Großbritannien, die es am 6.August 1962 erlangte. Jamaika ist seit 18. 09.1962 Mitglied der Vereinten Nationen und außerdem freies Mitglied des Commonwealth

Deutscher Tag der Heimat

Alljährlich am 6. August wird in Deutschland der Tag der Heimat begangen. Am 6.August 1950 wurde bei einer Kundgebung vor dem Stuttgarter Schloss die Charta der deutschen Heimatvertriebenen.

Verklärung des Herrn

Das Fest der Verklärung des Herrn erinnert an den Bericht des Evangelisten Matthäus (17, 1-13) im Neuen Testament der Bibel über die Verwandlung Jesu, wonach Jesu mit seinen Jüngern auf einen hohen Berg gestiegen war; „sein Angesicht leuchtete wie die Sonne, seine Kleider aber wurden weiß wie Licht."
Es erschienen Mose und Elija, und aus den Wolken sprach eine Stimme: „Siehe, das ist mein geliebter Sohn, an dem ich Wohlgefallen gefunden habe."

7. August

Nationalfeiertag Elfenbeinküste

Das Land Elfenbeinküste erlangte am 7. August 1960 die Unabhängigkeit von Frankreich. Der amtliche Name des Landes ist Republik Cote d'Ivoire. Die Republik Cote d'Ivoire ist seit 20. September 1960 Mitglied der Vereinten Nationen und gehört zur westafrikanischen Wirtschafts- und Währungsunion.

8. August

Internationaler Katzentag

Am 8.August ist internationaler Katzentag. In Deutschland wird dieser Tag ausgerichtet von der Tiertafel. Interessierte Menschen sollen an diesem Tag informiert werden über die Bedürfnisse des Haustieres, über Haltung, Fürsorge, aber auch über Missstände, die hier und da noch vorkommen sollen.

Wer den Weltkatzentag ins Leben gerufen hat, ist nicht ganz klar. Keiner will's gewesen sein. Und so nützen alle Katzenliebhaber den Tag, um sich selbst, Ihre Liebe zum Tier und dasselbe gleich mit an diesem Tag nach Kräften zu feiern.

Augsburger Hohes Friedensfest

Am 8.August wird seit dem Jahr 1650 alljährlich das Augsburger Hohe Friedensfest begangen, mit dem ursprünglich die Protestanten das Ende der Unterdrückungen während des Dreißigjährigen Krieges feierten, was durch den Westfälischen Frieden möglich wurde. Seit dem Jahr 1984 beteiligt sich auch die Katholische Kirche an diesem Friedensfest, das jedes Jahr begleitet wird durch die Festtafel auf dem Augsburger Rathausplatz, durch den ökumenischen Eröffnungsgottesdienst und die Friedensbotschaften der Augsburger Religionsgemeinschaften.

Wiederholungstag

Am 8. August ist der Wiederholungstag. Seit dieser Tag im Jahr 2006 von einem Zeichner eingeführt wurde, mag man ihn zum Anlass nehmen, Dinge noch einmal zu machen.

Dominikus-Tag

Der heilige Dominikus, war der Gründer des Dominikanerordens, er wurde 1234 heiliggesprochen. Er gilt als Schutzpatron der fälschlich Angeklagten, der Astronomen und der Wissenschaftler, sowie als Schutzpatron der Städte Bologna, Madrid und Cordoba.

9. August

Tag der indigenen Völker – auch: Tag der autochthonen Völker

Den 9. August bestimmte die UN-Vollversammlung im Dezember 1994 zum Tag der Indigenen Völker. Weltweit leben 350 Millionen Ureinwohner auf allen Kontinenten in ca. 70 Staaten verteilt auf etwa 5000 Ethnien, die als indigene Völker bezeichnet werden. Deren Lebensraum und deren Rechte sollen durch die Konvention ILO 169 der UN-Arbeitsorganisation sowie durch die 2007 von der UN-Vollversammlung verabschiedete Erklärung der Menschenrechte indigener Völker abgesichert werden.
Als indigen wie auch als autochthon bezeichnet man die Eingeborenen oder auch Ureinwohner eines Landes.

Nationalfeiertag Singapur

Singapur feiert am 9.August seine Souveränität als selbständiger Staat und parlamentarische Republik. Bereits am 1. September 1963 war Singapur durch Eintritt in die Föderation mit Malaysia, Sabah und Sarawak vom Vereinigten Königreich unabhängig geworden, aus dieser Föderation jedoch ausgeschlossen worden wegen seit Herbst 1964 anhaltender Unruhen am 7.August '65. Am 9.August 1965 erfolgte die Anerkennung durch Malaysia als souveräner Staat.

Welttag der Buchliebhaber

Ein unspektakulärer Tag, an dem man sich freuen kann, dass es so viele tolle Bücher gibt. - Um den Tag angemessen zu begehen, empfiehlt es sich, Bücher, die man ganz besonders mag, weiter zu verschenken, sei es in gedruckter oder digitaler Form.

Women's day (Südafrika)

Der National Womens Day, der Tag der Frauen ist gesetzlicher Feiertag in Südafrika, an dem erinnert wird an den Protestmarsch von ca. 20.000 Frauen, die am 9. August vor dem Regierungssitz in Pretoria aufmarschierten um gegen Apartheid-Gesetze zu protestieren.

10. August

Weltfaulpelztag

Am heutigen 10. August ist Nichtstun, Faulenzen, Nichtstun und Ausruhen angesagt.

Nationalfeiertag Ecuador

Am 10. August 1809 erklärt Ecuador seine Unabhängigkeit von Spanien. Die Erste Unabhängigkeit währte vom Aufstand der Kaufleute von Quito bis zur Vernichtung der Republik durch peruanische Truppen im Dezember 1812.

Laurentiustag

Laurentius war Erzdiakon von Rom und als Vertreter von Papst Sixtus II. mit der Verwaltung des Kirchenvermögens und dessen Verwendung betraut. Nach der Hinrichtung des Papstes durch Kaiser Valerian weigerte Laurentius sich, das Kirchenvermögen herauszugeben, verteilte es an die Gemeinde und endete als Märtyrer im Feuer. Der heilige Laurentius ist Schutzpatron von

Berufsgruppen, die mit offenem Feuer zu tun haben: Bäcker, Bierbrauer, Feuerwehrleute, Wäscherinnen. Als Verwalter des Kirchenvermögens wird er ebenso von Archivaren und Bibliothekaren angerufen.

11. August

Welt-Spiel-im-Sand-Tag

Seit den 1990er Jahren wird an diesem Tag im Sand gespielt. Wer's genau erfunden hat und warum, ist nicht so wichtig, dafür mögen Erwachsene wie Kinder heute zu Planern und Baumeistern werden und mit dem Naturmaterial im Sandkasten oder am Strand Burgen, Strassen und Städte bauen.

Nationalfeiertag Tschad

Tschad wurde 1908 Kolonie im Verwaltungsgebiet Französisch-Äquatorialafrika. 1958 erhielt der Tschad seine erste Verfassung und wurde Mitglied in der französischen Gemeinschaft la Communauté. Die Republik Tschad wurde am 11. August 1960 als unabhängige Republik aus französischer Kolonialherrschaft entlassen. Am 20.September 1960 wurde Tschad außerdem Mitglied der Vereinten Nationen.

12. August

Internationaler Tag der Jugend

Die Generalversammlung der Vereinten Nationen hat im Jahr 1999 den 12.August in der Resolution 54/120 als den internationalen Tag der Jugend festgelegt, ein Gedenktag, der an die Bedeutung dieser Lebensphase erinnern soll.
Im ehemaligen Jugoslawien war der 25.Mai zwischen 1957 und 1987 als Tag der Jugend offizieller Feiertag. In Österreich wurde in den 1930er Jahren der 27. Mai als Tag der Jugend festgesetzt. In Nordkorea wird am 29.August ein solcher Tag zelebriert.

Sternschnuppen-Maximum der Perseiden

Zwischen dem 17.Juli und dem 24.August kann am Sternenhimmel der Meteorstrom der Perseiden beobachtet werden, die ihren

Namen von dem Sternbild des Perseus haben, von dem sie scheinbar auf unsere Erde zurasen. Das Maximum liegt um den 12.8.

13. August

Jahrestag des Mauerbaus 1961

Der 13. August gilt als Tag des Mauerbaus. West-Berlin wurde vom Berliner Umland abgetrennt, die Sektorengrenze durch Zäune und Stacheldraht geschlossen, die dann durch Mauern ersetzt wurden. Ziel des Mauerbaus war es, die Flucht aus dem ehemaligen sozialistischen Arbeiter- und Bauernstaat zu verhindern. Die Grenztruppen der DDR hatten Schießbefehl, sollte jemand bei der Flucht erwischt werden. Genaue Angaben über die Zahl der Toten sind nicht möglich.. Es sind aber wohl weit über hundert Menschen gewesen, die an der Berliner den Tod fanden

Internationaler Linkshändertag

Der heutige 13.August wurde von Dean R.Campbell, der ein Jahr zuvor Lefthanders international gegründet hatte, im Jahr 1976 zum internationalen Linkshändertag ausgerufen.

14. August

Nationaler Navajo-Code-Sprecher-Tag

Während des Zweiten Weltkrieges im Pazifik setzten die US-Streitkräfte Navajo-Indianer als Übermittler von Botschaften ein, weil diese die geheimen Botschaften direkt weitergeben und übersetzten konnten und da deren Sprachcode für Nicht-Muttersprachler schier unübersetzbar und vom Gegner nicht zu knacken war war. - Seit 1982 wird alljährlich der 14.8.t als Navaho-Codesprecher-Tag begangen.

Nationalfeiertag Pakistan

Der Unabhängigkeitstag wird begangen im Gedenken an die offizielle Verkündigung der Unabhängigkeit vom Vereinigten Königreich am 14.08.1947.

15. August

Nationalfeiertag Indien

Alljährlich am 15. August wird der Unabhängigkeitstag als einer von drei Nationalfeiertagen gefeiert; an diesem Tag erlangte Indien im Jahr 1947 die Unabhängigkeit vom Vereinigten Königreich.

Mariä Himmelfahrt

Mariä Himmelfahrt ist ein Hochfest der Katholischen Kirche, das zurückgeht auf ein Marienfest, das von Kyrill I., Patriarch von Alexandrien zu Beginn des 5. JH eingeführt wurde. Es ist heute ein gesetzlicher Feiertag teilweise in Saarland und in Bayern, in Österreich, in Liechtenstein, einigen Kantonen der Schweiz, sowie in einigen europäischen Ländern mit überwiegend katholischer Bevölkerung. Mariä Himmelfahrt wurde in Tirol als Hoher Frauentag zum Landesfeiertag erklärt.

Japanischer Gedenktag des Kriegsendes

Am 15. August 1945 hörten Millionen Japaner erstmals die Stimme ihres Kaisers, als dessen Rede im Radio gesendet wurde, mit der er die Kapitulation Japans gegen den Willen einiger seiner Militärs verkündete. Der Kapitulation folgten zahlreiche Suizide, besonders auf militärischer Seite. Der zweite Weltkrieg war am 12.9.1945 mit der Kapitulation der japanischen Streitkräfte beendet.

Nationalfeiertag Südkorea

Bis zum Ende des Zweiten Weltkrieges war die koreanische Halbinsel dem japanischen Kaiserreich eingegliedert. Nach Kriegsende wurde der Süden von US-Streitkräften, der Norden von der Roten Armee besetzt. Im Süden fanden demokratische Wahlen statt. Die USA übergaben die Macht an die gewählte Regierung und es erfolgte am 15.August1948 die Gründung der Republik Korea mit der Hauptstadt Seoul. Der Norden beantwortete die einseitige Staatsgründung des Südens mit der Gründung der Demokratischen Volksrepublik Korea am 9.9.1948 in Pjöngjang.

Nationalfeiertag Liechtenstein

Am 5. August 1940 wurde der 15. August zum Staatsfeiertag des Landes Liechtenstein erklärt. Zum einen war der 15. Augustmit Mariä Himmelfahrt schon ein Feiertag, zum anderen hatte der damalige Regent, Fürst Franz-Joseph II. am 16. August seinen Geburtstag. Nach dem Tode des Regenten wurde der Feiertag beibehalten und 1990 per Gesetz zum Staatsfeiertag.

Welttag des Panamakanals

Am 15. August passierte erstmals ein Schiff den Panamakanal. Es handelte sich dabei um ein Paketboot namens „Ancona", das 200 Personen an Bord hatte. Die Eröffnungsfeierlichkeiten, nach denen US-Präsident Wilson am 12.7. 1920 den Kanal für den Schiffsverkehr offiziell freigab, wurden wegen des Ersten Weltkrieges erst 1920 nachgeholt.

Nationaler Fehlertag (USA)

Angeblich seit 2007 wird in Nordamerika, in USA der nationale Fehlertag begangen. Von wem und warum dieser Tag ins Leben gerufen wurde, ist nicht geklärt – muss wohl ein Versehen sein.

Nationalfeiertag Republik Kongo

Die Kongolesische Republik wurde am 15. August 1960 als ehemaliger Teil von Französisch-Äquatorialafrika unabhängig, sie wurde von 1968 – 1992 umbenannt in Volkrepublik Kongo und ist nicht zu verwechseln mit der Demokratischen Republik Kongo.

16. August

Bennington Battle Day

Der Bennington Battle Day wird im US-amerikanischen Bundesstaat Vermont als offizieller Feiertag begangen. Bei der Schlacht von Bennington am 16. August 1777 während des amerikanischen Unabhängigkeitskrieges waren britische Streitkräfte von den amerikanischen Truppen besiegt worden.

17. August

Nationalfeiertag Gabun

Am 17. August 1960 erlangte Gabun seine Unabhängigkeit von Frankreich. Das Land ist seit 20.September 1960 Mitglied der Vereinten Nationen.

Nationalfeiertag Indonesien

Nachdem im zweiten Weltkrieg Niederländisch-Indien von Japan besetzt wurde, riefen indonesische Nationalisten am 17.August 1945 eine unabhängige Republik Indonesien aus. Das Bemühen der niederländischen Regierung, die alte Kolonialverwaltung wieder einzusetzen führte zum Indonesischen Unabhängigkeitskrieg, der 1949 mit der indonesischen Unabhängigkeit endete.

19. August

Tag des scharfen Essens

Alljährlich wird der 19. August in den USA als Tag des scharfen Essens oder National Hot and Spicy Food Day begangen.
An diesem Tag darf das Essen etwas schärfer gewürzt sein.

Welttag der humanitären Hilfe

Jedes Jahr am 19. August begehen die Vereinten Nationen den Welttag der humanitären Hilfe, um die Menschen zu ehren, die im Dienst humanitärer Hilfe ihr Leben gelassen haben.

Nationalfeiertag Afghanistan

Am 19. August 1919 erlangte Afghanistan seine Unabhängigkeit vom Vereinigten Königreich. Seit 1946 ist das Land Mitglied der Vereinten Nationen.

20. August

Nationalfeiertag Ungarn

Am Nationalfeiertag Ungarns am 20. August wird der Staatsgründung unter Stephan I., dem ersten König Ungarns gedacht. Er gilt als der Nationalheilige des Landes, der die Magyaren während seiner Herrschaft von 1000 bis 1038 n.Chr. auch christianisierte

Welt-Moskito-Tag

Der Welt-Moskito-Tag erinnert an die Entdeckung des britischen Arztes Sir Robert Ross, der am 20.08.1897 herausfand, dass weibliche Stechmücken Malaria von Mensch zu Mensch übertragen können.

22. August

Maria Königin

Maria Königin oder auch Maria Regina ist als Gedenkfest ein Feiertag im liturgischen Kalender der katholischen Kirche am 22. August, das im Jahr 1954 von Papst Pius XII. zum Abschluss des marianischen Jahres eingeführt wurde

Tag der Fische

Seit 2007 findet der „Tag der Fische" jährlich am 22. August statt. Mit diesem besonderen Aktionstag soll auf die bedrohten Fischarten und vor allem auf deren Schutz aufmerksam gemacht werden.

Tag der Zahnfee

Am 22. August oder auch am 28. Februar wird der Tag der Zahnfee begangen. Als kleiner Trost für kleine Kinder, die sich von ihren Milchzähnen trennen müssen, legt die Zahnfee als Wiedergutmachung für den verlorenen Zahn eine kleine Überraschung unters Kopfkissen. Im spanischsprachigen Raum, in Frankreich und Italien lässt sich die Zahnfee gerne vertreten durch eine kleine Maus, die die Kinderzähne holt. Mäusezähne wachsen lebenslang nach.

23. August

Europäischer Tag des Gedenkens an die Opfer von Stalinismus und Nationalsozialismus

Das Europäische Parlament nahm am 4. April 2009 mit großer Mehrheit eine Entschließung "zum Gewissen Europas und zum Totalitarismus" an. Der 23. August wurde als gesamteuropäischer Gedenktag festgelegt. An diesem Tag wurde 1939 das Ribbentrop-Molotovabkommen unterzeichnet, das Ost-Europa zwischen der sowjetischen und der nationalsozialistischen Gewaltherrschaft aufteilte.

Internationaler Tag der Erinnerung an den Sklavenhandel und dessen Abschaffung

„Durch ihre Kämpfe, ihr Verlangen nach Würde und Freiheit, trugen Sklaven zur Allgemeingültigkeit der Menschenrechte bei."

Irina Bokova, UNESCO Generaldirektoren anlässlich des Internationalen Tages der Erinnerung an den Sklavenhandel und dessen Abschaffung. Jährlich wird am 23. August der Opfern des Sklavenhandels und deren Kampf für Würde und Freiheit gedacht. Dies ist auch deshalb von hoher Wichtigkeit, da auch im 21. Jahrhundert mehrere Millionen Menschen von neuen Formen der Sklaverei betroffen sind.

24. August

Sternzeichen Jungfrau
24. August – 23. September

Nationalfeiertag Ukraine
Nach Auflösung der Sowjetunion erlangte die Ukraine ihre Unabhängigkeit am 24. August 1991.

Gründungstag der Deutschen Fußball-Bundesliga
Neun Jahre , nachdem die deutsche Nationalmannschaft als krasser Außenseiter das Endspiel der Fußballweltmeisterschaft 1954 in Bern in der Schweiz gegen die ungarische National-mannschaft gewann und so den Weltmeistertitel erstmalig nach Deutschland holte, startete auch in Deutschland am 24. August 1963 eine bundesweite Spielklasse im professionellen Fußball. Der ehemalige Nationaltrainer Sepp Herberger hatte erkannt welches Potential in dieser Sportart steckte und sich für eine bundesweite Runde auf höchstem Niveau starkgemacht. Als in England schon längst Profis vor vollen Stadien spielten, wurde der Deutsche Meister noch in einer Endausscheidung aus den Siegern mehrerer Amateuroberligen ermittelt. - Die ersten Bundesligaübertragungen per Radio(!) kamen aus Gelsenkirchen vom Spiel Schalke gegen Stuttgart und aus Bremen von der Partie Bremen gegen Borussia Dortmund.
Das erste Tor der neuen Liga erzielte schon in der ersten Spielminute der Dortmunder Halbstürmer Konietzka.
Während Dortmund als Deutscher Fußballmeister in die erste Bundesligasaison gestartet war hieß der Meister der ersten Saison der Deutschen Fußballbundesliga 1. FC Köln.
Durch Aufstiege kamen immer wieder neue Mannschaften in die erste Liga, andere, ehemals vielleicht ruhmreiche Namen verschwanden; Namen wie Meiderich, Saarbrücken oder Münster

sind in der ersten Liga lange nicht mehr gehört worden, hingegen kamen z.B. Mönchengladbach und Bayern München erst Jahre später hinzu.

Amerikanischer Tag der Waffel

Der Amerikaner *Cornelius Swarthout* aus Troy im Bundesstaat New York erhielt am 24. August 1869 ein Patent für ein Gerät, mit dem man Waffeln backen konnte.

25. August

Nationalfeiertag Uruguay

Nach mehreren Revolten wurde am 25. August 1825 die Unabhängigkeit Uruguays ausgerufen. Diese wurde nach britischem Druck mit dem Friedensvertrag vom Rio de Janeiro, der am 27.8.1828 zwischen Argentinien und Brasilien unterzeichnet wurde, anerkannt.

26. August

Welt-Tag des Toilettenpapiers

Heute ist ganz ernsthaft der Tag des Klopapiers.
Und erfunden haben dieses Papier angeblich die Chinesen.
Im 6. JH n.Chr. entwickelten die Chinesen ein solches Papier für ihren Kaiser, ab dem 14, JH gabs das dann auch in chinesischen Adelskreisen. In Europa verwendete man zu dieser Zeit und diesem Zweck Moos, Wolle oder Stofftücher, die man immer wieder wusch. In USA gab es Toilettenpapier erstmals 1857 zu kaufen, in Großbritannien 1890 sogar auf Rollen und im Jahr 1928 unter dem Firmennamen Hakle auch in Deutschland.

27. August

Welt-Einfach-so-Tag

Den Just-Because-Day haben mal wieder die Amis erfunden, und zwar 2005. Wie sie auf das Datum kamen, ist nicht bekannt, wahrscheinlich einfach so; darum heißt der Tag auch so, der Einfach-so-Tag. Man könnte ja einfach mal so etwas, das man sonst nicht tut, z.B. einfach so das Handy ausschalten, jemanden eine Freude machen oder spontan etwas Gutes tun – einfach so.

Nationalfeiertag Moldawien

Am 27. August findet der Nationalfeiertag Moldawiens statt. Moldova wurde am 27.08.1991 von der Sowjetunion unabhängig.

28. August

Tag der Russlanddeutschen

Der Tag der Russlanddeutschen findet jährlich am 28.August statt. Er wurde in Erinnerung an das Stalin-Dekret zur Zwangsdeportation der Wolgadeutschen vom 28. August 1941nach Sibirien eingeführt

29. August

Internationaler Tag gegen Nuklearversuche

Die 64. Tagung der UNO-Generalversammlung hat am 2.12.'09 den 29. August zum Internationalen Tag gegen Nuklearversuche erklärt. Dieses Datum wurde gewählt, weil am 29.8. 1991 Semipalatinsk, eine der weltweit größten Versuchsanlagen, für immer geschlossen wurde. Im Jahr 2010 wurde der Tag zum ersten Mal begangen. Er hat den Zweck, die Vereinten Nationen, die Mitgliedstaaten, zwischenstaatliche und nichtstaatliche Organisationen, die akademische Welt, Jugendnetzwerke und Medien zu sensibilisieren, um über die Notwendigkeit des Verbotes von Nuklearversuchen aufzuklären und für eine sicherere Welt einzutreten. Die Präambel der Resolution unterstreicht, *„dass jede Anstrengung unternommen werden muss, um Nuklearversuche einzustellen und so schädliche Auswirkungen auf das Leben und die Gesundheit der Menschen abzuwenden"* und dass *"die Einstellung von Nuklear-versuchen eines der wichtigsten Mittel zur Verwirklichung des Ziels einer kernwaffenfreien Welt ist"*.

30. August

Internationaler Tag der Verschwundenen

Alljährlich wird der 30. August am Internationalen Tag der Verschwundenen (engl. International Day of the Disappeared) begangen, der an das Schicksal von Menschen erinnern soll, die gegen ihren Willen an einem Aufenthaltsort und unter Bedingungen interniert sind, die ihren Familienangehörigen oder ihren juristischen Vertretern nicht bekannt sind.

Gedenktag für Todesopfer in Abschiebungshaft

Die Menschenrechtsorganisation Pro-Asyl rief 2002 den Gedenktag für die Todesopfer in Abschiebungshaft ins Leben.

31. August

Nationalfeiertag Malaysia

Am 31. August 1957 erlangte Malaysia seine Unabhängigkeit, nachdem es vorher zum Vereinigten Königreich gehörte, von Japan im Zweiten Weltkrieg besetzt und von alliierten Truppen zurückerobert worden war..

Nationalfeiertag Kirgisistan

Nach Auflösung der Sowjetunion erklärte Kirgisitan seine Unabhängigkeit am 31. August 1991.

Nationalfeiertag Trinidad und Tobago

Am 31.August 1962 wurde Trinidad und Tobago unabhängig, zunächst als Monarchie unter Queen Elisabeth II., seit 1976 als Republik im Rahmen des Commonwealth of Nations.

September

Erster Freitag Im September

Tag der Schöpfung

Auf dem ökumenischen Kirchentag in München im Jahr 2010 erklärte Landesbischof Friedrich Weber als Vorsitzender der Arbeitsgemeinschaft Christlicher Kirchen in Deutschland und im Namen der ACK den ersten Freitag im September als Tag der Schöpfung.

Der 1. September wurde bereits im Jahr 1989 von Dimitrios I., dem orthodoxen Patriarchen von Konstantinopel als Tag der Bewahrung der natürlichen Umwelt bezeichnet, an welchem .Gott für die Schöpfung zu danken und für ihren Schutz und ihr Heil zu bitten sei.

Erster Samstag

Tag des Kaffees

Jedes Jahr am ersten Samstag im September sind Kaffeeliebhaber aus ganz Deutschland aufgerufen, sich mit kleinen und großen

Aktionen rund um Kaffee zu beteiligen. Im Jahr 2006 hat der Deutsche Kaffeeverband den „Tag des Kaffees" als Hommage an die aromatischen Bohnen ins Leben gerufen. Am „Tag des Kaffees" können sich Kaffeeliebhaber und -interessierte informieren und Kaffee auf neue Art zelebrieren und erleben.

Erster Montag

Labor Day
In Nordamerika wird am 1. Montag im September der Labor-Day begangen. Die Entstehungsgeschichte ähnelt der des 1. Mai als Tag der Arbeit bzw. der Arbeiterbewegungen. Seit 1894 feiern die Amerikaner diesen gesetzlichen Feiertag in Erinnerung an die Achtstundentags Kampagnen der amerikan. Arbeiterbewegung und damit auch das Ende des Sommers und der sommerlichen Reisezeit

Zweiter Samstag

Internationaler Tag der deutschen Sprache
Der Verein Deutsche Sprache wurde 1997 als Verein zur Wahrung der deutschen Sprache gegründet und im April 2000 umbenannt. Er verfolgt das Ziel, die deutsche Sprache als eigenständige Kultursprache zu erhalten und zu fördern. Der VDS rief 2001 den Tag der deutschen Sprache" ins Leben.

Internationaler Tag der Ersten Hilfe
Zum Internationalen Erste-Hilfe-Tag, der immer auf den zweiten Samstag im September fällt, ruft die Internationale Föderation der Rotkreuz- und Rothalbmond-Gesellschaften dazu auf, Menschen mit den Erste-Hilfe-Leistungen vertraut zu machen. In vielen Ländern ist die Teilnahme an einem Erste-Hilfe-Lehrgang noch nicht Bedingung für den Erwerb einer Fahrerlaubnis. Auch regelmäßig Erste-Hilfe-Kurse an Schulen und Arbeitsstellen sind nicht überall die Norm. - Erste Hilfe ist keine Geheimwissenschaft, sondern beherztes und überlegtes Eingreifen im Notfall. Es gibt nur einen gravierenden Fehler beim Helfen: nicht zu helfen.

Zweiter Sonntag

Welttag der sozialen Kommunikationsmittel

Der Welttag der sozialen Kommunikationsmittel, auch bekannt als Mediensonntag, wird *in Deutschland* jeweils am zweiten Sonntag im September begangen. Dieser Welttag der wurde von Papst Paul VI. als Welttag der Massenmedien ausgerufen und findet 6 Wochen nach Ostern bzw. 3 Tage nach Christi Himmelfahrt statt. Er wurde erstmals am 6. Mai 1967 begangen. Zu diesem Tag veröffentlicht der jeweilige Papst eine Botschaft, die am 24. Januar erscheint, dem Tag des Hl. Franz v. Sales, dem Schutzpatron der Journalisten.

Tag der Heimat

Als erste Veranstaltung zum Tag der Heimat gilt die Kundgebung vor dem Stuttgarter Schloß am 6. August 1950, bei der die Charta der deutschen Heimatvertriebenen feierlich verkündet wurde. Seitdem finden jährlich bundesweit zahlreiche Veranstaltungen zum Tag der Heimat statt. Die zentrale Festveranstaltung zum Auftakt findet am ersten Wochenende im September in Berlin statt.

Tag des offenen Denkmals

Der Tag des offenen Denkmals wird alljährlich in über 20 Ländern Europas gefeiert. Die Kommunen öffnen tausende Denkmäler und geben sie frei zur Besichtigung. Damit wird eine Idee von Jack Lang, des französischen Kultur- und Bildungsministers aus dem Jahr 1984 aufgegriffen. Nachdem der Europarat bereits 1991 die European Heritage Days ausgerufen hatte, fand 1993 der erste bundesweite Tag des offenen Denkmals in Deutschland statt.

Tag der Erinnerung und Mahnung

Bereits 1945 begründeten Überlebende der Zuchthäuser und Konzentrationslager in der unmittelbar hinter dem Tempelhofer Feld liegenden Neuköllner Werner-Seelenbinder-Kampfbahn die Tradition, den zweiten Sonntag im September als "Aktionstag gegen Rassismus, Neonazismus und Krieg" für ein friedliches und gleichberechtigtes Miteinander der Menschen ein, unabhängig von Geschlecht, Herkunft, Alter, Sozialstatus, Religionszugehörigkeit, Lebensentwürfen und Überzeugungen im Gedenken für die Opfer des Faschismus zu begehen.

R U O K Day (Australien)

Am 2. Donnerstag im September wird in Australier der R U O K-Day, der Bist-Du- in-Ordnung-Tag begangen. - Die Begründer dieses Tages haben diesen Anlass geschaffen unter Eindrücken, die der Suizid nahestehender Menschen hinterlässt. Mit diesem Tag soll daran erinnert werden, mit anderen Menschen in Kontakt zu bleiben, einzelne vor Einsamkeit und Ausweglosigkeit zu schützen, indem man hin und wieder anteilnehmend nachfragt: „Ist bei dir alles in Ordnung? – aRr you O K?"

Dritter Samstag

Internationaler Tag der Softwarefreiheit

Alljährlich am dritten Freitag im September findet seit 2004 der Tag der Software-Freiheit statt. An diesem Tag soll die sogenannte Freie Software im Mittelpunkt stehen, die jeder Mensch für jeden Zweck verwenden, verstehen, verbreiten und verbessern darf. Es geht dabei um Rechte und Möglichkeiten der Programmierer, um individuelle Programmlösungen, um den Schutz von Benutzerdaten, um die Überprüfbarkeit von Programmen und Betriebssystemen, um Patentrechte und – wie immer – um das liebe Geld.

Deutscher Tag des Handwerks

Am Tag des Handwerks schaut ganz Deutschland auf seine Handwerker! Handwerksbetriebe und -organisationen verdeutlichen an diesem Tag bundesweit mit Aktionen und Veranstaltungen, dass Deutschland handgemacht ist. Besonders für Betriebe bietet der Tag des Handwerks vielfältige Möglichkeiten, sich und ihre Leistungen öffentlichkeitswirksam zu präsentieren. Der Aktionstag findet seit 2011 jährlich am dritten Samstag im September statt.

Dritter Sonntag

Eidgenössischer Dank-, Buss und Bettag

Der Tag findet alljährlich am 3. Sonntag im September im Kloster Kappel statt. Er soll an eine wichtige geschichtliche Epoche der Schweiz erinnern und hilfreiche Bezüge ermöglichen zur Diskussion aktueller Fragen

Tag des Geotops

Seit dem Jahr der Geowissenschaften 2002, in dem der Tag des Geotops eine der Großveranstaltungen war, gewährt der Tag nun jährlich jeweils am 3. Sonntag im Monat September für alle Einblicke in die Erdgeschichte. Bundesweit werden Orte von erdgeschichtlicher Bedeutung vor-gestellt, an denen man die Entwicklung der Erde und des Lebens nachvollziehen kann.

Drittes Wochenende

Tag des Friedhofs

Der „Tag des Friedhofs" wurde 2001 vom Bund deutscher Friedhofsgärtner (BdF) im Zentralverband Gartenbau e.v. gemeinsam mit den bundesweit tätigen Friedhofsgärtnern, Steinmetzen, Bestattern, Floristen, den Städten und Kommunen sowie Religionsgemeinschaften und Vereinen Ins Leben gerufen. Seitdem hat sich dieser Aktionstag zu einem vielbeachteten Event entwickelt.

Letzter Donnerstag

Weltschifffahrtstag

Der von der Internationalen Seeschifffahrts-Organisation IMO ins Leben gerufene Weltschifffahrtstag wird am letzten Donnerstag im September gefeiert. An diesem Tag soll die Seeschifffahrt als eines der ältesten, als leistungsfähiges und umweltfreundliches Verkehrssystem ins Bewusstsein rücken.

Letzter Freitag

FSC-Friday

Nach dem Vorbild des „Earth Day" feiert der FSC am letzten Freitag im September FSC-Friday. An diesem Tag finden weltweit Veranstaltungen unterschiedlichster Art statt, um über die Wälder der Welt und die Rolle, die der FSC beim Schutz der Wälder spielen kann, zu informieren. - Der Forest Stewardship Council (FSC) ist eine internationale, gemeinnützige Organisation mit dem Ziel, mit Hilfe eines Siegels ökologisch und sozial verantwortliche Waldbewirtschaftung welt-weit auf Produkten sichtbar zu machen.

Tag des deutschen Butterbrotes

Von 1999 bis 2008 erklärte die Centrale Marketing-Gesellschaft der deutschen Agrarwirtschaft CMA einen Tag im September, den letzten Freitag des Monats, zum *Tag des Deutschen Butterbrotes*. Insbesondere Bäckereien machten an diesem Tag mit Werbeaktionen rund um Brot auf sich aufmerksam, auf Bahnhöfen verteilte die CMA Gratis-Butterbrote.

Letzter Sonntag

Europäischer Tag der jüdischen Kultur

Der Europäische Tag der jüdischen Kultur wird seit 1999 als Aktionstag begangen. Seit 2013 findet er am letzten Sonntag im September statt. Der Tag wird heute in fast 30 europäischen Ländern gemeinsam von jüdischen und nichtjüdischen Organisationen veranstaltet, um das europäische Judentum, seine Geschichte, Traditionen und Bräuche gestern und heute besser bekannt zu machen.

Internationaler Tag der Gehörlosen

Der Tag der Gehörlosen ist ein internationaler Gedenktag, der ursprünglich am letzten Sonntag im September stattfand. Er wurde 1951 von der World Federation of the Deaf dem WFD - Weltverband der Gehörlosen ins Leben gerufen.

Ende September

Tag des Kinderkrankenhauses

Der Tag des Kinderkrankenhauses ist der seit 1998 alljährlich stattfindende Aktionstag der Gesellschaft der Kinderkrankenhäuser und Kinderabteilungen in Deutschland e.V. (GKinD). Er dient der Aufmerksamkeit und Qualitätssicherung für die stationäre Versorgung von Kindern und Jugendlichen.

1.September

Meteorologischer Herbstbeginn

Der 1. September gilt auf der Nordhalbkugel als Herbstanfang, weil immer der 1. Tag des Monats als meteorologischer Anfang einer Jahreszeit definiert ist, in dem der kalendarische Anfang dieser Jahreszeit liegt.

Deutscher Antikriegstag

Das Datum 1. September für den Antikriegstag erinnert an den Beginn des Überfalls Nazideutschlands auf Polen am 1. September 1939. Aufgerufen hatte damals die "Antimilitaristische Aktion".1966 beschloss der Bundeskongress des Deutschen Gewerkschaftsbundes (DGB), den 1. September als Tag des Bekenntnisses für den Frieden und gegen den Krieg zu begehen. Seit ihrem Bundeskongress 1983 unterstützte die Deutsche Angestellten-Gewerkschaft "die Bestrebungen des DGB, den 1. September als Anti-Kriegstag populär zu machen", und trat entsprechend ihrer "Entschließung zu Frieden und Abrüstung" für solidarische Proteste der Arbeitnehmer und ihrer Gewerkschaften an diesem Tage ein.

Nationalfeiertag Libyen

Libyen feiert an seinem Nationalfeiertag am 1. September den Tag der Befreiung am 1 September 1969.

Nationalfeiertag Usbekistan

Der Nationalfeiertag der Präsidialrepublik Usbekistan erinnert an den 1. September 1991, als die Unabhängigkeit von der Sowjetunion im Rahmen der Gemeinschaft unabhängiger Staaten erreicht war.

2. September

Nationaler Enthauptungstag

Der "National Beheading Day", den "Nationalen Enthauptungstag": In den USA gibt es den Tag zum Gedenken aller Menschen, die irgendwann "den Kopf verloren", sei es durch Schwert, Beil oder Guillotine oder Menschen, die bei Unfällen, z.B. durch Rotorblätter von Hubschraubern oder auf andere Weise, enthauptet wurden.

Nationalfeiertag Vietnam

Der Nationalfeiertag von Vietnam am 2. September erinnert an den 02.09.1945, an dem das Land seine Unabhängigkeit verkündete. Vietnam stand über tausend Jahre unter chinesischer Herrschaft, bevor es viele Jahrhunderte unabhängig war. 1862 wurde Vietnam von Frankreich zum Schutzgebiet, eine Art Kolonie gemacht, 1940 besetzten die Japaner das Land. Eine Revolution im August 1945 nach dem 2. Weltkrieg ermöglichte die Ausrufung der Republik.

3 September

Welt-Tag des Wolkenkratzers

Am 3. September wird der Welt-Wolkenkratzertag gefeiert, ein Gedenktag, möglicherweise der Geburtstag des US-amerikanischen Architekten Louis Sullivan, der am 3.09 1856 geboren wurde und als einer der Gründerväter des modernen Hochhausbaus gilt.

Nationalfeiertag Katar

Im Jahr 1971 wurden britische Truppen „östlich von Sues" abgezogen, wie bereits Ende der 1960er Jahre angekündigt worden war, am 3.9.1971 proklamierte die Monarchie Katar ihre Unabhängigkeit.

Nationalfeiertag San Marino

Der Steinhauer Marinus flüchtete zu Beginn des vierten Jahrhunderts vor der letzten Christenverfolgung unter dem römischen Kaiser Diokletian auf den Berg Titano. Weitere Verfolgte schlossen sich ihm an und bildeten damit auf dem Berg eine erste christliche Gemeinschaft. Der 3. September 301 gilt als Gründungsdatum und ist heute der Anlass für den Nationalfeiertag San Marinos, welches sich am 2. März 1992 den Vereinten Nationen anschloss.

4. September

Nationaler Zeitungsausträge Tag

Diesen Tag feiert man in den USA eines gewissen Barney Flaherty zu Ehren, der am 4. September 1833 als erster Zeitungsausträger von Benjamin Day, Herausgeber der New York Sun, eingestellt wurde , nachdem er bewiesen hatte, dass er die Zeitung über Einfriedung, Zaun oder Hecke aufs Grundstück befördern konnte.

5. September

Deutscher Kopfschmerztag

Fast drei Viertel der erwachsenen Deutschen und knapp 20 Prozent der Kinder von 8 bis 16 Jahren leiden unter Kopf-schmerzen. 39 Prozent haben gelegentlich sog. Spannungskopfschmerzen, drei Prozent sogar chronisch. Von Migräne sind etwa zehn Prozent der erwachsenen Bevölkerung betroffen. Darauf will die Deutsche

Schmerzhilfe mit dem seit zehn Jahren organisierten Kopfschmerztag am 5. September aufmerksam machen.

Internationaler Tag der Wohltätigkeit

Die Generalversammlung der Vereinten Nationen hat auf ihrer 58. Plenarsitzung am 17.Dezember 2012 mit der Resolution 67/105 den 5. September zum jährlichen internationalen Tag der Wohltätigkeit bestimmt und die Staaten und die Organisationen des Systems der UN sowie die Zivilgesellschaft, nichtstaatliche Organisationen und Einzelpersonen gebeten, diesen Tag in angemessener Weise zu begehen, indem sie durch Bildungs- und Sensibilisierungsmaßnahmen zur Wohltätigkeit ermuntern und diese Resolution allen Mitgliedstaaten, Organisationen und Bürgern des Systems der Vereinten Nationen zur Kenntnis zu bringen.

6. September

Nationalfeiertag Swasiland

Swasiland feiert an seinem Nationalfeiertag seine Unabhängigkeit von Großbritannien am 6. September 1968.

Abfraßtag

Der 6. September ist der Tag des heiligen Magnus, der im 8. Jahrhundert das Allgäu christianisierte und über 20 Jahre lang in Füssen wirkte. Er soll viele Wunder vollbracht haben und wird vor allem in Süddeutschland, Österreich und in der Ostschweiz verehrt. Magnus zählt zu den Nothelfern und wird zum Schutz vor Ungeziefer angerufen - daher der Name des Tages

7. September

Gedenktag zur Konstituierung des ersten deutschen Bundestages

Am 7. September 1949 fand in Bonn die konstituierende Sitzung des ersten Deutschen Bundestages statt. Diesem historischen Ereignis ging eine lange Vorlaufphase voraus.
Nach der bedingungslosen Kapitulation der Deutschen Wehrmacht am 8. Mai 1945 übernahmen die vier Siegermächte die Staatsgewalt im besetzten Deutschland. Da sie mit der Sowjetunion zu keinem Kompromiss bezüglich der deutschen Zukunft kamen, fassten die Westmächte den Entschluss, zumindest auf ihrem Gebiet eine

bundesstaatlich gegliederte, parlamentarische Demokratie zu errichten. Die Ministerpräsidenten der Länder wurden deshalb mit der Einberufung einer verfassungsgebenden Versammlung beauftragt, welche am 1. September 1948 in Bonn unter dem Namen „Parlamentarischer Rat" zusammentrat. Der Rat bestand aus Mitgliedern, die von den Landesparlamenten entsandt worden waren, sowie nicht voll stimmberechtigten Berliner Vertretern. Der Parlamentarische Rat hatte die Aufgabe, das Grundgesetz der Bundesrepublik Deutschland auszuarbeiten, das am 23. Mai 1949 in Kraft trat. Die verfassungsrechtliche Grundlage für den Deutschen Bundestag war geschaffen.

Tag der Salami

Der 7. September wurde im Jahre 2006 von einigen Gourmets und Salamiliebhabern zum Salami-Day ausgerufen.
Wer sich an diesem Aktionstag beteiligen will, mag das Datum weitersagen und bislang unbekannte Salamisorten ausprobieren – natürlich mit vielen Freunden, die auch Salami mögen.

Nationalfeiertag Brasilien

Pedro I., der sich 2 Wochen später selbst zum brasilianischen Kaiser machte, erklärte am 7. September 1822 die Unabhängigkeit Brasiliens von Portugal. Deshalb ist der 7. September der National-feiertag Brasiliens. Die Unabhängigkeit wurde allerdings erst in 1825 von Portugal anerkannt.

Welttag des Bartes

In früheren Zeiten sah man den Bart als Zeichen der Kraft und als Zierde der Männlichkeit an, weshalb sich auch eine sorgfältige Pflege entwickelte. Die Ansichten darüber, was mit dem Bart zu geschehen habe, unterscheiden sich von Kultur zu Kultur beträchtlich; von der jeweiligen Norm abweichende Barttracht gilt oft als Zeichen von Ungepflegtheit oder Fremdheit. Hatte der Bart in der Frühgeschichte der Menschheit vor allem auch kultischen Charakter, der viele religiöse Komponenten besaß, ist er in der Gegenwart daneben in der säkularisierten westlichen Welt sowohl Ausdruck von Individualität als auch in bestimmten Formen Mode. Diesem trägt der Welttag des Bartes oder auch World Beard Day am 7. September Rechnung.

8. September

Welttag der Alphabetisierung / Weltbildungstag

Jedes Jahr am 8. September begeht die UNESCO den Welttag der Alphabetisierung und macht damit auf den Stand der Alphabetisierung weltweit aufmerksam. Lesen und schreiben zu können, ist Voraussetzung für ein selbstbestimmtes Leben. Dies zu erlernen, ist in vielen Regionen der Welt jedoch noch immer ein Privileg. Weltweit können etwa 774 Millionen Menschen nicht lesen und schreiben. Fast zwei Drittel von ihnen sind Frauen und Mädchen.

Nationalfeiertag Andorra

Andorra wurde am 8.9.1278, dem Datum des heutigen Nationalfeiertages, gegründet und ist heute der Fläche nach der größte unter den sechs europäischen Zwergstaaten.

Nationalfeiertag Mazedonien

Der Nationalfeiertag wird in Mazedonien am 8.Septmber gefeiert, an dem Tag, an dem im Jahr 1991 der Staat Mazedonien ausgerufen wurde.

9. September

Nationalfeiertag Nordkorea

Einen Tag, nachdem die Oberste Volksversammlung die Verfassung bestätigt hatte, am 9. September 1949, wurde die Demokratische Volksrepublik Korea proklamiert.

Internationaler Tag des alkoholgeschädigten Kindes

Der alljährliche Tages des alkoholgeschädigten Kindes am 9.09. soll aufklären: Alkohol muss in der Schwangerschaft tabu sein! Jedes Jahr werden schätzungsweise 10.000 Kinder mit einer fetalen Alkoholspektrumstörung (FASD) geboren, davon 4.000 Kinder mit dem Vollbild des fetalen Alkoholsyndroms (FAS). Häufig können sich die Familien der alkoholgeschädigten Kinder die Symptome und Auffälligkeiten ihres Kindes nicht erklären. Aber auch vielen Ärzten und Hebammen fehlt oft noch das Wissen, um die Krankheit zu - erkennen. So wird FASD häufig gar nicht oder erst nach Jahren festgestellt und die Betroffenen bekommen nicht die Hilfe, die sie bräuchten.

Nationalfeiertag Tadschikistan

Am Nationalfeiertag feiert Tadschikistan seine Unabhängigkeit, die das Land am 9. September erklärt hatte.

10. September

Welt-Suizid-Präventionstag

Der Welt-Suizid-Präventionstag am 10. September ist ein seit 2003 stattfindendes jährliches Ereignis, das in Zusammenarbeit mit der Welt-Gesundheitsorganisation (WHO) auch von der Internationalen Assoziation für Suizidprevention (IASP) gefördert wird

11. September

Tag der Wohnungslosen

Am 11. September wird der „Tag der Wohnungslosen" deutschlandweit begangen. An diesem Tag richtet sich die Aufmerksamkeit auf die Menschen in unserem Land, die keinen festen Wohnsitz haben. Nach der Definition der Bundesarbeitsgemeinschaft für Wohnungslosenhilfe in Deutschland sind Menschen wohnungslos, wenn sie über keinen mietvertraglich abgesicherten Wohnraum verfügen und auf ordnungs- oder sozialrechtlicher Grundlage in eine kommunale Wohnung oder in ein Heim der Wohnungslosenhilfe eingewiesen werden und wenn die Betroffenen in einer Notunterkunft oder als Selbstzahler in einer Billigpension leben, ebenso jene Menschen, die "Platte machen". Zusammengerechnet ergibt das in Deutschland im Jahr 2014 immerhin über 290.000 Menschen.

Patriot Day

Der Patroit Day erinnert seit 2002 alljährlich an die Terroranschläge vom 11.09.2001, bei denen die Türme des World Trade Centers zerstört und 3000 Menschen getötet wurden.

12. September

Weltkautschuktag

Am 12. September ist Weltkautschuktag, ein Tag für das Pflanzenprodukt, aus dem Gummi gemacht wird. Der Name stammt aus den indianischen Sprachen und bedeutet soviel wie Träne des Baumes.

Heutzutage kann Kautschuk auch synthetisch durch Polymerisation hergestellt werden. Die Erfindung des künstlichen Kautschuks wird dem deutschen Chemiker Fritz Hofmann zugeschrieben, der am 12.09.09 den Kautschuk „Buna" patentieren ließ.

Tag der UN für die Süd-Süd-Zusammenarbeit

In der 78. Plenarsitzung am 23. Dezember 2003 erklärt die Plenarversammlung der Vereinten Nationen ohne Abstimmungund auf Empfehlung des Ausschusses in der Resolution 58/220, um die wirtschaftliche und technische Zusammenarbeit zwischen Entwicklungsländern zu fördern, den 12. September zum Tag der Vereinten Nationen für die Süd-Süd-Zusammenarbeit.

Europäischer Migränetag

Millionen Menschen leiden unter täglichen Kopfschmerzen und Migräne. Um auf diese Krankheit aufmerksam zu machen, haben Selbsthilfegruppen, Schmerzforscher und Ärzte den Europäischen Kopfschmerz- und Migränetag ausgerufen. Veranstaltet wird der Tag von der Europäischen Kopfschmerz Allianz, einer Vereinigung von Patientenorganisationen.

13. September

Welt-Tag des positiven Denkens

Am 13. September, dem Tag des positiven Denkens soll man keine Energie in negative Gedanken verlieren. Der Aktionstag wurde 2003 durch die US-amerikanische Unternehmerin Jake Hellbach initiiert Der Tag des positiven Denkens wird am besten mit einem guten Gedanken begangen, wie z. B.: "Heute wird ein guter Tag!"

Welt-Sepsis-Tag

Der Welt-Sepsis-Tag wurde von der Global Sepsis Alliance, einer Gruppe gemeinnütziger Organisationen ins Leben gerufen, die auf das Thema Sepsis (Blutvergiftung) aufmerksam machen wollen, auf ein medizinisches Problem, das wenig Beachtung findet, aber auf der ganzen Welt weit verbreitet ist und (zu) viele Opfer fordert.

14. September

Tag der Tropenwälder

Der WWF Deutschland begeht den Tag der Tropenwälder seit 1989 am 14. September, dem Geburtstag des bedeutenden Amazonas-Forschers Alexander von Humboldt. Mit diesem Aktionstag will der WWF warnen vor den fatalen Folgen der Tropenwaldvernichtung.

Kreuzerhöhung

Das Fest der Kreuzerhöhung wird in der katholischen und in der orthodoxen Kirche am 14. September gefeiert. Dieses Fest geht zurück auf die Legende von der Heiligen Helena, der Mutter von Kaiser Konstantin, die bei Grabungen in Jerusalem des Kreuz Christi wiedergefunden haben soll. Zahlreiche Kreuzreliquien werden seither von den Gläubigen verehrt.

15. September

Internationaler Tag der Bildungsfreiheit

Am 15. September findet seit 2007 der Tag der Bildungsfreiheit statt. Initiatoren waren damals Privat- und Hauslehrerinnen aus Frankreich. Es soll jedoch ganz allgemein darauf aufmerksam gemacht werden, dass das Recht auf freie Wahl der Bildung ein Menschenrecht ist. Damit verbunden ist der Wunsch, dass Home-Education, schulfreie Bildung, in Deutschland legalisiert wird. Allerdings steht dieser Tag und die damit verbundenen Aktionen und Bestrebungen im Widerspruch zu der in Deutschland aus guten Gründen geltenden Schulpflicht.

Tag des Iberischen Pferdes

Der Tag des iberischen Pferdes war eine Veranstaltung, die als größte Zuchtschau für iberische Pferderassen außerhalb Spaniens bis 2004 in München stattfand.

Internationaler Tag der Demokratie

Der Internationale Tag der Demokratie wurde 2007 von der Generalversammlung der Vereinten Nationen beschlossen und 2008 erstmals begangen. Der Internationale Tag der Demokratie soll dazu Anlass geben, sich mit dem Stand der Demokratie in der Welt auseinanderzusetzen.

Weltlymphomtag

Am 15. September ist Welt-Lymphom-Tag. Ausgerufen hat diesen Termin die Lymphom-Koalition, ein Zusammenschluss internationaler Selbsthilfeorganisationen, die sich mit diesen Krebserkrankungen von Zellen des lymphatischen Systems befassen. In Deutschland beteiligen sich das Kompetenznetz Maligne Lymphome e.V. (KML) und die Deutsche Leukämie- und Lymphom-Hilfe e.V. (DLH) an dem Aktionstag.

Tag des Filzhutes

Der heutige 15. September steht ganz im Zeichen des Hutes, genauer gesagt des Filzhutes. Denn heute wird in den USA der Nationale Tag des Filzhuts (National Felt Hat Day) gefeiert.

Nationalfeiertag Costa Rica

Mit dem Nationalfeiertag gedenkt Costa Rica des 15. September 1821, an dem es als eine von fünf mittelamerikanischen Provinzen die Unabhängigkeit von Spanien erlangte.

Nationalfeiertag El Salvador

El Salvador war wie Costa Rica eine der fünf spanischen Provinzen, die am 15. September 1821 von Spanien unabhängig wurden. Außerdem war El Salvador am 24.Oktober 1945 Gründungsmitglied der Vereinten Nationen.

Nationalfeiertag Guatemala

Auch Guatemala war eine der fünf Provinzen, die von Spanien am 15. September 1821 unabhängig wurden und dieses Datum mit ihrem Nationalfeiertag begehen.

Nationalfeiertag Honduras

Honduras feiert ebenso wie die vorgenannten Länder seinen Nationalfeiertag am 15. September und gedenkt des Tages der Unabhängigkeit von Spanien im Jahr 1821.

Nationalfeiertag Nicaragua

Nicaragua ist das fünfte Land im Bunde (nicht das fünfte Rad!), das ebenso am 15. September 1821 unabhängig wurde von Spanien.

16. September

Internationaler Tag zum Schutz der Ozonschicht

Die 49. Vollversammlung der Vereinten Nationen hat 1994 den 16. September zum "Internationalen Tag für den Schutz der Ozonschicht" ausgerufen. Die Wahl des Datums dient dem Gedenken an den 16. September 1987, an dem das Montrealer Protokoll unterzeichnet wurde.

Nationalfeiertag Mexiko

Der Nationalfeiertag erinnert an den 16.9.1810, als im Bundesstaat Guanajuato, im Dorf Dolores der dortige Priester zum bewaffneten Widerstand gegen die Spanier aufrief. Die Unabhängigkeit wurde im Jahr 1821 vom spanischen Königshaus anerkannt.

Nationalfeiertag Papua-Neuguinea

Papua Neuguinea feiert am 16. September mit seinem Nationalfeiertag die vollständige Unabhängigkeit von Australien, das Papua-Neuguinea bis zum 16.09.1975 als UN-Treuhandgebiet verwaltete. Das Land wurde am 10.10.1975 Mitglied der Vereinten Nationen.

18. September

Nationalfeiertag Chile

Chile feiert mit dem Nationalfeiertag am 18. September seine Unabhängigkeit, obwohl es historisch gesehen nicht so einfach ist den Zeitpunkt der Unabhängigkeit, zu bestimmen. Die Befreiung Chiles begann, als am 18.9.1810 eine unabhängige Regierung berufen wurde. Die Befreiung wurde aber erst im Jahr 1826 mit der Befreiung der Insel Chiloe endgültig erreicht.

Tag des Cheeseburger

Angeblich wurde die Idee, einen Hamburger durch eine zusätzliche Scheibe Käse in einen Cheeseburger zu verwandeln, in den 1920er Jahren geboren. Jedenfalls sicherte sich der Amerikaner Louis Ballast 1935 die Markenrechte am Namen „Cheeseburger" und verkaufte diesen fortan in seinem Drive-In in Denver, Colorado. Erst rund später kam die Köstlichkeit auch nach Deutschland. Der nationale Tag des Cheeseburgers, der in den USA am 18.9. begangen wird, hat es allerdings noch nicht nach Europa geschafft.

19. September

Sprich-wie-ein-Pirat-Tag

Der internationale Talk Like a Pirate Day (*Sprich-wie-ein-Pirat-Tag*), der jedes Jahr am 19. September stattfinden soll, ist ein sog. parodistischer Feiertag. Er wurde 1995 von den Amerikanern John Baur und Mark Summers initiiert. Der Name ist Programm.

Nationalfeiertag St. Kitts und Nevis

St. Kitts und Nevis ist eine föderale Inselgruppe der Kleinen Antillen in der Karibik. Hier wird am 19. September mit dem Nationalfeiertag die Unabhängigkeit von Großbritannien seit 1983 gefeiert.

20. September

Weltkindertag

Der Weltkindertag wurde im September 1954 durch die Vereinten Nationen ins Leben gerufen. Die Etablierung eines solchen Tages hatte zum Ziel auf die Rechte der Kinder aufmerksam zu machen und sich für diese einzusetzen. Diesem Aufruf folgten bis heute 145 Mitgliedstaaten. Einen international einheitlichen Termin zur Durchführung gibt es nicht. In Deutschland wird der Weltkindertag traditionell am 20. September gefeiert.

21. September

Nationalfeiertag Armenien

Der 21. September wird in Armenien als Nationalfeiertag begangen im Gedenken an die Unabhängigkeit des Landes in Vorderasien im Kaukasus mit der Auflösung der Sowjetunion am 21.09.1991.

Internationaler Friedenstag

Der Internationale Friedenstag wurde 1981 von der UNO-Generalversammlung eingerichtet und im Jahr 2001 auf den 21. September festgelegt. - Alle Organisationen und Einzelpersonen sind aufgerufen, den Gedanken „Frieden" in die Gesellschaft hineinzutragen und publik zu machen. Um Frieden zu erreichen, muss sich der Wille dazu weltweit in der Gesellschaft verankern.

Nationalfeiertag Belize

Belize, ein Staat in Mittelamerika und früher bekannt als British Honduras, erklärte am 21. September 1981 seine Unabhängigkeit von Großbritannien. Das Land ist seit dem 25. September Mitglied der Vereinten Nationen.

Nationalfeiertag Malta

Am 21. September feiert Malta mit dem Nationalfeiertag seine Unabhängigkeit, die mit dem Ende der britischen Herrschaft im Jahr 1964 begann.

Welt-Alzheimertag

Seit 1994 finden am 21. September vielfältige Aktivitäten in aller Welt statt, um die Öffentlichkeit auf die Situation der Alzheimer-Kranken und ihrer Angehörigen aufmerksam zu machen. Weltweit sind etwa 44 Millionen Menschen von Demenzerkrankungen betroffen, zwei Drittel davon in Entwicklungsländern. Der Welt-Alzheimertag wird von der Dachorganisation Alzheimer's Disease International weltweit unterstützt.

Tag des Geotops

Der "Tag des Geotops" am 3. Sonntag im September geht zurück auf eine Initiative der Akademie für Geowissenschaften und Geotechnologien e.V., ehemals Akademie der Geowissenschaften zu Hannover. Ähnlich wie beim Tag des offenen Denkmals sollen geologische Sachverhalte und die Bedeutung der Geotope und des Geotopschutzes der Bevölkerung nähergebracht werden.

22. September

Europäischer autofreier Tag

Der Autofreie Tag ist ein Aktionstag, der in Europa von verschiedenen Organisationen wie z.B. Umweltverbänden initiiert und unterstützt wird – das europäische Pendant zum „Mobil ohne Auto"-Aktionstag, der jährlich am 3. Junisonntag stattfindet

Weltnashorntag

Am 22. September ist Weltnashorntag. Die Organisation WWF weist auf das dramatische Schicksal der charismatischen Tiere hin: Zwei der drei asiatischen Nashornarten stehen kurz vor der Ausrottung.

Artenmafia und Aberglaube bedrohen die Dickhäuter. Der WWF ruft daher die Regierungen der Nashornländer zu verstärktem Schutz vor Wilderei, illegalem Nashornhandel und vor der Zerstörung der Lebensräume auf.

Nationalfeiertag Mali

Die frühere Kolonie Französich-Sudan erklärte am 22.09.1960 ihre Unabhängigkeit namens Mali. Seither ist der 22.September der Nationalfeiertag des westafrikanischen Landes.

23. September

Deutscher Lungentag

Mit dem Deutschen Lungentag soll auf die verschiedenen Erkrankungen der Lunge und auf ihre Ursachen aufmerksam gemacht werden. Für die Planung und Realisierung des Aktions-tages ist der gleichnamige Verein verantwortlich, ein Zusammenschluss verschiedener Fachgesellschaften und Selbsthilfgegruppen.

Welt-Tag der Bisexualität

Alljährlich am 23.9.findet der "Celebrate Bisexuality Day" statt. Dieser wurde laut der englischsprachigen Wikipedia 1999 von drei Aktivist_innen für die Rechte Bisexueller ins Leben gerufen, um bi- sowie pansexuellen Menschen, deren Freund*innen und Unter- stützer_innen die Möglichkeit zu bieten, sichtbarer zu werden und anderen bewusst zu machen, dass Bisexualität als eigenständige Orientierung existiert.

Nationalfeiertag Saudi-Arabien

Der Nationalfeiertag der absoluten Monarchie Saudi Arabien erinnert an die Staatsgründung am 23.September 1932 durch Emir Abd al-Aziz II. ibn Saud.

Herbstanfang

Der astronomische Herbst beginnt in der Zeit der Tag-und-Nacht-Gleiche am 22. oder 23. September. Herbst ist die Zeit, wenn die Blätter fallen, wenn Gärtner und Landwirte die Ernte ein-bringen. In Süddeutschland heißt es oft noch „herbsten" bei der Weinlese bzw. Ernte. Das Wort Herbst hat denselben Ursprung und dieselbe Bedeutung wie das englische Harvest „Erntezeit"

24. September

Tag des heiligen Rupert

Der heilige Rupert von Salzburg war Bischof von Worms und später auch von Salzburg sowie Abt des dortigen Klosters St. Peter. Er ist der Schutzpatron von Salzburg. Sein Festtag, der Rupertitag, wird am 24. September begangen. Da sein eigentlicher Sterbetag nicht wirklich bekannt ist, somit hat sich als „Rupertitag" der Tag der Übertragung der Gebeine Ruperts in den Salzburger Dom durchgesetzt. Dieser Festtag ist der Landesfeiertag in Salzburg.

Tag der Sauna

Das Steinschwitzbad, die Urform der Sauna, wurde schon in der Steinzeit durchgeführt. Diese Tradition wurde durch Völker-wanderungen in die verschiedensten Gebiete der Erde getragen. Die ältesten Zeugnisse aus dem europäischen Gebiet stammen aus dem 5. Jahrhundert. Der Deutsche Sauna-Bund nahm das zum Anlass für die Premiere des Tages der Sauna, der künftig am 24. September stattfinden soll, nicht zuletzt aber auch des-halb, weil der Deutsche Sauna Bund am 24. 9 2015 seinen 65. Geburtstag feiern konnte..

Sternzeichen Waage

24. September – 23. Oktober

Nationalfeiertag Guinea Bissau

Das westafrikanische Land Guinea-Bissau erklärte am 24.09.1973 die Unabhängigkeit von Portugal, die aber erst am 10.09.1974 durch Portugal anerkannt wurde.

25. September

Tag der Zahngesundheit

Im Herbst 1990 bekam eine schöne Idee konkrete Züge: Es sollte ein Anlass geschaffen werden, der einmal im Jahr bundesweit die Mundgesundheit ins Zentrum der Aufmerksamkeit stellt.
25 Organisationen aus Zahnärzteschaft und Krankenkassen gründeten in diesem Jahr den „Aktionskreis Tag der Zahngesundheit", der die Maßnahmen und Aktionen koordinierte und 1991 eine erste gemeinsame Aktion durchführte. Der 25. September wird seither alljährlich als „Tag der Zahngesundheit" begangen.

Rosch ha Schana

Rosch ha-Shana ist der jüdische Neujahrstag. Die Mischna als wichtigste Sammlung religiöser Überlieferungen des rabbinischen Judentums, legt dieses Fest für den Jahresbeginn sowie die Berechnung von Kalenderjahren fest. Mit dem Rosch ha-Schana beginnen die Zehn ehrfurchtsvollen Tage, die mit dem Versöhnungs-fest Jom Kippur enden. Nur passen leider der jüdische und unser gregorianischer Kalender nicht so ganz zusammen und das Datum wechselt. Das führt dazu, dass das Jahr des jüdische Kalenders in 2014 am 25.September., im Jahr 2015 am 14.September. und im Jahr 2016 am 3.Oktober, dem Tag der deutschen Einheit beginnt.

26. Septembe

Europäischer Tag der Sprachen

Der Europäische Tag der Sprachen wird auf Initiative des Europarats in Straßburg seit 2001 jedes Jahr am 26. September gefeiert. Ziel dieser Einrichtung ist es, die Mehrsprachigkeit in ganz Europa zu fördern in der Überzeugung, dass sprachliche Vielfalt zu einem besseren Verständnis zwischen den Kulturen beitragen kann und zu den zentralen Bestandteilen des kulturellen Erbes unseres Kontinents zählt.

27. September

Welttourismustag

Jedes Jahr am 27.09. wird der Internationale Welttourismustag begangen, der 1980 von der Welttourismus-organisation (UN-WTO) ins Leben gerufen wurde. Ziel der UN-WTO ist die Förderung und Entwicklung des Tourismus als Beitrag zu wirtschaftlicher Entwicklung, internationalem Verständnis, Frieden, Wohlstand und Respekt für Freiheit und Menschenrechte. Die Feiern zum Welttourismustag finden übrigens jedes Jahr auf einem anderen Kontinent statt. Dabei folgt die Organisation einem festgelegten Turnus in der Reihefolge Europa, Südasien, Amerika, Afrika und der Mittlere Osten.

28. September

Welt-Tollwut-Tag

In Deutschland wurde die Tollwut in den vergangenen Jahren durch ein funktionierendes Impfsystem und eine gute medizinische Versorgung erfolgreich bekämpft. In anderen Regionen der Welt stellt die Tollwut jedoch nach wie vor ein großes Problem dar. Jährlich sterben ca. 55.000 Menschen an der Krankheit – haupt-sächlich in Asien und Afrika. Der Welt-Tollwut-Tag, der alljährlich am 28. 09. stattfindet, möchte unter anderem durch Infoveranstaltungen auf diese Gefahr aufmerksam machen.

29. September

Tag der Endometriose

Der Tag der Endometriose wird u.a. von der Europäischen Endometriose Liga genutzt, um über diese gar nicht so seltene Erkrankung zu informieren.

Die Endometriose ist eine sehr komplexe Erkrankung, bei der Gebärmutterschleimhaut (Endometrium) außerhalb der Gebärmutterhöhle vorkommt. Die Erkrankung ist gutartig, kann aber zu vielfältigen Störungen bis hin zur Unfruchtbarkeit führen.

Michaelistag

Der 29. September wird von vielen Christen wegen der an diesem Tage begangenen Gedächtnisfeier der Kirchenweihe des Erzengels Michael als Michaelistag begangen. Dieser Tag war ein beliebter Tag für Miet-, Pacht- und Zinszahlungen sowie ein traditioneller Termin für die Verdingung von Knechten oder Mägden.

Weltherztag

Um die Bevölkerung besser darüber aufzuklären, wie sich Herz-kreislaufleiden beispielsweise durch Sport, gesunde Ernährung und Verzicht auf Zigaretten vermeiden lassen, hat der Welt-Herz-Verband (WHV) alljährlich den 29. September zum Weltherztag ausgerufen. Der Weltherztag ist eine Initiative der World Heart Federation, der weltweiten Dachorganisation aller Kardiologischen Gesellschaften und Herzfonds in über 100 Ländern, findet seit 2000 statt und wird von WHO und Unesco unterstützt.

30. September

Tag des Übersetzens

Bereits 1991 hat die *Fédération Internationale des Traducteurs* (FIT) den 30. September, an dem des Bibelübersetzers Hieronymus gedacht wird, zum Internationalen Übersetzertag erklärt. Seit einigen Jahren begeht der Verband deutschsprachiger Übersetzer literarischer und wissenschaftlicher Werke e. V. (VdÜ) diesen europa- und weltweit eingeführten Tag auch Deutschland.

Nationalfeiertag Botswana

Die Republik Botswana erinnert mit ihrem Nationalfeiertag an die Unabhängigkeit vom Vereinigten Königreich seit dem 30.09.1966. Botswana ist beispielhaft für seine Demokratie in Afrika und wies 2011 den höchsten Human Development Index, deutsch: Index für menschliche Entwicklung, aller Staaten des südlichen Afrika auf.

Oktober

Erster Montag im Oktober

Welttag des Wohn- und Siedlungswesens

Zweck des Welt-Habitat-Tages ist seit 1986, die öffentliche Wahrnehmung auf den Zustand unserer Städte und Gemeinden zu lenken sowie auf das universelle Grundrecht auf angemessenen Wohnraum. Der Tag soll außerdem an die Verantwortung erinnern, die wir für die Gestaltung der Zukunft unserer Lebensräume haben.

Erster Freitag

World-Smile-Day - Tag des Lächelns

Das Smiley, dieses allseits bekannte Grinsegesicht, wurde als Auftragsarbeit von dem amerikanischen Werbegrafiker Harvey Ball (1921-2001) aus Manchester, Massachusetts 1963 für eine Werbekampagne einer amerikan. Versicherungsgesellschaft entworfen. Das Honorar dafür betrug damals stolze 45,- Dollar. Wegen der im Amerika der 60er Jahre mehr als bescheidenen Urheberrechtsschutzes konnte Ball von seinem Smiley weiter nicht profitieren. Er gründete später die World Smile Corporation, die über die Internetsite Smiley-Produkte verkauft und den Erlös Kinderhilfsorganisationen als Spenden zur Verfügung stellt.

Erster Samstag

Welttag und Europäischer Tag d. Organspende
Der erste Welttag der Organspende 2005 war in Genf. Der Welttag der Organspende macht auf den weltweiten Mangel an Spenderorganen aufmerksam. Er ist aber auch die Plattform, auf der sich Experten der verschiedenen Kontinente treffen und nach Lösungen für eine bessere Vernetzung und Vereinheitlichung zur Förderung der Organspende suchen.
Der Informationsbedarf nach wie vor sehr hoch. Laut einer Umfrage der Bundeszentrale für gesundheitliche Aufklärung haben nur 17 Prozent der Bevölkerung einen Organspendeausweis, obwohl über 80 Prozent grundsätzlich zu einer Spende bereit sind.

Erster Sonntag nach Michaelis

Erntedank
Der Erntedanktag im Herbst, der traditionell am Sonntag nach Michaelis oder am ersten Sonntag im Oktober begangen wird, ist einer der wenigen Anlässe, bei denen das Naturjahr unmittelbar in das Kirchenjahr hineinreicht. Die deutsche Bischofskonferenz legte 1972 den ersten Sonntag im Oktober als Festtermin fest, ohne diese Festlegung für alle Gemeinden verbindlich auszusprechen. In den evangelischen Gemeinden wird das Erntedankfest gewöhnlich am Sonntag nach dem Michaelistag gefeiert. Diese Regelung geht u. a. auf einen Erlass des preußischen Königs aus dem Jahre 1773 zurück.

Zweiter Montag

Kolumbus Day
Immer am 2. Montag des Oktobers wird in New York City die Entdeckung Amerikas gefeiert, Christoph Kolumbus größter Coup.
Zu Ehren des italienischen Seefahrers versammeln sich zur Columbus Day Parade mehr als 500.000 Zuschauer auf der Fifth Avenue. Unter den Teilnehmern sind der New Yorker Bürgermeister, Broadway-Darsteller, High School- und College-Bands, internationale Folklore-Gruppen und zahlreiche Blaskapellen.

Zweiter Dienstag

Stell dich deinen Ängsten Tag
Der zweite Dienstag im Oktober ist alljährliche der Tag, an dem man sich ganz bewusst seinen Ängsten stellen soll. Dieser Aktionstag wurde 1999 durch den Life-Coach Steve Hughes eingeführt.

Zweiter Mittwoch

InternationalerTag der Katastrophenvorbeugung
Intern. Tag zur Verhinderung von Naturkatastrophen
Jedes Jahr am zweiten Mittwoch im Oktober, wird der Internationale Tag für die Verhinderung von Naturkatastrophen begangen. Die Vereinten Nationen verabschiedeten bereits Ende der 80er Jahre eine Resolution mit dem Ziel sowohl wirtschaftliche und politische als auch technische Maßnahmen zur Katastrophenvorsorge zu fördern.

Zweiter Donnerstag

Welttag des Sehens
Der Welttag des Sehens macht am zweiten Donnerstag im Oktober auf "VISION 2020 – das Recht auf Augenlicht", das weltweite Aktionsprogramm aufmerksam. Ziel der Kampagne ist, die heilbare und vermeidbare Blindheit zu überwinden.

Zweiter Freitag

Welt-Ei-Tag
Immer am zweiten Freitag im Oktober ist internationaler Tag des Eies, eines der vielseitigsten und nährstoffreichsten Lebensmittel. Der Verband der Eierproduzenten hat diesen Tag 1997 ins Leben gerufen. Neben Obst und Milch ist das Ei wichtiger Bestandteil für eine ausgewogene Ernährung und liefert ein umfangreiches Nährstoffangebot.

Zweiter Samstag

Welthospiztag

Der „Welt Hospiz- und Palliative Care Tag" wird von der Worldwide Palliative Care Alliance (WPCA) als Netzwerk von nationalen Hospiz- und Palliative Care Organisationen und Partnern, unterstützt durch die Weltgesundheits-organisation WHO, veranstaltet und findet jährlich am 2. Oktobersamstag

Dritter Sa.

Sweetest Day

Der Sweetest Day wird am dritten Samstag im Oktober im Mittleren Westen der USA gefeiert. In 1921 hatten sich 12 Bonbonhersteller zusammengetan und diesen Tag aus der Taufe gehoben. Zweck war natürlich die Verkaufsförderung, also nicht so ganz frei on kommerziellen Interessen. Dafür dürfen sich Freunde und Liebende wieder gegenseitig beschenken mit Bonbons und Süßigkeiten, mit Blumen und allerlei Grüßen - wie Valentinstag.

Letzter So.

Zeitumstellung

Die Zeitumstellung findet am letzten Sonntag im Oktober statt.
Um 3:00 Uhr wird die Uhr um eine Stunde zurückgestellt, was bedeutet : "Die Nacht ist eine Stunde länger".

Letzter Werktag

Weltspartag

Auf dem ersten internationalen Kongress der Weltvereinigung der Sparkassen 1924 in Mailand wurde beschlossen, jährlich einen Weltspartag zu feiern, um den Gedanken des Sparens weltweit im Bewusstsein zu halten. Ein Jahr später, am 31. Oktober 1925, wurde der erste Weltspartag offiziell von den europäischen Sparkassen begangen.

1.Oktober

Internationaler Tag der älteren Menschen

Die Vereinten Nationen haben bereits 1990 beschlossen, am 1.10. den Internationalen Tag der älteren Menschen zu begehen, um die Herausforderungen und Chancen des demografischen Wandels in das Bewusstsein der Weltöffentlichkeit zu rücken. Zudem soll der Gedenktag die Leistungen der Älteren und den Gewinn, den sie für ihre Gesellschaften darstellen, hervorheben.

Weltmusiktag

Am 1. Oktober findet der Weltmusiktag statt. Dieser Tag wurde 1975 vom Internationalen Musikrat, der 1949 von der UNESCO als nichtstaatliches Beratungsgremium für musikalische Angelegenheiten gegründet wurde, unter der Leitung des damaligen Präsidenten des IMC Yehudi Menuhin ins Leben gerufen. Ziel ist es Musik in allen Bevölkerungsgruppen zu fördern und entsprechend den Idealen der UNESCO eine gegenseitige Anerkennung der künstlerischen Werte sicher zu stellen sowie den internationalen Erfahrungsaustausch im Bereich der Musik zu fördern.

Internationaler Hepatitis-C-Tag

Zum Hepatitis-C-Tag, den es übrigens seit 2004 gibt, machen Patientengruppen weltweit auf die häufige und oft unerkannt bleibende Krankheit aufmerksam. Nur bei der Hälfte der Virusträger wird die Krankheit je diagnostiziert. Bei einem Teil der Infizierten entwickelt sich langsam eine äußerlich nicht wahrnehmbare chronische Infektion der Leber. Das erst Anfang der neunziger Jahre entdeckte Hepatitis C-Virus wird meist über Blutkontakte übertragen.

Weltvegetariertag

Der Weltvegetariertag (englisch "World Vegetarian Day") ist ein internationaler Aktionstag, der seit 1977 immer am 1. Oktober stattfindet. Er wurde anlässlich des Welt-Vegetarier-Kongresses 1977 in Schottland von der "North American Vegetarian Society" eingeführt, um Vorzüge der vegetarischen Lebensweise bekannter zu machen.

Tag der Flüchtlinge

Der 'Tag des Flüchtlings` wird seit 1986 im Rahmen der Interkulturellen Wochen begangen. Das Bestreben ist, bessere Lebensbedingungen für Flüchtlinge schaffen

Europäischer Tag der Depression

Die Depression ist laut WHO die Volkskrankheit, die der Menschheit am meisten gesunde Lebensjahre raubt. Depressive Erkrankungen zählen mit etwa vier Millionen derzeit in Deutschland betroffenen Menschen zu den häufigsten Erkrankungen überhaupt. Etwa 15 % erleiden im Laufe ihres Lebens eine behandlungsbedürftige Depression. Betroffen sind aber nicht nur die Erkrankten selbst, sondern auch das familiäre und soziale sowie berufliche Umfeld. Deshalb ist dieses Umfeld auch therapeutisch mit einzubeziehen. Nicht selten sind familiäre Konflikte oder die fehlende soziale Unterstützung mit verursachend oder beeinträchtigen zumindest den Heilungsverlauf. Seit 2004 wird der 1. Oktober als „Europäischer Tag der Depression" begangen. Dafür sorgen die Vertreter der beiden großen Organisationen „European Alliance Against Depression" und „European Depression Association".

Nationalfeiertag China

Am 1. Oktober, dem Nationalfeiertag, beginnt in China die "Goldene Woche", und in dieser Zeit stehen im ganzen Land fast alle Räder still. Die Behörden, Staatsbetriebe und privaten Unternehmen machen dicht, und die sonst arbeitende Bevölkerung fährt kollektiv ins Grüne. Wem das alles allzu merkwürdig vorkommt, der sollte bedenken, daß den Chinesen vor 1999, als die "Goldene Woche" eingeführt wurde, das Konzept Urlaub generell unbekannt war.

Nationalfeiertag Palau

Palau feiert am 9. Juli seinen Nationalfeiertag und erinnert damit an die Abstimmung über die Verfassung, die unter anderem den USA jegliche nukleare Nutzung im palauischen Hoheitsgebiet untersagte, die seit 1947 Palau als UN-Treuhandgebiet verwalteten. Offiziell unabhängig wurde Palau am 1. Oktober 1994, am 15.12.94 Mitglied der Vereinten Nationen.

Nationalfeiertag Nigeria

Am 1. Oktober 1960 entließ Großbritannien Nigeria in die Unabhängigkeit, das am 7. Oktober 1960 als Vollmitglied Aufnahme fand bei den Vereinten Nationen.

Nationalfeiertag Tuvalu

Die britische Kolonie, die ehemals als Ellice-Inseln bekannt war, wurde am 1. Oktober 1978 nach mehr als 100 Jahren britischer Verwaltung in die Unabhängigkeit entlassen, blieb aber Mitglied des Commonwealth of Nations. Am 5. September wurde Tuvalu von den Vereinten Nationen als Mitglied aufgenommen.

Nationalfeiertag Zypern

Bis 1960 war ganz Zypern britische Kolonie. Am 1. Oktober 1960 einigten sich Griechen, Türken und Engländer darauf, dass Zypern eine eigenständige Republik sein sollte. Diese Unabhängigkeit feiern die Zyprioten jedes Jahr am 1. 10. mit ihrem Nationalfeiertag.

2. Oktober

Internationaler Tag der Gewaltlosigkeit

Alljährlich wird am 2. Oktober der Internationale Tag der Gewaltlosigkeit (englisch: international day of non-violence) begangen. Dieser Tag ist der Geburtstag des Anführers der indischen Unabhängigkeitsbewegung Mahatma Ghandi, der die Gewaltlosigkeit und den gewaltfreien Widerstand bzw. den zivilen Ungehorsam zum Prinzip in der politischen Auseinandersetzung erhoben hatte.

Schutzengelfest

Am 2. Oktober eines jeden Jahres feiert die Kirche das so genannte Schutzengelfest, das durch Papst Clemens X. im Jahr 1670 festgelegt wurde. Die Verehrung der Schutzengel verbreitete sich im 15. und 16. Jahrhundert mit der des Erzengels Michael, welcher im Judentum mit Gabriel als Fürbitter und Schutzengel des Volkes Israel gilt.

Nationalfeiertag Guinea

In Guinea wurde am 2. Oktober 1958 die Erste Republik ausgerufen, nachdem der ehemalige Teil der französischen Kolonie Französisch-

Westafrika in einer Volksabstimmung am 28. September 1958 seine Unabhängigkeit entschieden hatte. Am 12. Dezember des gleichen Jahres wurde Guinea Mitglied der UN.

Nationalfeiertag Indien

Gandhi Jayanti ist einer von drei offiziellen indischen Nationalfeiertagen. Er findet jährlich am 2. Oktober, dem Geburtstag Mahatma Gandhis, der in Indien als Vater der Nation verehrt wird, in allen indischen Bundesstaaten und Territorien statt.

3 Oktober

Tag der offenen Moschee

Die islamischen Religionsgemeinschaften in Deutschland veranstalten seit 1997 jedes Jahr am 3. Oktober den bundesweiten „Tag der offenen Moschee", kurz TOM. Mehr als 1.000 Moscheen; und somit mehr als ein Drittel der Moscheen in Deutschland, bieten an diesem Tag Moscheeführungen, Ausstellungen und Vorträge an. Gleichermaßen gibt es die Möglichkeit, Informations-materialien zu erhalten. Das Wichtigste jedoch sind die wunderbaren Begegnungsmöglichkeiten, die jährlich von mehr als 100.000 Besuchern wahrgenommen werden. Seit dem Jahre 2007 wird zudem der Tag der offenen Moschee unter der Schirmherrschaft des Koordinationsrats der Muslime (KRM) mit einem gemeinsamen Motto organisiert.

Internationaler Tag der Ballonkünstler

Seit dem Jahr 2000 gibt es einen internationalen Tag der Ballonkünstler, der jährlich am 3. Oktober in vielen Ländern dieser Welt zelebriert wird. Ballonkünstler lassen mit ihrer speziellen Dreh- und Knotentechnik innerhalb von Sekunden Kinderaugen leuchten, können aber auch so manche Veranstaltung bereichern.

Tag der Deutschen Einheit / Nationalfeiertag D

Der 3. Oktober wurde in Erinnerung an die Wiedervereinigung als Tag der Deutschen Einheit und als gesetzlicher Feiertag bestimmt.

4. Oktober

Welttierschutztag

Der 4. Oktober, der Tag des Heiligen Franziskus von Assisi, wird international von Tierschützern als "Welttierschutztag" für Informationsveranstaltungen genutzt.

Es war der Schriftsteller und Tierfreund Heinrich Zimmermann, der 1924 vor Berliner Tierschützern für die Einführung des Welttierschutztages plädierte. Bereits am 4.10. 1925 fand im Berliner Sportpalast die erste Veranstaltung statt. Sein Antrag wurde jedoch trotz großer Zustimmung erst am 8. Mai 1931 auf dem Internationalen Tierschutzkongress in Florenz angenommen. Seither wird der Welttierschutztag international begangen und trägt erheblich zur Verbreitung des Tierschutzgedankens bei. #

Nationalfeiertag Lesotho

Das Königreich Lesotho, eine parlamentarische Monarchie, feiert mit seinem Nationalfeiertag die Unabhängigkeit vom 4.10.1966.

5. Oktober

Internationaler Tag des Lehrer

Den 5. Oktober hat die UNESCO 1994 zum Welttag der Lehrerin und des Lehrers ausgerufen. Der Tag soll erinnern an die ILO/UNESCO-Empfehlung über die Stellung der Lehrer/innen (1966) sowie die bedeutende Rolle der Lehrer für qualitativ hochwertige Bildung. Ziel des Welttags ist es, auf die verantwortungsvolle Aufgabe von Lehrern aufmerksam zu machen und das Ansehen der Lehrer weltweit zu steigern.

Star Wars Reads day

Die Star-Wars-Saga wurde in den USA im Jahr 2012 erstmals dazu eingesetzt, Lesemuffeln die Freuden von Büchern näherzubringen, wobei 30 Autoren und über 1500 Kostümierte an 1200 *Krieg-der-Sterne*-Lese-Veranstaltungen in allen 50 Bundesstaaten mitwirkten. Das Ganze war ein dermaßen großer Erfolg, dass die Veranstaltung schon im folgenden Jahr internationale Ausmaße angenommen hat: Am 5. Oktober 2013 kam der *Star Wars Reads Day*, mit Unterstützung vom Dorling Kindersley-Verlag, nach Deutschland, Österreich und in die Schweiz:

Tag der Epilepsie

Der Tag der Epilepsie wird seit 1996 am 05. Oktober begangen und auf Initiative der Deutschen Epilepsievereinigung bis heute weitergeführt. In manchen Jahren findet am Tag der Epilepsie keine Zentralveranstaltung statt, sondern Landesverbände und Selbsthilfegruppen begehen diesen Tag individuell. Die Aktivitäten zum Tag der Epilepsie werden durch ein Aktionspaket, dass neben Informationsfaltblättern und Plakaten auch Entwürfe für Mitteilungen an die Presse enthält, vom Bundesverband unterstützt.. Weiterhin wird der Bundesverband sich aktiv an verschiedenen Veranstaltungen, Diskussionsforen, Informationsständen etc. am Tag der Epilepsie bundesweit beteiligen.

6. Oktober

Deutsch-Amerikanischer Tag

Rund ein Viertel aller Amerikaner kann seine Wurzeln nach Deutschland zurückverfolgen. Grund genug, einen deutsch-amerikanischen Tag, den German-American Day im Gedenken an das deutsche Erbe in den USA zu begehen. An jedem 6. Oktober proklamiert der jeweilige US-Präsident diesen Tag in einer kurzen Ansprache und fordert die Amerikaner dazu auf, die deutschen Wurzeln mit entsprechenden Feierlichkeiten zu ehren. Der 6. Oktober wurde darum gewählt, weil an diesem Tag im Jahre 1683 die ersten Familien aus Deutschland in den Kolonien ankamen. Unweit der von Philadelphia gründeten sie schließlich die erste deutsche Siedlung Germantown. In den folgenden Jahrhunderten folgten viele Auswanderer diesem Beispiel und ließen sich in verschiedenen Teilen der noch jungen USA nieder. Heute findet man vor allem im Mittleren Westen Menschen mit deutschen Wurzeln
.

7. Oktober

Rosenkranzfest

Das Fest wurde 1572 von Pius V., ein Jahr nach dem Sieg über die Türken am 7. Oktober 1571 in der Seeschlacht von Lepanto, eingeführt. Es sollte in allen Kirchen, die einen Rosenkranzaltar hatten, gebetet werden. Nach dem Sieg über die Türken bei Peterwardein (Ungarn) 1716 wurde das Fest auf die ganze Kirche ausgedehnt. Das

Fest bezieht sich auf den Rosenkranz als Bittgebet, durch das Maria um ihre Hilfe und ihren Schutz angefleht wird.

Welttag für menschenwürdige Arbeit

Der 7. Oktober ist für die internationale Gewerkschaftsbewegung der Tag, an dem für menschenwürdige Arbeit weltweit mobilisiert wird. Am 7. Oktober ruft der Internationale Gewerkschaftsbund (IGB) seine Mitgliedsorganisationen zum internationalen Welttag für menschenwürdige Arbeit (WMFA) aufgerufen. Der Welttag - in engl. World Day for Decent Work (WDDW) - findet seit 2007 statt.

8. Oktober

Tag der Naturheilkunde

Mit dem jährlichen "Tag der Naturheilkunde" zielt der Deutsche Naturheilbund e.v. darauf ab, die Naturheilkunde in das Behandlungsspektrum des medizinischen Alltags einzubeziehen. Am Tag der Naturheilkunde geht es darum, naturheilkundliches und speziell pflanzenheilkundliches Wissen zu verbreiten.

Der Tag der Naturheilkunde ist "eigentlich" auf das zweite Wochenende im Oktober datiert. Manche der regionalen Veranstaltungen finden aber bereits Ende September oder Mitte Oktober statt.

Wettergesprächs- und Smalltalk-Tag

Es ist unglaublich, wie viel Zeit unseres Lebens wir mit Smalltalk verbringen. Manchmal eignet er sich perfekt, um eine peinliche Stille zu umgehen, wenn sich einfach kein richtiges Thema finden lässt oder um das Eis zu brechen, wenn man Personen zum ersten Mal vorgestellt wird oder zum Chef ins Büro gerufen wird. Der Smalltalk ist so wichtig, weil er Einleitung für wichtige Themen sein kann, wenn man nicht gleich mit der Tür ins Haus fallen will.

Der Wettergesprächs- und Smalltalk-Tag wurde 2006 von dem deutschen Cartoonisten und Blogger Bastian Melnyk initiiert.

9. Oktober

Weltposttag - Tag des Weltpostvereins

Der Weltposttag wird jedes Jahr am 9. Oktober begangen, dem Gründungstag des Weltpostvereins, gegründet 1874 in der Schweizerischen Hauptstadt Bern. Der Weltpost-tag wurde beim

UPU-Kongress 1969 in Tokio als Gedenktag ausgewiesen. Seither beteiligen sich Länder aus der ganzen Welt an den jährlichen Feierlichkeiten. Die Postverwaltungen in vielen Ländern nutzen diesen Tag, um neue Produkte und -dienstleistungen zu präsentieren.

Leif-Eriksson-Tag

Jedes Jahr am 9. Oktober wird in Nordamerika (USA) der Leif-Eriksson-Tag gefeiert. Dabei feiern die Amerikaner den Wikinger und Entdecker Leif Eriksson. Er kam vor 1000 Jahren mit einem Drachenboot und 35 Männern an die amerikanische Nordküste. Somit betrat Leif Eriksson Amerika 500 vor Christoph Kolumbus und gilt für viele als der erste Europäer auf dem Kontinent. Für diesen Tag wurde der 9. Oktober gewählt, weil am 9. Oktober 1825 die ersten norwegischen Immigranten in New York ankamen.

Nationalfeiertag Uganda

Der Nationalfeiertag Ugandas erinnert an die Unabhängigkeit vom Vereinigten Königreich am 9.Oktober1962.

10 Oktober

Welt- u. Europäischer Tag gegen die Todesstrafe

Der erste Internationale Tag gegen die Todesstrafe wurde 2003 begangen. Dieses Ereignis wurde initiiert von der Internationalen Koalition gegen die Todesstrafe, die aus vielen internationalen Nicht-Regierungsorganisationen, Anwaltsvereinigungen und Regierungen von überall aus der Welt zusammengesetzt ist. Die Koalition, die von den Teilnehmern des ersten Internationalen Kongresses gegen die Todesstrafe (Straßburg, 2001) gegründet wurde, hat es sich zum Ziel gesetzt die Gründung nationaler Koalitionen zu unterstützen, gemeinsame Initiativen zu organisieren und internationale Lobbyarbeit zu koordinieren, um Staaten, die die Todesstrafe noch praktizieren aufzuklären.

Welttag der geistigen Gesundheit

Die UNO hat den 10. Oktober 2010 zum Welttag der geistigen Gesundheit ausgerufen. Damit soll der Blick auf die weltweit etwa 450 Millionen Menschen gelenkt werden, die Erkrankungen der Nerven oder der Psyche haben, darunter viele Kinder, oft als Folge schrecklicher Erfahrungen etwa in Kriegen. Daraus können jahrelange Schmerzen, Angstzustände oder körperliche Krankheiten resultieren. Oft werden diese Störungen nicht ernst genommen oder zu spät behandelt, zum Beispiel weil zu wenig Ärzte dafür ausgebildet sind.

Internationaler Tag der seelischen Gesundheit
Psychische Erkrankungen, allen voran Angsterkrankungen, und Depressionen sowie Alkohol- und andere Suchterkrankungen, gehören zu häufigen Krankheiten in unserer Gesellschaft. Das der Trend in punkto Sucht steigt, zeigt auch der Fehlzeiten Report 2013 des Wissenschaftlichen Instituts der AOK (WIdO). Den internationalen Aktionstag "World Mental Health Day" gibt es seit 1992 immer am 10. Oktober. Initiator ist die World Feeration for Mental Health (WFMH).

Nationalfeiertag Fidschi
Mit dem Nationalfeiertag feiert Fitschi die Erlangung die Erlangung seiner Unabhängigkeit von Großbritannien am 10. Oktober 1970. Fidschi ist Mitglied der Vereinten Nationen seit dem 13.10.1970.

Nationalfeiertag der Republik China
Am 10. Oktober wird in Taiwan der Nationalfeiertag der Republik China gefeiert. Am 10. Oktober 1911 fand in Wuchang in China der Wuchang Aufstand statt, der schließlich zur Gründung der Republik China führte.
Der Wuchang Aufstand ereignete sich, weil das Volk frustriert war wegen der schwachen kaiserlichen Regierung. Dem Aufstand vom 10. Oktober 1911 gingen bereits 10 Aufstände voraus, die jedoch alle von der kaiserlichen Regierung zerschlagen wurden.

11. Oktober

Internationaler Welt-Mädchentag
Mit ‚Because I am a Girl' macht sich Plan für die Rechte von Mädchen weltweit stark. Dafür hatte Plan die nationalen Regierungen aufgerufen, sich für die Einrichtung eines Mädchentages auf UN-Ebene einzusetzen. Im Dezember 2011 ernannten die Vereinten Nationen den 11. Oktober zum Welt-Mädchentag, dem "International Day of the Girl Child". Plan ist eine internationale Kinderhilfsorganisation, die in Entwicklungsländern in Afrika, Asien

und Lateinamerika arbeitet und sich für Kinderrechte stark macht. Kinder stehen im Mittelpunkt der Programmarbeit, die über Patenschaften finanziert wird, mit dem Ziel, das Lebensumfeld für hilfsbedürftige Mädchen und Jungen zu verbessern.

Internationaler Hundetag

Am 11. Oktober ist der Internationale Welthundetag, ein Tag für den besten Freund des Menschen. Dieser Tag bietet wieder einmal Gelegenheit für die entsprechenden Organisationen, für verantwortungsvolle Züchter und Hundehalter zu werben, auf regionale, nationale und weltweite Probleme der Hundehaltung und Zucht sowie auf weit verbreitete Missstände aufmerksam zu machen. Und natürlich ist es auch möglich, dem vierbeinigen Hausgenossen besondere Leckerlis und Streicheleinheiten zukommen zu lassen.

Coming-Out-Day

Der 11. Oktober wird seit 1987 in den USA und seit 1991 in der Schweiz als Nationaler Coming-out-Tag begangen. Diesen Tag möchte COMING OUT DAY e.V. in Deutschland etablieren. Der Coming-out-Tag in Deutschland rückt das Thema und die damit verbundenen Probleme, besonders von lesbischen und schwulen Jugendlichen in die öffentliche Wahrnehmung, informiert und klärt auf. Denn auch lesbische und schwule Jugendliche haben ein Recht auf eine glückliche und geschützte Jugend und auf einen gleichberechtigten Start ins Leben!

12. Oktober

Welttag der spanischen Sprache

Der Welttag der spanischen Sprache wird am 12. Oktober gefeiert, an dem Tag, an dem in Ländern, wo überwiegend Spanisch gesprochen wird, der Tag de Hispanität begangen wird. Die spanische Sprache ist eine der sechs Amtssprachen der Vereinten Nationen und hat – wie die anderen Amtssprachen übrigens auch – ihren eigenen Gedenktag.

Internationaler Tag der Frustrationsschreie

Der Internationale Tag der Frustrationsschreie, der alljährlich am 12.Oktober begangen wird, ist die Gelegenheit schlechthin, seinem Ärger Luft zu machen und all das raus zu lassen, was Guter Laune im

Wege steht. Geschaffen wurde der Tag von Ruth und Tom Roy im Jahr 1986, verbunden mit dem Versprechen, das man sich hinterher um einiges besser fühlen soll.

Weltarthritistag

Am 12. Oktober wird rund um den Globus der Welt Arthritis Tag begangen. Der Tag wurde erstmals 1996 von Arthritis-Rheuma-International ins Leben gerufen. Das Ziel ist es, die Aufmerksamkeit für Menschen mit Muskel-Skelett-Erkrankungen in unserer Gesellschaft zu verbessern und sich Gehör zu verschaffen!

Nationalfeiertag Spanien

Das Königreich Spanien war einst ein Weltreich, in dem „die Sonne nicht untergeht", was es der Beharrlichkeit eines Mannes zu verdanken hat, der sich umfassende Kenntnisse von dem Nautischen Wissensstand seiner Zeit erworben hatte: Christoph Kolumbus. Die Entdeckung der Neuen Welt am 12. Oktober 1492 durch Kolumbus, von Historikern üblicherweise als Beginn der Neuzeit angesetzt, und die Verbreitung spanischer Kultur auf dem neuen Kontinent wird daher heute als spanischer Nationalfeiertag Dia de la Hispanidad (Tag der Hispanität) gefeiert.

Kolumbus unternahm im Auftrag der spanischen Krone zwischen 1493 und 1504 drei weitere Expeditionen, blieb aber zeitlebens der Überzeugung, dass er nicht einen neuen Kontinent betreten habe sondern wie geplant einen westlichen Teil Indiens.

Nationalfeiertag Äquatorialguinea

Bis zu seiner Autonomie in 1963 wurde das Land Spanische Guinea genannt. Die volle Unabhängigkeit erhielt äquatorialguinea von Spanien im Jahr 1963.

13. Oktober

International Suit up Day

Nach dem Vorbild eines "Mr. Legendary" Barney Stinson aus der Kultserie "How I Met Your Mother" wird dieser Tag als ein Aufruf, den ganzen Tag dem schicksten und stilvollsten Kleidungsstück des Mannes zu widmen – dem Anzug, begangen.

Nationaler Fehlertag (Finnland)

Seit dem Jahr 2001 feiert man in Finnland am 13. Oktober den nationalen Fehlertag.

14. Oktober

Deutscher Hospiztag

Der Deutsche Hospiz- und Palliativ Verband hatte den Deutschen Hospiztag im Jahre 2000 ins Leben gerufen. Seitdem wird er jährlich am 14. Oktober begangen. Aktuelle Veranstaltungen finden Sie http://www.dhpv.de/index.html.

Welttag des Standards

Mit dem Weltnormentag, der an den Gründungstag (1947-10-14) der International Organization for Standardization (ISO) erinnert, soll der Beitrag der freiwilligen Normung zur weltweiten Handelsentwicklung, zur Steigerung der Wirtschaftlichkeit und Erhöhung der Sicherheit sowie zur kontinuierlichen Verbesserung der Lebensqualität hervorgehoben werden. DIN vertritt die deutschen Interessen in der ISO.

15. Oktober

Blog Action Day

Am 15. Oktober findet seit 2012 der Blog Action Day statt. Blogger schließen sich weltweit zusammen und geben einem Thema ihre Stimme! Alle können aktiv werden und zu Aktionen aufrufen

Internationaler Tag der Frauen in ländlichen Gebieten

Offiziell von den Vereinten Nationen als Weltgedenktag proklamiert, wurde der Internationale Tag der Frauen in ländlichen Gebieten zum ersten Mal am 15. Oktober 2008 begangen. Grundlage für den Tag war die am 18. Dezember 2007 von der UN-Generalversammlung verabschiedete Resolution 62/136, wonach „Frauen in ländlichen Gebieten, einschließlich indigener Frauen, eine entscheidende Rolle bei der Förderung der landwirtschaftlichen und ländlichen Entwicklung, der Verbesserung der Ernährungssicherheit und der Bekämpfung der ländlichen Armut zukommt". In Synergie zum Welternährungstag der Agentur der

Vereinten Nationen für die Agenden Ernährung und Landwirtschaft am 16. Oktober wurde der Gedenktag für Landfrauen am 15.10. angesiedelt, um so Weise die unmittelbare Nähe zur Bedeutung der Arbeit von Landfrauen in punkto Welternährung aufzuzeigen.

Internationaler Tag des Weißen Stockes

Am 15. Oktober 1964 übergab US-Präsident Lyndon B. Johnson in einem symbolischen Akt Langstöcke an Menschen mit Blindheit und starker Sehbehinderung. Im Jahr 1969 riefen die Vereinten Nationen den „Internationalen Tag des Weißen Stockes" ins Leben, der jeweils am 15. Oktober begangen wird. Als Tag des weißen Stockes nutzen die Blinden- und Sehbehindertenverbände den 15. Oktober, um auf die Situation blinder und sehbehinderter Menschen aufmerksam zu machen.

16. Oktober

Welthungertag, Welternährungstag

Der Welternährungstag oder Welthungertag findet jedes Jahr am 16. Oktober statt und soll darauf aufmerksam machen, dass weltweit viele Millionen Menschen an Hunger leiden. Der 16. Oktober wurde als Tag ausgewählt, weil am 16. Oktober 1945 die Landwirtschafts und Ernährungsorganisation FAO mit der Aufgabe, die weltweite Ernährung sicherzustellen, als Sonderorganisation der UNO gegründet wurde. Der Welternährungstag wurde erstmals 1979 durchgeführt. Er findet jedes Jahr in verschiedenen Ländern statt. Trotz vieltausendfachen Hungertodes sind die Experten sich einig, daß die doppelte Weltbevölkerung ernährt werden könnte.

Gallustag

Der 16. Oktober ist Gallustag. Der Gallustag ist ein Festtag zu Ehren des irischen Mönches Gallus, der um 613 in einer Einöde die Galluszelle gründete, aus der sich die Abtei und die Stadt St. Gallen entwickeln konnte. Er starb am 16. Oktober 620 oder 640.

Am 16. Oktober werden Kirchweihfeste in Galluskirchen begangen.

Boss-Day

Der Tag zu Ehren des Chefs wird in den USA und Kanada seit 1958 alljährlich am 16.Oktober gefeiert. An diesem Tag bedanken sich Angestellte gewöhnlich für den netten und fairen Umgang, den ihnen Vorgesetzte im vergangenen Jahr haben angedeihen lassen. Dafür werden aber auch bei Bedarf kritische und kontroverse Themen angesprochen.

17. Oktober

Internationaler Tag der Beseitigung der Armut

Im Jahr 1992 erklärte die Generalversammlung der Vereinten Nationen den 17. Oktober zum Internationalen Tag für die Beseitigung der Armut. 12 Jahre später griff UN-Generalsekretär Ban Ki-moon in New York die Forderungen des internationalen Aktionstages auf. Er rief dazu auf, gerechte Arbeit für alle, auch für Frauen und Jugendliche zu erreichen. Mit sozial abgesicherter Beschäftigung und mit einem angemessenen Lohn soll das Milleniumsziel einer Halbierung der Armut erreicht werden. Der weltweit begangene Tag für die Beseitigung der Armut geht auf eine Demonstration am 17. Oktober 1987 in Paris zurück. An diesem Tag versammelten sich mehr als 100.000 Menschen am geschichtsträchtigen Place du Trocadéro in unmittelbarer Nachbarschaft des weltberühmten Eiffelturms, um für die Rechte der Opfer von Armut, Gewalt und Hunger weltweit einzutreten. Dort hatte bereits die Generalversammlung der Vereinten Nationen kurz nach Ende des Zweiten Weltkriegs am 10. Dezember 1948 die Erklärung der Menschenrechte verkündet. Die Erklärung zählt neben politischen und bürgerliche Freiheitsrechten auch das Recht auf soziale Sicherheit sowie das Recht auf einen Lebensstandard, der Gesundheit und Wohl gewährleistet, zu den universellen Menschenrechten.

18. Oktober

Ohne-Bart-Tag

Am 18. Oktober ist Ohne-Bart-Tag, in englisch No-Beard-Day. Auch wenn der Volksmund treu bekennt, ein Bart ziere den Mann, der Bart muss heute ab. Auch wenn man sich etwas nackt vorkommt um die Kinnpartie herum; Mann darf wieder Gesicht zeigen.

Weltkrawattentag

Am 18. Oktober 2003, vereinigten sich die Krawatten-Enthusiasten der Academia Cravatica und organisierten ein großes Event, bei dem eine riesige rote Krawatte um das römische Amphitheater in

Pula geknotet wurde. Die Initiative war so erfolgreich, dass die Krawatte seit 2003 jedes Jahr an diesem Tag gefeiert wird. 2008 erklärte das kroatische Parlament den 18. Oktober schließlich einstimmig zum „Tag der Krawatte".

Welt-Menopausetag

Am 18. Oktober ist der Weltmenopausetag, den die inter-nationale Menopause Gesellschaft (International Menopause Society, IMS) in Zusammenarbeit mit der Weltgesundheitsorganisation begründet hat. Die Initiatoren wollten damit ein Zeichen setzen, um auf diese besondere gesundheitliche Bedeutung der Wechseljahresbeschwerden bei Frauen aufmerksam zu machen.

Alaska-Day

Der Alaska Day ist ein gesetzlicher Feiertag in Alaska. Er wird am 18. Oktober, dem Jahrestag der formellen Übergabe der russischen Besitzungen in Alaska an die Vereinigten Staaten, begangen.

19. Oktober

Evaluier-dein-Leben-Tag

Der 19. Oktober ist ein Anlass, das Leben zu hinterfragen, zu überprüfen und für sich selbst festzustellen,: Was läuft gut, was läuft besser, und wo könnte ich noch etwas besser machen? Bin ich glücklich, oder bin ich zufrieden, mit dem, was ist?

20. Oktober

Weltosteoporosetag

Am 20. Oktober 2013 findet der Welt-Osteoporose-Tag statt. Er wurde 1996 von der National Osteoporosis Society (NOS) in England ins Leben gerufen und im Jahr 1998 durch die Weltgesundheitsorganisation (WHO) anerkannt. Jedes Jahr wird von der Internationalen Osteoporosis Foundation (IOF) ein Motto zum Welt-Osteoporose-Tag bestimmt, dem alle Mitgliedsorganisationen entsprechen.

World Statistics Day

Am 20. Oktober 2010 wurde zum ersten Mal der Weltstatistiktag begangen. Dieses Ereignis unterstreicht, wie wichtig offizielle

Statistiken in der modernen Gesellschaft sind. In Europa arbeiten seit mehr als 50 Jahren die nationalen Statistikämter der Mitgliedstaaten gemeinsam mit dem Statistischen Amt der Europäischen Gemeinschaften (Eurostat) daran, verlässliche und vergleichbare Statistiken zu erstellen. Der Tag findet alle 5 Jahre statt.

21. Oktober

Tag des traditionellen Handwerks im Erzgebirge

Am 21. Oktober findet der Tag des traditionellen Handwerks im Erzgebirge statt. Seit der ersten Veranstaltung im Jahr 2000 organisiert der Tourismusverband Erzgebirge e. V. den Tag des traditionellen Handwerks im Erzgebirge. Ein Tag, an dem über 150 Werkstätten ihre Türen öffnen und interessierten Gästen ihr Handwerk präsentieren. Die Vielfalt des Angebotes reicht vom Berg- bis zum Goldschmied und vom Drechsler bis zum Kerzenmacher. Die traditionelle Handwerksarbeit und die vielen Arbeitsgänge im Fertigungsprozess an diesem Tag erleben zu können, wird manchen nur noch staunen lassen

Trafalgar-Day

In der Schlacht von Trafalgar am 21.10.1805 besiegte die Royal Navy unter Admiral Horatio Nelson in einer verheerenden Seeschlacht die Armada der vereinigten spanischen und französischen Flotte. Damit begann die britische Vorherrschaft auf den Weltmeeren, die über in Jahrhundert andauern sollte, die Niederlage der Franzosen und Spanier trug aber, wenn auch indirekt, auch zum Niedergang Napoleons auf dem Festland bei.

Wurde der Trafalgar-Day bis Anfang des 20. Jahrhunderts noch begangen, geriet er u.a. wegen der Weltkriege in Vergessenheit, wurde aber am 200. Jahrestag am 21.10.2005 wieder begangen. Damit kam auch wieder die Diskussion über den Nationalfeiertag des Vereinigten Königreiches auf. Das UK ist eine der wenigen Nationen, die keinen Nationalfeiertag haben

22. Oktober

Welttag des Stotterns

Seit 1998 ist am 22. Oktober eines jeden Jahres der „Welttag des Stotterns" (Stuttering Awareness Day). Auch in Deutschland wird der „Welttag des Stotterns" genutzt, um mit Aktionen und Veranstaltungen Aufmerksamkeit zu schaffen – Aufmerksamkeit für die Schwierigkeiten, die jeder einzelne Stotternde bewältigen muss und Aufmerksamkeit für die Fakten rund um die Sprechbehinderung Stottern, über die es noch immer zahlreiche Vorurteile gibt. Der Welttag bietet zudem Gelegenheit, gehört und gesehen zu werden – ganz selbstbewusst und offensiv, mit Stottern oder ohne, aber immer für ein positives Miteinander.

23. Oktober

Tag des Mols

Der 23. Oktober wird als der Tag des Mols begangen. Es ist ein Tag für die chemische Basiseinheit Mol. Das Datum wird abgeleitet vom Zahlenwert der Avogadro-Konstante, die etwa $6{,}022 \times 10^{23}$ beträgt.

Ein Mol enthält also etwa $6{,}022 \cdot 10^{23}$ Teilchen.

(Oder anders herum: Ein Mol eines Stoffes, also $6{,}022 * 10^{23}$ Atome oder Moleküle, ergeben das Atomgewicht in Gramm)
Der Tag des Mol beginnt um 6:02 Uhr und endet um 06.02 Uhr.
Manche Chemiker begehen auch den Tag des Mols am 2. Juni in Anlehnung an den Zahlenwert der Avogadro.Konstante (~ 06-02).

24. Oktober

Welttag der Vereinten Nationen
Der Tag der Vereinten Nationen erinnert an das Inkrafttreten der Charta der Vereinten Nationen am 24. Oktober 1945 und wird seit 1948 in den Mitgliedsländern gefeiert.
Die Charta der Vereinten Nationen (VN) ist der Gründungsvertrag der weltweit größten und einflussreichsten internationalen Organisation, die mittlerweile 193 Mitglieder zählt. Sie wurde am 26. Juni 1945 durch die 51 Gründungsmitglieder in San Francisco unterzeichnet und trat nach der Ratifikation durch die damaligen fünf ständigen Mitglieder des Sicherheitsrates sowie der Mehrheit der anderen Unterzeichner am 24. Oktober 1945 in Kraft.

Welttag der Information über Entwicklungsfragen
Jedes Jahr findet er am 24. Oktober statt: der World Development Information Day, kurz WDID. Bereits 1972 hat die Generalversamm-

lung der Vereinten Nationen diesen Welttag zu Informationen über Entwicklung ins Leben gerufen. Durch den WDID wird auf die weltweite Bedeutung von entwicklungspolitischer Bildungs- und Informationsarbeit aufmerksam gemacht, um ein größeres Bewusstsein hinsichtlich Entwicklungsfragen zu schaffen..

Sternzeichen Skorpion

24. Oktober bis 20. November

Deutscher Tag der Bibliotheken

Den "Tag der Bibliotheken" rief die Deutsche Literaturkonferenz am 24.10.1995 unter der Schirmherrschaft Richard von Weizsäckers aus. Er erinnert an die von dem königlichen sächsischen Rentamtmann Karl Benjamin Preusker (1786-1871) am 24. Oktober 1828 in Großenhain eingerichtete Schulbibliothek für Lehrer und Schüler, die 1832 nach Preuskers Plan zur ersten deutschen Bürgerbibliothek (Stadtbibliothek) erweitert wurde.
Sie konnte unentgeltlich von allen Bürgern benutzt werden.

Nationalfeiertag Sambia

Das ehemalige britische Protektorat Nordrhodesien erlangte seine Unabhängigkeit am 24. Oktober 1964 und wurde damit zu Sambia. Das Land wurde am 01.12.1964 Mitglied der Vereinten Nationen.

25. Oktober

Europäischer Tag der Ziviljustiz

Der Europarat und die Europäische Kommission hatten 2003 den Europäischen Tag der Ziviljustiz ins Leben gerufen. Traditionell wird dieser Tag am 25. Oktober von den Mitgliedstaaten begangen – mit Angeboten für Studierende, Rechtsexperten und die Öffentlichkeit. Ziel der Initiative ist es, den Bürgerinnen und Bürgern die Europäische Ziviljustiz näher zu bringen und sie über ihre Rechte zu informieren.

Sourest Day – Sauerster Tag im Jahr

Dieser Tag, der angeblich seit 2003 jährlich am 25. Oktober zu begehen ist, gibt Gelegenheit, sich mit den sauren Seiten des Lebens eingehend zu beschäftigen, sich entsprechend auch zu beschweren und das dann sofort mit passender Mimik darzustellen, so, als hätte man gerade in eine *saure* Zitrone gebissen.

Nationalfeiertag Kasachstan

Am 25.10.1990 erklärte Kasachstan seine Souveränität innerhalb der UdSSR. Seither feiern die Kasachen am 25. Oktober ihren Nationalfeiertag als Tag der Republik.

Welt-Nudeltag

Auch, wenn Sie noch nicht wissen sollten, was Sie heute kochen – für einen Tag im Oktober ist diese Frage auf jeden Fall geklärt: Am 25. Oktober gibt es Nudeln.
Zugegeben: Es waren die Nudelhersteller, die 1995 den Welt-Nudeltag eingeführt haben. Seitdem gibt es ihn jedes Jahr im Oktober. Was wäre zum Beispiel ein Kindergeburtstag ohne Spaghetti mit Ketchup? Und auch auf jeder Restaurant-Speisekarte findet sich bei den Kindergerichten mindestens eines mit Nudeln.

26. Oktober

Nationalfeiertag Österreich

Der 26. Oktober gilt erst seit 1965 als Nationalfeiertag und somit als gesetzlicher Staatsfeiertag. Von 1955 bis 1964 wurde in Österreich am 26. Oktober der „Tag der Fahne" gefeiert. Der Anlass für diesen Feiertag war die immerwährende Neutralität Österreichs, welche durch den österreichischen Nationalrat durch ein Verfassungsgesetz festgelegt wurde. Ein Jahr später, am 26. Oktober 1965, erfolgte die Umbenennung dieses Feiertages auf den Nationalfeiertag. Dieser Tag gilt nunmehr in Österreich als gesetzlicher Feiertag und ist arbeitsfrei.

27. Oktober

Nationalfeiertag Turkmenistan

Turkmenistan begeht seine Nationalfeiertag in Erinnerung an den Tag der Unabhängigkeit von der Sowjetunion am 27. Oktober 1991.

Welttag des audiovisuellen Erbes

Der 27. Oktober wird als "Tag des audiovisuellen Erbes" gefeiert. Er erinnert an die "Empfehlung zum Schutz und zur Erhaltung bewegter Bilder", die die UNESCO am 27.10.1980 verabschiedet hat. Der Welttag soll das audiovisuelle Kulturerbe stärker in das öffentliche Bewusstsein bringen und auf die Notwendigkeit hinweisen, es zu schützen. Weltweit übernehmen Filmarchive die Aufgabe des Sammelns, der Sicherung und der Präsentation von filmischen Werken.

Nationalfeiertag St. Vincent und die Grenadinen

Die ehemalige britische Kolonie "St. Vincent" wurde am 27. Oktober 1979 unabhängig und erhielt ihren neuen Name "St. Vincent und die Grenadinen". Das Land blieb weiterhin Mitglied des Commonwealth und wurde am 16.09.1980 Mitglied der Vereinten Nationen.

28. Oktober

Weltpoliotag

Der Weltpoliotag erinnert an den Entwickler des ersten bekannten Impfstoffes gegen Kinderlähmung: Jonas Edward Salk, der am 28. Oktober 1914 geboren wurde. Im Jahr 1954 gelang es Salk erstmals, ein Vakzin gegen diese gefährliche Infektionskrankheit herzustellen. Die Kinderlähmung ist eine hochansteckende, durch Viren übertragene Infektionskrankheit, die häufig zu bleibenden Lähmungen oder gar zum Tod führt.

Nein-Tag in Griechenland

Der Ochi-Tag, der Jahrestag des „Nein", wird jährlich in ganz Griechenland am 28. Oktober gefeiert und erinnert an die Ablehnung des von Mussolini am 28. Oktober 1940 an Griechenland gestellten Ultimatum. Der griechische Diktator Ioannis Metaxas verweigerte dessen Annahme angeblich nur mit dem einen Wort „ochi", auf ‚gut deutsch': „Nein". Metaxas war vom 4. August 1936 bis zum 29. Januar 1941 griechischer Staatschef.

Nationalfeiertag Tschechien

Die Tschechische Republik begeht am 28.Oktober ihren National-feiertag in Erinnerung an die Konstituierung der Tschechoslo-wakischen Republik am 28. Oktober 1918, nachdem mit dem Zusammenbruch der österreichischen Doppelmonarchie der Weg für Tschechien zum souveränen Staat frei war.

Welt-Konfetti-Tag

Mit diesem Tag wird an die Konfetti-Parade erinnert, die sich zur Eröffnung der Freiheitsstatue in New York am 28.10. 1886 ergab.

29. Oktober

Weltschlaganfalltag - World Stroke Day

Wie jedes Jahr, findet am 29. Oktober 2013 der Welt-Schlaganfall-Tag, auch World Stroke Day genannt, statt. Der Welt-Schlaganfall-Tag wurde 2006 von der „Weltschlaganfall-Organisation" (WSO) ins Leben gerufen, um unter anderem das Bewusstsein der Öffentlichkeit für das Thema Schlaganfall zu schärfen. Mit dem Aktionstag wird zur aktiven Prävention von Schlaganfällen aufgerufen. www.welt-schlaganfall-tag.de ist ein Internetportal, auf dem das Thema Schlaganfall dargestellt werden soll.

Welt-Psoriasistag - Tag der Schuppenflechte

Am 29. Oktober ist Welt-Psoriasistag. An diesem Datum wenden sich weltweit Patienten und Hautärzte an die Öffentlichkeit, um auf Vorurteile hinzuweisen und für eine bessere medizinische Versorgung der zwar unschönen, nicht ansteckenden Hauterkrankung zu werben.

So sollen Betroffene sich nicht angesichts der stigmatisierenden Hautveränderungen verkriechen, behandelnde Ärzte Mut haben, die wissenschaftlich gesicherten Therapiestandards auch unter dem Druck einer nach wie vor restriktiven Kostendämpfung im Gesundheitswesen zu beachten und Verantwortliche bei Krankenkassen und in der Gesundheitspolitik innovativen Behandlungskonzepten mehr Raum geben.

Internationaler Internettag

Seit einigen Jahren wird nun einer technischen Errungenschaft gedacht, die seit der Erfindung des Buchdrucks bei vielen Experten als eine der größten Veränderungen des Informationswesens gilt: das Internet. Aufgrund der großen Bedeutung des weltweiten Datennetzes für Mensch und Gesellschaft wurde im Jahre 1999 der „Internationale Internettag" ins Leben gerufen.

Der Welt-Internet-Tag erinnert an die erste mit Hilfe des Internet Protokolls übermittelte Botschaft am 29. Oktober 1969 von einem

Großrechner der Universität in Los Angeles zum Forschungsinstitut Stanford. Diese Botschaft bestand aus drei, 3 (!), Zeichen: log. Beim dritten Zeichen stürzte damals der Rechner des Empfängers ab.

Nationalfeiertag Türkei

Jedes Jahr am 29.Oktober begeht die Türkei ihren Nationalfeiertag in Erinnerung an die Ausrufung der türkischen Republik durch Kemal Atatürk am 29.10.1923 als Tag der Republik.

30. Oktober

Tag des verfluchten Kühlschrankes

Dieser Tag wird vor allem von Fans des amerikanischen Autors Stephen King begangen. In der Kurzgeschichte ,The Mangler' geht es u.a. um einen Kühlschrank mit etwas gruseligem Eigenleben.

31. Oktober

Reformationstag

Dem Mönch und Theologen Martin Luther ist der am 31. Oktober in Deutschland stattfindende Reformationstag gewidmet. Seine in Wittenberg voran getriebene Reformation der Kirche ist Namensgeberin dieses Feiertages. Die 95 Thesen Luthers stellten vor allem das Opfer Jesu durch seine Kreuzigung über die Idee der Kirche, Sünden durch Geldzahlungen zu vergeben. Das Datum dieses Feiertages variierte lange Zeit. Luthers Geburts- und Todestage waren zum Gedenken ebenfalls angedacht. Sachsens Kurfürst Johann Georg II. entschied im 17. Jahrhundert dass der Tag vor Allerheiligen zum Reformationstag ernannt wurde. Noch heute wird am Reformationstag dem Anschlag der Thesen Luthers Schlosskirche zu Wittenberg gedacht.

Reformationstag und Halloween werden beide am 31. Oktober gefeiert, haben jedoch sonst nichts miteinander zu tun. Halloween ist viel mehr der 'Abend vor Allerheiligen'.

Wolfgangstag

Der 31. Oktober ist auch Festtag für den heiligen Wolfgang, der bis ins Jahr 994 Bischof von Regensburg war. Ihm zu Ehren werden Wallfahrten und Umritte ausgerichtet.

Halloween

All Hallows' Eve – Allerheiligenabend: Der etymologische Ursprung von Halloween geht auf den amerikanisch-englischen Ausdruck *All Hallows' Eve* zurück, dem Abend vor Allerheiligen. Das Fest Allerheiligen, das in vielen Ländern Europas, so auch in Frankreich und in vielen deutschen Bundesländern, begangen wird, wurde offiziell von Papst Gregor IV. im Jahr 835 als Hochfest der katholischen Kirche auf den 1. November festgelegt. An diesem *Festum Omnium Sanctorum* wird aller bekannten und unbekannten Heiligen gedacht. Schon über 200 Jahre davor gab es ein solches Fest: Papst Bonifatius IV. weihte in den Jahren 609 oder 610 das heidnische römische Pantheon in Rom – zuvor das Heiligtum der antiken Gottheit – der Jungfrau Maria und allen Märtyrern und ordnete eine jährliche Feier an.

Tag der Toten

Das mexikanische Familienfest mit den Toten, der Tag der Toten ist ein ganz besonderes Erlebnis. Er kling so wie er ist, eine geheimnisvolle Feier für die toten Verwandten, die vom 31 Okt. - 02. Nov. statt findet. Die eingeborenen Völker von Mexiko glaubten, dass Seelen nicht sterben, sondern bloß in Mictlan (Ort des Todes) verweilen und jedes Jahr auf Besuch zurückkehrten um mit den lebenden Verwandten zu essen, zu trinken und fröhlich zu sein. Für sie war das Leben nur ein flüchtiger Moment. Die Traditionen und die Mythen hinsichtlich des Tages der Toten sind von Region zu Region sehr unterschiedlich.

Das Totenfest wurde 2003 von der UNESCO als "Meisterwerk des mündlichen und immateriellen Erbes der Menschheit" aufgenommen.

November

Zweiter Samstag im November

Aktionstag „Rettet die Kastanien"

"Rettet die Kastanien": Die Schutzgemeinschaft Deutscher Wald hat diesen Tag ausgerufen, um die seit Jahren von der Kastanienminiermotte geplagten Bäume zu schützen. Befallene Kastanien zeigen eine verfrühte Braunfärbung der Blätter und neigen zu zeitigem Laubabfall. Viele dieser Kastanien werden als Folge davon aus Unwissenheit gefällt.

Dritter Mittwoch

Welttag der chronisch obstruktiven Lungenerkrankung
Um das Verständnis der chronisch-obstruktiven Lungenerkrankung zu erhöhen und für eine bessere Versorgung von Patienten zu werben wird am zweiten oder dritten Mittwoch im November der "Welttag der chronisch-obstruktiven Lungenerkrankung" von der Weltgesundheitsorganisation (WHO) veranstaltet.
Bei einer chronisch-obstruktiven Lungenerkrankung (COPD) verengen sich die Bronchien und man bekommt immer öfter Atemnot. Was mit einer chronischen Bronchitis beginnt, kann zu einem Lungenemphysem führen, bleibt sie unbehandelt: man kann nicht mehr alle Luft ausatmen, die Lunge bläht sich auf wie ein Ballon.

Dritter Donnerstag

Welttag der Philosophie
Die UNESCO-Generalkonferenz 2005 erklärte den 3. Donnerstag im November zum Welttag der Philosophie. Die Resolution 33C/Res. 37 erinnert daran, "dass Philosophie als Disziplin zum kritischen und unabhängigen Denken ermutigt und auf ein besseres Verständnis der Welt hinwirken und Toleranz und Frieden fördern kann".
Der Welttag soll der Philosophie zu größerer Anerkennung verhelfen und ihr und der philosophischen Lehre Auftrieb verleihen.

Dritter Freitag

Bundesweiter Vorlesetag
Jedes Jahr am dritten Freitag im November begeistert der Bundesweite Vorlesetag mittlerweile mehr als 80.000 Vorleserinnen und Vorleser sowie Millionen Zuhörer. Der Bundesweite Vorlesetag ist eine gemeinsame Initiative von DIE ZEIT, Stiftung Lesen und Deutsche Bahn Stiftung.

Dritter Sonntag

Weltgedenktag für die Straßenverkehrsopfer
Der „Weltgedenktag für die Straßenverkehrsopfer" wurde im Jahr 1993 von der Road Peace Stiftung in England gestartet. Seither

unterstützen weltweit immer mehr Nichtregierungsorganisationen die Initiative. Am 26. Oktober 2005 erklärte die Organisation der Vereinten Nationen gemeinsam mit der Weltgesundheitsorganisation den dritten Sonntag im November zum Weltgedenktag für die Straßenverkehrsopfer.

Vorletzter Sonntag im Kirchenjahr

Volkstrauertag

Der Volkstrauertag wurde durch den 1919 gegründeten Volksbund Deutsche Kriegsgräberfürsorge zum Gedenken an die Kriegstoten des Ersten Weltkrieges eingeführt.

Nach einer Übereinkunft zwischen der Bundesregierung, den Ländern und den großen Glaubensgemeinschaften wurde der Termin auf den vorletzten Sonntag im Kirchenjahr (evangelisch) bzw. den 33. Sonntag im Jahreskreis (katholisch) verlegt. Durch Landesgesetze ist der Tag geschützt. Der Volkstrauertag ist zu einem Tag der Mahnung zu Versöhnung, Verständigung und Frieden geworden.

Mittwoch vor dem 23. November

Buß- und Bettag

Obwohl schon 1999 als gesetzlicher Feiertag abgeschafft. ist dieser Tag nach wie vor fester Bestandteil des protestantischen Glaubens. 1852 wurde von der Eisenacher Konferenz erstmalig ein einheitlicher Buß- und Bettag vorgeschlagen. Der Buß- und Bettag fällt auf Mittwoch vor Totensonntag, dem letzten Sonntag des evangelischen Kirchenjahres.

Vierter Donnerstag

Thanksgiving

In den Vereinigten Staaten und Kanada wird am vierten Donnerstag im November Thanksgiving, ein staatlicher Feiertag, gefeiert, eine Form des Erntedankfestes, die aber stark vom Fest nach europäischen Traditionen abweicht. In den Vereinigten Staaten ist Thanksgiving das wichtigste Familienfest im Jahreskreis.

Letzter So. vor d. 1.Advent

Totensonntag

Offiziell wurde der Totensonntag am 17.11.1816 eingeführt durch König Friedrich Wilhelm III. von Preußen. Der Totensonntag ist immer der letzte Sonntag im Kirchenjahr und findet jedes Jahr am Sonntag vor dem 1. Advent statt. Er ist kein gesetzlicher Feiertag, so doch ein besonders geschützter „stiller" Feier- und Gedenktag, für den bestimmte Einschränkungen gelten. Der Totensonntag, der auch Ewigkeitssonntag genannt wird, ist das evangelische Gegenstück zum katholischen Allerseelen.

1.November

Allerheiligen

Allerheiligen ist der kirchliche Feiertag, der am 1. November jeden Jahres gefeiert wird. . Wie es die Bezeichnung des Feiertages schon erahnen lässt, wird am 1. November sowohl aller Heiligen und Märtyrern der katholischen Kirche gedacht als auch aller bereits Verstorbenen, von deren Heiligkeit nur Gott allein weiß.

Auch wenn man am 1. November die Gräber der Verstorbenen besucht, ist der Allerheiligentag ein freudiges Fest. Wie andere Fest- und Feiertage auch, weist auch Allerheiligen ganz spezifische Bräuche auf.

Weltvegantag

Seit 1994 wird – man kann es fast schon traditionell nennen –, der Weltvegantag am 1. November gefeiert – ein Tag für die vegane Ernährung. In Deutschland kümmert sich um vegane Ernährung der Vegetarierbund Deutschland VEBU. Er ruft unter anderem zum Weltvegantag auf, propagiert den Veggie-Day und den Vegan-Day und startet regelmäßig Kampagnen, auch zusammen mit der radikalen Tierschutzorganisation PETA. Dass es nicht nur um vegane Ernährung geht, zeigt in Blick auf die Website der Vegan Society: Dort ist ein Unterkapitel vegane Medizin. Ein Riesenthema, denn nur wenige Medikamente kommen ohne Tierbestandteile aus. Schwierig im Rahmen einer veganen Ernährung.

Nationalfeiertag Algerien

Die algerische Befreiungsfront FLN begann am 1. November 1954 den bewaffneten Kampf gegen die französische Kolonialmacht. Der Algerienkrieg endete mit der Unabhängigkeit Algeriens 1962. Der 1. November wurde später als "Tag der Revolution" Nationalfeiertag. Algerien wurde am 08.10.1962 Mitglied der Vereinten Nationen.

Nationalfeiertag Antigua und Barbuda

Die Inseln Antigua und Barbuda, das frühere Dulcina, bilden einen unabhängigen Inselstaat. Der Nationalfeiertag wird immer am Tag der Unabhängigkeit gefeiert, seit 1.11.1981.

2. November

Allerseelen

Allerseelen ist der Gedenktag für alle Verstorbenen. Seitdem Abt Odilo von Cluny 998 dieses Datum zum Gedenktag ausgerufen hat wird Allerseelen am 2. November gefeiert,– zunächst nur für die Verstorbenen der ihm unterstellten Klöster. Die Nähe zum Winter und die damit verbundene Symbolik haben dazu geführt, dass Allerheiligen und Allerseelen quasi zu einem Festtag verschmolzen sind. Dass Allerheiligen in den Augen Vieler immer mehr zum Toten-Gedenktag wird, mag daran liegen, dass Allerheiligen ein gesetzlicher Feiertag ist, Allerseelen hingegen nicht.

Allerheiligen ist hingegen das Fest "aller in Christus vollendeten" und wurde ursprünglich am ersten Sonntag nach Pfingsten gefeiert. Papst Gregor IV. verlegte Allerheiligen erst im 8. Jahrhundert auf den 1. November.

Tag der Toten

Laut mexikanischer Tradition kehren am Dia de Muertos vom 31.Oktober bis und 2. November die Toten aus dem Jenseits zurück, um die Verbliebenen zu besuchen und die Seelen mit den weltlichen Freuden zu verwöhnen. Der Tag der Toten ist eines der grössten und bedeutendsten Feste in Mexiko – vgl. 31.Oktober

Intern. Tag zum Schutz des Journalisten

Wie newsroom.de am 29.11.2013 berichtete, hat der Menschenrechtsausschuss der UN-Vollversammlung beschlossen, den

2.November als den Internationalen Tag zum Schutz des Journalisten zu bestimmen.
Am 2.11.2013 kamen zwei fanzösische Journalisten in Mali ums Leben. Damit waren es in 2013 bereits über 50 Journalisten, im vorherigen gar 89 Kolleginnen und Kollegen, die bei der (Recherche-) Arbeit ihr Leben lassen mussten.
Der Internationale Tag zum Schutz des Journalisten bekam im Spätsommer/Herbst 2014 traurige Aktualität, als Kämpfer einer Organisation namens IS Islamischer Staat mehrere Geiseln, u.a. Journalisten töteten.

3. November

Welttag des Mannes
Dieser Tag wurde in den Jahren 2000 bis 2004 am 3.11. November gefeiert. Weil der Mann von heute irgendwie politischer, gesünder, interessierter ist. Da wundert es nicht, wenn der vielleicht etwas profane Gang in die Eckkneipe zwar nicht gestrichen, aber doch ergänzt wird. Laut Aussage des Schirmherrn Michail Gorbatschow sollte der Männertag das Bewusstsein der Männer im gesundheitlichen Bereich erweitern. So liege die Lebenserwartung der Männer im Durchschnitt sieben Jahre unter der von Frauen. Neben Männergesundheit waren in Deutschland Zukunftsperspektiven für Jungen und auch Wehrpflicht Themenschwerpunkte. Sicher alles wichtige Themen, aber leider verschwand der Tag im Nirvana der Geschichte, aus dem er künstlich hervorgehoben worden war.

Hubertustag (Tag der Jäger)
Am Namenstag des heiligen Hubertus, den dritten November, feiern die Jäger, Förster und Hundeführer in jedem Jahr ihren Schutzpatron.Hubertus, geboren um 655 und gestorben 727,ist ein auch heute noch beliebter Heiliger. Über seine Herkunft und Jugend gibt es unterschiedliche Berichte. Sicher ist, dass er Bischof von Tongern-Maastricht war. 722 verlegte er den Bischofssitz von dort nach Lüttich. Er starb am 30. Mai 727 in Tervuren/Brüssel. Am 3. November 743 wurde er heilig gesprochen.
Die Legende von seiner Bekehrung. Als er an einem Karfreitag bei der Jagd einen Hirsch aufgespürt hatte und ihn verfolgte, um ihn zu töten, blieb dieser ohne Regung vor ihm stehen. Schon wollte Hubertus zum Bogenschuss ansetzten, da erblickte er plötzlich

zwischen den Geweihstangen des Hirsches ein leuchtendes Kreuz und in der Gestalt des Hirsches sprach Christus zu ihm: „Hubertus, warum verfolgst du mich?" Hubertus stieg vom Pferd und kniete vor dem Hirsch nieder.

Die Begegnung mit dem Hirschen ließ ihn und die Jägerschaft aber auch erkennen, dass die Jagd nicht allein dem Selbstzweck dient, sondern Dienst an der Natur mit weitreichender Verantwortung ist

Nationalfeiertag Dominica
Dominica konnte sich bis ins 18. Jahrhundert gegen die europäische Kolonialisierung wehren, wurde dann aber von Frankreich, danach von Großbritannien kontrolliert. Mit dem Nationalfeiertag wird der Unabhängigkeit vom 3. November 1978 gedacht.

Nationalfeiertag Mikronesien
Das Inselgebiet Mikronesien wurde seit 1947 von den USA als UN-Treuhandgebiet verwaltet. Im Jahr 1979 wurde eine Vertrag über eine freie Assoziation mit den Vereinigten Staaten von Amerika unterzeichnet, der am 3. November 1986 in Kraft trat. Die Föderierten Staaten von Mikronesien erlangten ihre volle Unabhängigkeit 1991 und wurden am 17. September des gleichen Jahres Mitglied der Vereinten Nationen.

Nationalfeiertag Panama
Nationalfeiertag ist der 3. November, an dem der Unabhängigkeit von Kolumbien gedacht wird. Panama ist UN-Mitglied seit 13. 11.'45.

4. November

Nationaler Skeptiker-Tag
Sehr zweifelhaft ist die Existenz des nationalen Skeptikertages, der am 4. November in den USA begangen wird. Zudem sind wieder einmal weder Urheber noch Anlass oder Jahresangabe bekannt, sodass höchstmögliche Skepsis und Zweifel angebracht sind.
Aber gesunder Unglaube hat ja bekanntlich noch nie geschadet.

5. November

Tag des Freiwilligenmanagements

Seit 1999 wird jährlich am 5.November der Internationale Tag der Freiwilligen-Managerinnen und -Manager (International Volunteer Manager Day, IVMDay) veranstaltet. Der IVMDay wird von einem kleinen internationalen Komitee getragen, das von 12 Ländern (u.a. Deutschland, den USA und Kanada) unterstützt wird.

Der Tag hat zum Ziel die Arbeit von Freiwilligen-Managerinnen und - Managern zu würdigen, sie ins öffentliche Licht zu rücken und zu Diskussion und Austausch anzuregen.

Bonfire Night / Gunpowder Plot

In England wird jedes Jahr am 5. November mit Feuerwerk und karnevalartigen Veranstaltungen des "Gun Powder Plots" gedacht, bei dem Fawkes 1605 zahlreiche Fässer mit Schießpulver in den Kellern unter dem Londoner Parlamentsgebäude versteckt hatte. Der katholische Offizier mit dem markanten Musketier Bart wollte am 5. November 1605 das britische Parlament und den König in die Luft sprengen. Im Vereinigten Königreich wird die Vereitelung des Attentats jedes Jahr am 5. November unter dem Namen „Bonfire Night" gefeiert. Scherzhaft sagt man heute in Großbritannien, daß Guy Fawkes der einzige Mann gewesen sei, der je mit ehrlichen Absichten ins Parlament ging.

6. November

Tag für die Verhütung der Ausbeutung der Umwelt in Kriegen und bewaffneten Konflikten

Die Generalversammlung hat unter Hinweis auf die Millenniums-Erklärung der Vereinten Nationen, in der die Notwendigkeit betont wurde, im Interesse der künftigen Generationen die Natur zu bewahren und für den Schutz unserer gemeinsamen Umwelt einzutreten, den 6. November eines jeden Jahres zum Inter-nationalen Tag für die Verhütung der Ausbeutung der Umwelt in Kriegen und bewaffneten Konflikten erklärt und die Mitglied-staaten, die Stellen des Systems der Vereinten Nationen und die anderen internationalen und regionalen Organisationen gebeten, in jedem Jahr den 6. November als Internationalen Tag für die

Verhütung der Ausbeutung der Umwelt in Kriegen und bewaffneten Konflikten in geeigneter Weise zu begehen.

Leonhardifest

Das Leonardifest ist eine Prozession zu Pferde, die zum Brauchtum in Bayern und Westösterreich zählt. Sie findet zu Ehren des heiligen Leonardi von Limogenes (6. JH) an seinem Gedenktag, dem 6. 11., oder einem benachbarten Wochenende statt. Als Schutzpatron der landwirtschaftlichen Tiere, heute vor allem der Pferde, werden zu Leonhardi Wallfahrten mit Tiersegnung unternommen. Motiv für die Segnung der Tiere, besonders der Pferde, ist ihre Rolle als Last- und Arbeitstiere.

Ohne-Kompass-ausgesetzt-sein-Tag

Und wieder begegnet ein Anlass, dessen Herkunft im Dunkeln liegt, der den Leser mit der Vorstellung von einer ziemlich unschönen Situation konfrontiert, der aber vielleicht die Frage stellt, was oder wen soll man auf 'ne einsame Insel oder sonst wohin mitnehmen.

7. November

Tag der Oktoberrevolution

Nach dem Julianischen Kalender war es der 25. Oktober 1917, als die Bolschewiken den Regierungspalast in St. Petersburg stürmten. In unserem Gregorianischen Kalender war das der 7. November.

8. November

Internationaler Tag der Putzfrau

Der Internationale Tag der Putzfrau findet statt am 8. November. Noch immer hat der Beruf ein geringes Sozialprestige und noch immer arbeiten viele Reinigungskräfte schwarz, daran konnte auch die Minijob-Regelung nichts ändern. Sogar Karo Rutkowsky, eine deutsche Privatermittlerin (im Krimi) war gezwungen, bei Schwarz und Freitag als Putze noch hinzuzuverdienen. Die Krimi-Autorin Gesine Schulz hatte ein Einsehen mit ihrer Protagonistin und rief an deren (Karo's) Geburtstag, dem 8.November, den Internationalen Tag der Putzfrau aus.

9. November

Tag der Erfinder

Der Tag der Erfinder wurde ins Leben gerufen um an die Erfinder der Vergangenheit zu erinnern und den Erfindern unserer Zeit den gebührenden Respekt zu zollen. Stellvertretend für alle kleinen Erfinder, die die Welt bereichern, ohne dafür reich oder berühmt zu werden, sei Hedi Lamarr genannt, geborene Hedwig Kiesler (9.11.1913 – 19.01.2000) eine Hollywooddiva und Erfinderin. Sie ist der Prototyp des Erfinders, weil sie eben kein Edison war, sondern einfach jemand, der eine Idee hatte und diese umzusetzen versuchte. Reich oder berühmt wurde sie damit nicht, sie war es ohnehin schon. Ihre Erfindung aber, das Frequenzsprungverfahren ist heute noch immer gegenwärtig wenn wir ein Handy in Betrieb nehmen. Ihr zu Ehren wurde ihr Geburtstag, der 9. November zum Tag der Erfinder.

Tag des Mauerfalls '89

Am 9. November 1989 wurde die Mauer in Berlin für DDR-Bürger durchlässig - als Tag des Mauerfalls ging er in die Geschichte ein. Er markiert eine entscheidende Zäsur auf dem Weg zur deutschen Einheit. Am Abend dieses Tages verkündete der Sprecher der DDR-Regierung, Günter Schabowski, versehentlich, dass DDR-Bürger in den Westen reisen könnten - und läutete damit den Anfang vom Ende der DDR ein.

Diese Pressekonferenz zur besten Fernseh-Sendezeit gehört zu den denkwürdigsten in der Geschichte des Kontinents. Auf Grund eines Missverständnisses beantwortete Günter Schabowski die Nachfrage eines italienischen Journalisten, ab wann das von ihm so eben verkündete neue DDR-Reisegesetz denn gelte, mit dem inzwischen berühmt geworden Satz: "Das tritt nach meiner Kenntnis ... ist das sofort, unverzüglich." Da diese Pressekonferenz live übertragen und sowohl im Westen wie im Osten Deutschlands verfolgt wurde, hatte die Wirkung dieses Versprechers weltpolitische Auswirkungen.

Gedenktag an die Reichspogromnacht '38

Am 9. auf den 10. November 1938 brannten die Synagogen. Sie brannten in Deutschland, in Österreich, in der Tschechoslowakei. Der 9. November ist der Tag, an dem organisierte Schlägertrupps jüdische Geschäfte und Gotteshäuser in Brand setzten. Es ist der

Tag, an dem tausende Juden misshandelt, verhaftet oder getötet wurden. Spätestens an diesem Tag konnte jeder in Deutschland sehen, dass Antisemitismus und Rassismus bis hin zum Mord staatsoffiziell geworden waren. Diese Nacht war das offizielle Signal zum größten Völkermord in der Geschichte der Menschheit. Die verharmlosende Bezeichnung Reichskristallnacht, deren Herkunft nicht definitiv geklärt ist, bildete und erhielt sich für den reichsweiten Pogrom gegen die Juden im Deutschen Reich, der am 9./10. November 1938 stattfand. "Kristallnacht" bezieht sich auf die überall verstreuten Glasscherben vor den zerstörten Wohnungen, Läden und Büros, Synagogen und öffentlichen jüdischen Einrichtungen. Der Begriff Reichspogromnacht hat sich erst in jüngster Zeit verbreitet und im allgemeinen Sprachgebrauch durchgesetzt, um das Wort "Reichskristallnacht" zu ersetzen.

Ausrufung der deutschen Republik '18

Schon am frühen Morgen des 9.November 1918 ziehen Massen bewaffneter Arbeiter und Soldaten mit roten Fahnen zum Regierungsviertel. Führende Offiziere erklären gegen 9:00 Uhr die am Vortag vom Kaiser geforderte Niederschlagung des Aufstandes in Deutschland durch die Frontarmee für unmöglich. Philipp Scheidemann (MSPD) tritt aus der Regierung Max von Baden aus. Der Reichskanzler, Prinz Max von Baden, gibt um 12 Uhr mittags von sich aus den Thronverzicht des Kaisers bekannt. Wilhelm II. will zu diesem Zeitpunkt nur als deutscher Kaiser, nicht aber als König von Preußen auf den Thron verzichten. Um 12:30 Uhr tritt Max von Baden als Reichskanzler zurück. Er übergibt die Regierungs-geschäfte dem Sozialdemokraten Friedrich Ebert. Um 14 Uhr ruft Philipp Scheidemann vom Balkon des Reichstags die "Deutsche Republik" aus. Für ihn hat die Revolution ihr Ziel erreicht. Er betont die Reichseinheit. Vor allem will er Ruhe und Sicherheit. Philipp Scheidemann: "Der Kaiser hat abgedankt. Er und seine Freunde sind verschwunden. Über sie alle hat das Volk auf der ganzen Linie gesiegt!"

Nationalfeiertag Kambodscha

Kambodscha erhielt am 9. November 1953 die vollständige Unabhängigkeit von Frankreich. Seit dem 14. Dezember 1955 ist Kambodscha UN-Mitglied.

10. November

Weltwissenschaftstag für Frieden und Entwicklung

Seit 2001 begeht die UNESCO jedes Jahr am 10. November den Welttag der Wissenschaft. Der Tag ist ein Ergebnis der Weltwissenschaftskonferenz, welche die UNESCO und der Weltwissenschaftsrat ICSU 1999 in Budapest organisiert haben. Der Weltwissenschaftstag macht die Öffentlichkeit jährlich auf dieses Thema aufmerksam und zeigt, warum Wissenschaft für jedermann wichtig ist.

Vergiß-mein-nicht-Tag

Am 10.11. ist Vergiss-mein-nicht-Tag, ein Tag, an dem man sich an Bekannte, Verwandte und ehemalige Freunde erinnern möchte, die „aus den Augen - aus dem Sinn" und in Vergessenheit geraten sind. Vergiß-mein-nicht ist viel mehr als eine kleine blaue Blume.

11. November

Martinstag

Der Martinstag, auch Martini genannt, ist der Gedenktag des Heiligen Martin von Tours. Der Feiertag geht auf eine Legende aus dem Jahr 334 nach Christus zurück. Martin war als römischer Offizier in Armenien stationiert. Als er eines Tages einem frierenden Bettler begegnet, teilte er, der Offizier, kurzerhand seinen Mantel mit dem Schwert und gab dem armen Mann eine Hälfte. Eines Nachts erschien ihm dann Christus im Traum, bekleidet mit dieser Hälfte seines Mantels. Durch diese barmherzige Tat ist St. Martin zu einem Symbol christlicher Demut geworden.

Im Mittelalter entwickelten sich daraus eine Reihe von Bräuchen, die sich bis heute erhalten haben. Da bis zur ausgehenden Neuzeit neben den 40 Tagen vor Ostern eine weitere Fastenzeit existierte, deren Beginn der Tag nach Martini war, wurde der 11. November zu einem Feiertag, an dem man noch einmal richtig gut aß.

Veteransday

Der Veterans Day ist ein Gedenktag, der am 11. November, dem Tag des Waffenstillstandes im Ersten Weltkrieg in den USA begangen wird. In Großbritannien und den zugehörigen Staaten des Commonwealth heißt der Tag Remembrance Day, in Belgien und Frankreich Tag des Waffenstillstandes.

Gegenteiltag

Am 11. November feiern wir den Gegenteiltag. "Der Gegenteiltag ist das Gegenteil eines normalen Tages. Er wird oft als sinnlos bezeichnet, deshalb ist er sehr sinnvoll, weil das Gegenteil von sinnlos sinnvoll ist. Diese Behauptung wird meist nur am Gegenteiltag gemacht. Das Gegenteil einer richtigen Aussage ist gegenteilig dem Gegenteil gegenüber. Setzt man diesen Satz ins Gegenteil, wird man gegenteilige Erkenntnis haben.

Beginn der Karnevals

Der 11.11. steht jedes Jahr für den Beginn des Karnevals und ist damit für alle Karnevalisten ein ganz besonderes Datum. Die fünfte Jahreszeit wird genau elf Minuten nach elf Uhr am Vormittag eingeläutet und vielerorts natürlich entsprechend gefeiert.

Pepero-Day (Südkorea)

Am 11. November wird alljährlich in Südkorea der Pepero Day begangen. Jedes Jahr genau am 11. November findet dieses Valentinstagsähnliche Fest statt, wo man seine Liebsten mit Süssigkeiten, vorzugsweise mit den namensgebenden Pepero-Stäbchen beschenken kann.

Eine grosse Hintergrundgeschichte zum Pepero Day gibt es nicht, ein völlig kommerzieller Tag, der erfunden wurde, weil 4 Pepero Stäbchen wie vier 1er aussehen.. 11.11 That's it! Die Herstellerfirma Lotte bestreitet die Idee zu diesem Fest gehabt zu haben, unterstützt das Fest abernatürlich gerne.

Nationalfeiertag Angola

Angola erlangte am 11. November 1975seine Unabhängigkeit von Portugal und wurde am 1. Dezember 1976 Mitglied der Vereinten Nationen.

Nationalfeiertag Polen

Am 11. November feiern die Polen die Unabhängigkeit ihres Landes. Der Tag geht zurück auf das Jahr 1918, als Polen nach 123 Jahren der Teilung durch Preußen, Österreich-Ungarn und Russland wieder ein eigenständiger Staat wurde.

12. November

Tag der schlechten Wortspiele

Seit 2006 wird am 12. November jährlich der "Tag der schlechten Wortspiele" gefeiert. Okäse, da sind wir dabei! Dem Cartoonisten Bastian Melnyk haben wir diesen Tag des schlechten Wortspiels zu verdanken und freuen uns insgeheim darüber, mal die ganzen fiesen Kalauer sammeln zu können. Nehmen wir zum Bleistift "herzlichen Glühstrumpf". Sagen Sie aber bitte nicht gleich "bis Baldrian", obwohl Sie selbiges wahrscheinlich jetzt gut gebrauchen können. Na das kann ja Eiter werden! Wer hat nicht schon mehrmals gedacht „praktisch denken, Särge schenken", wenn ein Freund oder Kollege mit einem beherzten „alles fit im Schritt" auftrat? Schalömchen, nicht wahr? Aber heute wird alles Andreas: Wir sagen Tschö mit Ö und verabscheuen uns zum schlechten Wortspiel!

Ehrentag für Oma und Opa

Weil Du Deine Großeltern nicht so oft siehst wie Deine Eltern, verwöhnen Oma und Opa Dich gern. Schließlich wollen sie, dass Ihr eine schöne Zeit zusammen verbringt. Wahrscheinlich weißt Du auch so, wie toll Deine Oma und Dein Opa sind. Aber vielleicht hast Du es ihnen lange nicht mehr gesagt. Heute ist der perfekte Tag dafür. Denn der 12. November ist der Ehrentag für Oma und Opa. Also, ruf sie an oder besuch sie. Knuddel sie mal wieder und sag ihnen, wie lieb Du sie hast!

Welt-EDI-Tag

Am 12. November 2009 sollte der erste „Welt EDI Tag" stattfinden. Initiator dieses internationalen Tages war Jan Westerbarkey, Geschäftsführer der Firma Westaflex. Die myOpenFactorySoftware GmbH in Aachen, als Anbieterin einer Internetplattform für überbetriebliche Auftragsabwicklung, unterstützte den Antrag. Electronic Data Interchange (EDI) bezeichnet elektronische Verfahren zum Austausch von Nachrichten. Für den Welt-EDI-Tag spreche seine internationale Bedeutung, erklärt Westerbarkey. Einige Abläufe seien ohne die normierenden Vorgaben von EDI gänzlich undenkbar: Warenbegleitende Geschäftsbelege, dokumentierende Zoll-, Speditions- und Banken-Nachrichten.

13. November

Welt-Nettigkeitstag

Am 13. November ist der "Welt-Nettigkeitstag" oder auch World Kindness Day. Und wer hat's erfunden? Die Japaner. Zumindest war am 13.11.98 der Eröffnungstag der ersten Konferenz zur Nettigkeit in Tokyo. Das ist gut zu wissen, denn heute darf man ausnahmsweise mal mit einem Grinsen herum laufen. Die Japaner machten Ende der 90er daraus eine ganze Bewegung draus: World Kindness Movement (WKM). Das Ziel dieser Bewegung ist natürlich die individuelle Nettigkeit zu steigern und den freundlichen Umgang miteinander zu befürworten. Insgesamt führe das dann zu einer freundlicheren Welt.

Genauso wie man selbst sich über kleine Freundlichkeiten im Alltag freut, tun das auch andere. Wieso also nicht öfter daran denken, gegenüber anderen freundlich und zuvorkommend aufzutreten.

14. November

Welt-Diabetestag

Der Welt-Diabetes-Tag ist neben dem Welt-AIDS-Tag der zweite offizielle Tag der UN (Vereinten Nationen), der einer Krankheit gewidmet ist. Er wurde im Dezember 2006 in der Resolution 61/225 verabschiedet. In dieser wurde festgelegt, dass jedes Jahr die Erkrankung Diabetes mellitus am 14. November im Mittelpunkt stehen soll.

Leoniden

Mitte November ist wieder Sternschuppenzeit, die sogenannten Leoniden-Sternschnuppen. Diese sind ein Strom von Staub- und Sandkörnchen, die auf der Bahn des Kometen Tempel-Tuttle um die Sonne kreisen. Einmal pro Jahr - um den 18. November - durchstösst die Erde diesen Strom aus Staubkörnchen. Einige prallen mit der Erde zusammen und verglühen als Sternschnuppen in den oberen Bereichen der Erdatmosphäre. Normalerweise ist dieser Strom eher dünn, so dass ein einzelner Beobachter nur wenige Sternschnuppen pro Stunde beobachten kann.

Deutscher Magentag

Damit sich Bürger rechtzeitig und umfassend über den Magen, seine Funktion, Krankheiten und Behandlungsmöglichkeiten informieren können, veranstaltet die Gastro-Liga in Zusammenarbeit mit der Deutschen Gesellschaft für Verdauungs- und Stoffwechselstörungen jährlich Mitte November den Deutschen Magentag. In 50 deutschen Städten sollen bekannte Magen-Darm-Spezialisten über alle Themen rund um den Magen informieren und Fragen beantworten. Nach Meinung der Gastro-Liga besteht in der Bevölkerung noch ein hoher Beratungsbedarf.

Tag des inhaftierten Schriftstellers (Writers-in-prison-day)

Am 15. November 2013 findet der Writers in Prison Day statt, welcher auch "Internationaler Tag der Autoren hinter Gittern" oder "Tag der inhaftierten und verfolgten Autoren" genannt wird. Mit diesem Tag wird an verfolgte, inhaftierte und ermordete Schriftsteller sowie Journalisten erinnert.

Palästinensischer Unabhängigkeitstag

Am 15. November 1988 hatte der damalige Palästinenserführer Jasser *Arafat* im Namen der PLO die *Unabhängigkeitserklärung* verlesen. Einen palästinensischen Staat gibt es bis heute nicht.

16. November

Internationaler Tag der Toleranz

Die UNESCO hat den 16. November zum Internationalen Tag der Toleranz ausgerufen. Was Toleranz ausdrückt, hatten die Mitgliedstaaten der UNESCO im Jahre 1995 in ihrer „Erklärung von Prinzipien der Toleranz" definiert. In Artikel 1 heißt es: „Toleranz bedeutet Respekt, Akzeptanz und Anerkennung der Kulturen unserer Welt, unserer Ausdrucksformen und Gestaltungs-weisen unseres Menschseins in all ihrem Reichtum und ihrer Vielfalt."

17. November

Sternschnuppen-Maximum

Von 10. bis 21. November sind Sternschnuppen aus dem Meteorstrom der Leoniden am Nachthimmel sichtbar. Das Maximum wird voraussichtlich in der Nacht vom 17. November erreicht.

Internationaler Studententag

Seit 1941 wird jedes Jahr am 17. November der Internationale Studententag begangen. Die jährlichen Feiern zum Internationalen Studententag am 17. November begannen 1941 in Gedenken an die Studenten, die in Folge ihrer Proteste gegen den Faschismus auf den Straßen von Prag getötet wurden. Der Gedenktag wurde in London vom International Student Council ausgerufen, welches den Startpunkt für die Gründung der International Union of Students (IUS) bildete. - Am 17. November wurden zudem neun Studenten und Professoren ohne Anklage exekutiert. In Erinnerung an sie wurde dieser Tag als Datum für den Internationalen Studententag ausgewählt. - Der Internationale Studententag steht noch heute im Zeichen des Kampfes gegen jegliche Form von Diskriminierung, Unterdrücken und Intoleranz. Verschiedenste Aktionen werden weltweit an diesem Datum durchgeführt.

Internationaler Tag des Frühgeborenen

Elternvertreter wollen am Internationalen Tag des Frühgeborenen- oder auch Preemie-Day - in Europa, Australien, Amerika und Afrika auf die Belange von Frühgeborenen und der betroffenen Familien aufmerksam machen. Beschlossen wurde dieses Datum bei einem Elterngruppenreffen am 18.11.2008 in Rom, das die Stiftung EFCNI (European Foundation for the Care of Newborn Infants) organisiert hatte. Der 17. November 2008 ist der Geburtstag der Tochter eines der Stiftungsgründer, nachdem dessen Familie zwei Jahre zuvor den Verlust von Drillingsfrühchen zu betrauern hatte.

Wookie-Life-Day

Star Wars Fans riefen am 17. November 2009 zum ersten Mal den Wookiee Life Day aus. Dabei ging das Datum auf den 31. Jahrestag der Ausstrahlung des berühmt-berüchtigten *Star Wars Holiday Special* zurück, um hiermit einen "day of peace, a day of harmony" zu feiern. Der Tag sollte ein Anlass sein, sich rote Snuggies anzuziehen und sich mit Freunden zu treffen. Alkohol inklusive.

18. November

Nationalfeiertag Lettland

Am 18. November 1918 wurde der unabhängige lettische Staat ausgerufen. Das russische Reich wollte das bedeutende Territorium zwar nicht aufgeben, konnte die Unabhängigkeit Lettlands nicht mehr aufhalten.

Nationalfeiertag Oman

Im Oman wird der 18. November als Nationalfeiertag gefeiert. Der Tag ist der Geburtstag des Sultans Qabus ibn Said.
Die UN-Mitgliedschaft erhielt der Oman am 7. Oktober 1971.

19. November

Tag der Suppe

Laut einer Studie des Bundesforschungsinstituts für Ernährung und Lebensmittel verzehren Männer im Vergleich zu den Frauen mit durchschnittlich 91g pro Tag etwas mehr Suppen / Eintöpfe als Frauen mit 75g pro Tag. Bei Männern als auch bei Frauen ist ein Anstieg im Verzehr mit dem Alter zu verzeichnen.

Internationaler Männertag

Der Internationale Männertag, der jährlich am 19. November gefeiert wird, wurde 1999 in Trinidad und Tobago eingeführt. Ziele des Internationalen Männertages sind, den Fokus auf die Gesundheit von Männern und Jungen zu legen, das Verhältnis der Geschlechter zu verbessern, Gleichberechtigung der Geschlechter zu fördern und männliche Vorbilder hervorzuheben. Es ist ein Anlass zum Aufzeigen von Benachteiligungen von Männern   und Jungen und ihren Einsatz für die Gemeinde, Familie, Ehe und Kinderbetreuung zu würdigen

Welttoilettentag

Die Vereinten Nationen haben den 19. November zum Welt-Toiletten-Tag erklärt. Die 193 Mitglieder der UN-Generalversammlung stimmten geschlossen dem Vorschlag Singapurs zu, diesen Tag dem Kampf für Sanitäranlagen zu widmen. Singapurs Geschäftsträger Mark Neo sagte vor der Abstimmung, ihm sei es egal, wenn darüber Witze gemacht würden, solange "das vorherrschende, ungesunde Tabu" anerkannt würde, das "eine offene und ernsthafte Diskussion" des Hygieneproblems verhindere.

Nationalfeiertag Monaco
Der Nationalfeiertag Monacos findet statt am 19. November. Dies ist der Namenstag des ehemaligen Fürsten Rainier III. und erinnert an den Schutzheiligen Rainier d'Arezzo. Trotz der monegassischen Tradition, den Nationalfeiertag am Namenstag des Fürsten abzuhalten, änderte der jetzige Fürst Albert II. das Datum nicht. Monaco ist seit dem 28. Mai 1993 Mitglied der Vereinten Nationen.

20. November

Weltkindertag
Die UNO feiert den *Weltkindertag* am 20. November- Deutschland übrigens auch, an dem Datum, an welchem sie im Jahre 1959 die Erklärung der Kinderrechte und im Jahr 1989 die UN-Kinderrechtskonvention beschlossen hat. Dieser Termin ist jedoch für die einzelnen Staaten nicht verbindlich, d.h. diese können auch ein anderes Datum als Weltkindertag festlegen.

Tag der Industrialisierung Afrikas
Jedes Jahr begehen die Vereinten Nationen am 20. November den Internationalen Tag der Industrialisierung Afrikas, der darauf ausgerichtet ist, die internationale Unterstützung für die industrielle Entwicklung in Afrika voranzutreiben.
Viele afrikanische Staaten haben weiterhin eine schlechte Infrastruktur, schwache institutionelle Kapazitäten und leiden an einer immer größer werdenden Technologiekluft zu anderen Nationen sowie an nicht ausreichenden Regulierungssystemen. Für afrikanische Länder ist es immer schwieriger, sich in die schnell wandelnde globale Wirtschaft zu integrieren; und die Vorteile der Globalisierung gehen zum größten Teil an ihrem Kontinent vorbei. Bedenken gegenüber der Globalisierung, besonders die Fortdauer der Armut und die Gefahr, noch weiter an den Rand gedrängt zu werden, sind ebenfalls gewichtige afrikanische Sorgen.

Deutscher Lebertag

Der Deutsche Lebertag ist ein Gesundheitstag, der in der Bundes-republik Deutschland jährlich am 20. November stattfindet. Ziel des Deutschen Lebertages ist es, die Bevölkerung über mögliche Ur-sachen, Verlauf, Therapie und Verhütung von Leberkrankheiten zu informieren. Langfristig soll dies zu einer besseren Früherkennung und rechtzeitigen Behandlung von Leberkrankheiten führen.

Welttag des Fernsehens

Der "Welttag des Fernsehens" wird immer am 21. November begangen und erinnert an das 1996 zum ersten Mal von den Vereinten Nationen veranstaltete World Television Forum. Führende Vertreter der Medienbranche diskutieren hier unter der Schirmherrschaft der Vereinten Nationen die wachsende Bedeutung des Fernsehens in der heutigen Welt und prüfen, wie sie ihre Zusammenarbeit verbessern können.

Welt-Hallo-Tag

Der 21. November ist Welt-Hallo-Tag. Der Aktionstag wurde 1973 von Brian und Michael McCormack ins Leben gerufen als Reaktion auf den Jom-Kippur-Krieg.

Gedenktag Unserer lieben Frau in Jerusalem

Das Fest ist ursprünglich das Kirchweihfest einer alten Jerusalemer Marienkirche. Das Fest bezieht seinen Inhalt aus dem Proto-evangelium des Jakobus, nach dem die Eltern, Joachim und Anna, ihre dreijährige Tochter dem Dienst im Tempel geweiht haben. Das Fest heißt daher auch "Maria Opferung".

22. November

Tag der Hausmusik

Der Tag der Hausmusik, der seit 1932 jährlich am 21.11. stattfindet, steht im Zeichen Tausender kleiner Veranstaltungen in Schulen, Vereinen und Konzertsälen, bei denen die Musizierenden ihre Virtuosität unter Beweis stellen. In Deutschland gibt es über acht Millionen Menschen, die in Orchestern, Ensembles, in Jazz- und Rockgruppen, aber auch in vielen Chören ihre Musikalität pflegen.

Cäcilientag

Die heilige Cäcilie ist seit dem 15. Jahrhundert Patronin der Kirchenmusik, Musiker und Dichter; somit war und ist Anlass zu Vorleseabende und Hausmusik gegeben. In vielen Kirchen werden heute Musikstücke aufgeführt. Eine gute Gelegenheit für Kinder und Jugendliche, sich musikalisch darzustellen. Wir nehmen diesen Tag gerne zum Anlass, auf das Fernsehen zu verzichten, um statt dessen zu lesen, Kindern vorzulesen oder ins Kino, Theater oder die Oper zu gehen. Wir erinnern uns gern an Erlebnisse vergangener Jahre, als wir bewusst auf unsere alltägliche Medien wie Fernsehen und Computer verzichteten, um stattdessen z.b. das Theater zu besuchen, richtiges Theater oder Musical, wann hat man das schon mal? Die Erinnerungen daran halten ein ganzes Leben.

Nationalfeiertag Libanon

Der Libanon war seit 1920 französisches Mandatsgebiet. Nach Wahlen im November 1943 löse die neue Regierung das französische Mandat jedoch. Bereits 14 Tage später, am 22.11.'43 fand die Wiedereinsetzung der Regierung durch libanesische Amtsträger statt. Dies ist zugleich auch der offizielle Unabhängigkeitstag und das Datum für den Nationalfeiertag.

23. November

Sternzeichen Schütze

23. November – 21. Dezember

Tag des Dankes für die Arbeit

Tag des Dankes für die Arbeit lautet die wörtliche Übersetzung des japanischen Feiertags „Kinrō kansha no hi". Der Tag, der im ganzen Land begangen wird, ist die moderne Fassung des traditionellen Ernte-Dank-Festes – Japaner zeigen ihre Dankbarkeit für die Arbeit der Anderen. 1948 wurde Kinrō kansha no hi als Nationalfeiertag offiziell zum ersten Mal begangen, wobei seine Wurzeln auf ein altes shintoistisches Ritual zurückgehen. Seit dem 7. Jahrhundert wurde Ende November die Ernte des neuen Reises gefeiert. Was den Tag in seiner heutigen Form allerdings so einzigartig macht, ist die Anerkennung für jede Form von Arbeit, sei dies das gemeinsame Schaffen mit Kollegen, das Wirken von Freunden oder der Respekt gegenüber der Arbeit von Familienangehörigen.

24. November

Feier-dein-einzigartiges-Talent-Tag

Am 24. November findet Feiere-dein-einzigartiges-Talent-Tag statt. Das gibt Jeder und Jedem Gelegenheit, ihre oder seine Begabungen auszutesten, zu erproben und dann auch damit zu glänzen, sei es Donut-Wettbacken, Kopfstand oder Fahrradrückwärtsfahren.

25. November

Tag für die Beseitigung der Gewalt gegen Frauen

Der Internationale Tag gegen Gewalt an Frauen am 25. November ist ein Gedenk- und Aktionstag. Jährlich setzen sich Menschen an diesem Tag für die Beseitigung von Gewalt und Diskriminierung an Frauen ein. Seit 1981 organisieren Menschenrechtsaktionen weltweit kulturelle Veranstaltungen, Tagungen und Projekte, um das Thema 'Gewalt an Frauen' publik zu machen. Ziel: die Stärkung der Frauenrechte und die Gleichstellung der Frau, sowie die Abschaffung von Zwangsprostitution, Zwangsheirat, häuslicher Gewalt und sexuellem Missbrauch.

Tag der weißen Schleife / White Ribbon Day

Der 25. November setzt mit dem White Ribbon Day, dem Tag der weißen Schleife, weltweit ein Zeichen gegen männliche Gewalt an Frauen. Nicht nur Frauen setzten ein Zeichen gegen Gewalt. Auch die Männer der White Ribbon Kampange machen sich für eine Gewaltfreie Welt stark. Der White Ribbon ist eine weiße Schleife, die Männer tragen, die sich offen gegen Männergewalt aussprechen wollen. Außerdem fordern die Aktivisten dieser Bewegung ein neues, gewaltfreies Männlichkeitsbild zu schaffen.

Nationalfeiertag Suriname

Suriname erlangte seine Unabhängigkeit am 25. November 1975 von den Niederlanden und wurde am 04. Dezember 1975 Mitglied der Vereinten Nationen.

Tag des Hutes

Am 25. November, dem Namenstag der Heiligen Katharina, wird vielerorts auf der ganzen Welt der Tag des Hutes gefeiert. Feiern Sie doch einfach mit und tragen Sie am 25. November ganz bewusst Ihre Lieblings-Kopfbedeckung, egal ob modische Mütze, coole Flatcap oder trendiger Hut, und genießen Sie den Chic und Schutz dieser unkomplizierten Begleiter. Dieser Tag wäre auch eine schöne Gelegenheit, mal wieder den Hut vor jemandem zu ziehen - eine Geste, die Respekt ausdrückt und Ihr Gegenüber erfreuen wird.

26. November

Welttag der Zeitschriften

Am 26. November wird der Welttag der Zeitschriften begangen. Als Zeitschriften solche werden Druckerzeugnisse bezeichnet, die in regelmäßigen Abständen – meist wöchentlich, 14-täglich oder monatlich – in gleicher, gehefteter oder gebundener Form erscheinen.

27. November

Tag des Streichholzes

Der Tag des Streichholzes ist John Walker gewidmet, der seine Entdeckung angeblich am 27. November 1826 machte. Nach dem Herummengen in einem Topf mit chemischen Substanzen blieb auf dem Rührholz des Apothekers John Walker ein trockener Klumpen übrig. Phosphor war darin nicht enthalten, aber Antimon-sulfid, ein wenig Gummi und Wäschestärke. Beim Versuch, den Klumpen am rauen Fußboden abzustreifen, entzündete sich das Material. Das Zündholz war erfunden.

28. November

Welt-Tag des roten Planeten

Am 28. November 1964 startete die Weltraumsonde Mariner 4, welche am 14. Juli 1965 in einer Entfernung von 9.844 Kilometern am Mars vorbei flog. Seither ist der 28. November der Tag des Roten Planeten.

Nationalfeiertag Albanien

Albanien erklärte sich am 28.11.1912 für unabhängig. Bis dahin gehörte Albanien mehr als vier Jahrhunderte zum Osmanischen Reich. Nachdem dieses auf alle Ansprüche verzichtet hatte, wurde

Albanien auf der Londoner Botschafterkonferenz 1913 von den Großmächten anerkannt. Das Land gehört seit dem 14.12.1945 den Vereinten Nationen an.

Nationalfeiertag Mauretanien

Die Islamische Republik Mauretanien ist ein Land in Westafrika am Atlantik. Das Land feiert mit seinem Nationalfeiertag seine Unabhängigkeit von Frankreich seit dem 28. November 1960.

Nationalfeiertag Osttimor

Osttimor stand unter portugiesischer Herrschaft bevor es am 28.11.1975 nach der Nelkenrevolution in Portugal unabhängig wurde. Bereits neun Tage später wurde Osttimor von Indonesien annektiert. Am 20. Mai 2002 erhielt Osttimor nach einer Übergangsregierung der UN von 1999 bis 2002 endgültig die Unabhängigkeit und wurde am 27.09.2002 das 191. Mitglied der Vereinten Nationen.

29. November

Internationaler Tag der Solidarität mit dem palästinensischen Volk

Die Vereinten Nationen beschlossen 1974, den 29. November zum "Internationalen Tag der Solidarität mit dem palästinensischen Volk" zu erklären. Dies geschah im Gedenken an den 29. November 1947, als die UNO mit der Resolution 181 den Teilungsplan für Palästina in zwei Staaten verabschiedete. Die Zweistaatenlösung galt und gilt nach wie vor als die sachgerechte Regelung für den israelisch-palästinensischen Konflikt.

Tag der elektronischen Grußkarten

Der Tag der elektronischen Grußkarten am 29.November wurde offenbar von Anbietern dieser besonderen elektronischen Nachrichtenform eingeführt, einfach deswegen, um darauf aufmerksam zu machen, einem netten Menschen eine Freude zu machen, indem man ihm oder ihr einfach so mal einen besonderen Gruß schickt.

Tag der Computersicherheit

Der 30. November steht für den Tag der Computersicherheit, der seit 1988 begangen wird. Er wurde ausgerufen und initiiert von der Association for Computer Security.

Nationalfeiertag Barbados

Von 1958 bis 1962 war Barbados Teil der Westindischen Föderation, einem Zusammenschluss von zwölf britischen Kolonien. Seine volle Unabhängigkeit erlangte Barbados am 30. November 1966 und erhielt am 09. Dezember 1966 die UN-Mitgliedschaft.

Dezember

Zweiter Sonntag

Internationaler Tag des Chorgesangs

In den letzten zwanzig Jahren haben am 2. Sonntag im Dezember tausende von Chören Aktivitäten zum Weltchortag gestaltet. Millionen von Sängerinnen und Sängern haben sich überall auf der Welt an Konzerten, Festivals, Mitsingveranstaltungen, Seminaren, freundschaftlichen musikalischen Begegnungen und Ähnlichem beteiligt.

Für die Weltchorföderation IFCM, Vertreterin von Tausenden Chordirigent/innen, Chöre und deren Verbände auf der ganzen Welt, stellt der Weltchortag eine Chance dar, die sozialen Aspekte des Singens im Chor zu betonen. Darum fordert die IFCM Chöre auf der ganzen Welt auf, den Weltchortag mitzugestalten und Kollegen weltweit an ihren Aktivitäten teilhaben zu lassen.

Zweiter Sonntag Worldwide Candle Lightning

Unter dem Motto Worldwide Candle Lightning zünden Menschen auf der ganzen Welt am 2. Sonntag im Dezember um 19 Uhr eine Kerze für Ihre verstorbenen Kinder, Geschwister und Enkelkinder an und stellen diese Kerze ans Fenster.

Während die Kerzen in der einen Zeitzone erlöschen, werden sie in der nächsten entzündet, so daß ein Kerzenband die ganze Welt umringt. So soll sich, durch die Zeitverschiebung, ein leuchtendes Band um den Globus ziehen und an alle Kinder erinnern, die viel zu früh sterben mußten. Der Grundgedanke hinter dieser Idee ist „that their light may always shine" oder „daß ihr Licht auf immer scheine". Diese Lichter werden weltweit mit Gedenkfeiern oder Gottesdiensten begleitet. Initiiert haben den Tag die Compassionate Friends, die alljährlich dieses Worldwide Candle Lightning auch organisieren.

1.Dezember

Welt-AIDS-Tag

Seit 1988 wird an jedem 1. Dezember der Welt-Aids-Tag begangen. Rund um den Globus erinnern zu diesem Datum verschiedenste Organisationen an das Thema Aids und rufen dazu auf, aktiv zu werden und Solidarität mit den von HIV betroffenen Menschen zu zeigen. Der Welt-Aids-Tag dient auch dazu, Verantwortliche in Politik, Medien, Wirtschaft und Gesellschaft weltweit daran zu erinnern, dass das HI-Virus noch längst nicht besiegt ist. Auch, damit überall die notwendigen Mittel bereitgestellt werden und sich Vorbeugung, Aufklärung, Behandlung und Hilfe für die Betroffenen an ihren Lebensrealitäten orientieren können.

Meteorologischer Winterbeginn

Die Weltorganisation für Meteorologie (World Meterorological Organization, WMO), eine Unterorganisation der UN, hat die meteorologischen Jahreszeiten eingeführt, die jeweils genau drei Monate lang sind und mit dem ersten Tag des Monats beginnen, in dem der astronomische Beginn der Jahreszeit liegt:
Der meteorologische Winter beginnt danach am 1. Dezember und umfasst die Monate Dezember, Januar und Februar.
Dies ist deshalb so geregelt, weil sind die astronomischen Jahreszeiten für die Auswertung der jahreszeitlich bedingten Klimawerte ungeeignet: Im direkten Vergleich mit Monaten entstehen schwer interpretierbare Überlappungen. So würde eine Auswertung der Winterdaten auf astronomischer Grundlage nicht mit den Werten der Monate Dezember, Januar, Februar und März vergleichbar sein.

Nationalfeiertag Zentralafrikanische Republik

Die Zentralafrikanische Republik begeht am 1. Dezember ihren Nationalfeiertag in Erinnerung an die Gründung der Republik 1958.

Nationalfeiertag Rumänien

Der Nationalfeiertag ist für Rumänien der Tag der Einheit. Bis 1918 gab es dort, wo heute Rumänien ist, unabhängige Fürstentümer und Gebiete. Am 1. Dezember 1918 wurde die Vereinigung Transsylvaniens, der Bukowina und Bassarabiens mit dem rumänischen Altreich erklärt.

2. Dezember

Internationaler Tag für die Abschaffung der Sklaverei

Der 2. Dezember erinnert als Internationaler Tag für die Abschaffung der Sklaverei an den Tag, an dem die Konvention zur Unterbindung des Menschenhandels und der Ausnutzung der Prostitution anderer im Jahr 1949 von der UN-Generalversammlung angenommen wurde. Der Begriff Sklaverei umfasst heute neben der Vorstellung von Mensch als Besitz zusätzlich viele weitere Ausbeutungsverhältnisse und Menschenrechtsverletzungen. Der Name der Konvention hebt zwei davon hervor: Menschenhandel und sexuelle Ausbeutung. Aber auch schwere Fälle von Kinderarbeit, Zwangsheirat, Zwangsarbeit und sogenannte Schuldknechtschaft sind moderne Formen von Sklaverei. Der 2013 erstmalig erschienene Global Slavery Index der Walk Free Fundation geht von ca. 30 Millionen Menschen aus, die heute (!) versklavt sind.

Tag des Sicherheitsrasierers

Heute ist der Tag des Sicherheitsrasierers, der Safety Razor Day. Am 2.12.1904 erhielt King Camp Gillette das Patent auf seine Erfindung, den Sicherheitsrasierer. Gillette hatte die zündende Idee bei der morgendlichen Rasur, bei der sein Rasiermesser wieder einmal so stumpf war, dass er es weder gebrauchen noch selbst wieder schärfen konnte. Dies war der Anlass, einen Rasierhobel mit einem dünnen, doppelseitig geschliffenen Stahlstück zu entwerfen, der durch Wenden der Klinge zwei Mal benutzt und dann weggeworfen werden konnte.

Nationalfeiertag Laos

Laos begeht seinen Nationalfeiertag am 2. Dezember und gedenkt damit der Proklamation der Demokratische Volksrepublik Laos am 2. Dezember 1975.

Nationalfeiertag Vereinigte Arabische Emirate

Am 02. Dezember feiern die Vereinigten Arabischen Emirate (VAE) Nationalfeiertag, der an die Gründung der Föderation vor 39 Jahren erinnert. Das ganze Land freut sich, an diesem besonderen Tag zu feiern, Flagge zu zeigen und sich in den Landesfarben Rot, Grün, Weiß und Schwarz zu präsentieren.

3. Dezember

Internationaler Tag der Menschen mit Behinderungen

Jedes Jahr am 3. Dezember findet der Internationale Tag der Menschen mit Behinderung statt, der auch bezeichnet wird als Internationaler Tag der Behinderten. Er soll die Belange von Menschen mit Behinderung ins Bewusstsein der Öffentlichkeit rücken und den Einsatz für die Rechte der Betroffenen fördern. Ins Leben gerufen wurde der Internationale Tag der Menschen mit Behinderung im Jahr 1993 von den Vereinten Nationen. Auch die Weltgesundheitsorganisation (WHO) ruft dazu auf, behinderte Menschen so weit wie möglich am gesellschaftlichen Leben teilhaben zu lassen.

Nationaler-Dach-über-dem-Kopf-Tag

Am 3. Dezember feiert man in den USA jedes Jahr den Nationalen Dach-über-dem-Kopf-Tag, den National Roof Over Your Head Day. Dabei geht es aber sicher nicht um Sattel- oder Flachdach und auch nicht darum, wie groß die Hütte ist, sonder vielmehr schätzen zu lernen, dass man Haus und Familie hat, wo Wärme, Schutz und Geborgenheit zu finden sind. - Es gibt nämlich auch anderes.

4. Dezember

Barbara-Tag

Jacobus de Voragine berichtet in der Legenda aurea, Barbara von Nikomedien sei eine schöne und kluge junge Frau gewesen, die zum Leidwesen des Vaters alle Bewerber abwies, die um ihre Hand anhielten. Weder die Gefangenschaft noch die Bestrafungen durch den Vater Dioscuros konnten sie hindern, sich taufen zu lassen und Christin zu werden. Auf ihrer Flucht versteckte sich in einem Felsen, der sich ihr öffnete und sie barg. So ist sie auch zur Schutzpatronin der Bergleute geworden. Ihr Zufluchtsort wurde jedoch verraten.

Vor lauter Hass klagte Dioscuros seine Tochter an und der damalige Statthalter verurteilte sie zum Tode. Dioscouros wurde zum Henker seiner Tochter, danach jedoch tödlich von einem Blitz getroffen. Ein alter Brauch im Bergbau sind die Barbarafeiern und -andachten am 4. Dezember. Alljährlich wird's feierlich und still am 4. Dezember vor dem Erbstollen der Kupferplatte und man bedankt sich für das unfallfreie Bergbaujahr und bittet erneut um Schutz.

5. Dezember

Internationaler Tag des Ehrenamtes

Seit wird 1986 nach Beschluss der Vereinten Nationen jedes Jahr am 5. Dezember der Internationale Tag des Ehrenamtes gefeiert. Zum einen, soll damit allen Menschen gedankt werden, die ehrenamtlich arbeiten und mit ihrem freiwilligen Einsatz einen Beitrag für z.b. Naturschutz oder Gesellschaft leisten. Ihre Arbeit soll sichtbar gemacht und gewürdigt werden. Zum anderen dient dieser Tag auch dazu, um die Notwendigkeit des persönlichen Engagements in das Bewusstsein der Öffentlichkeit zu rufen und weitere Helfer für unzählige Projekte zu gewinnen.

Tag der Freiwilligen für wirtschaftliche und soziale Entwicklung

Seit Juli 1996 hat das Freiwilligenprogramm der Vereinten Nationen seinen Sitz in Bonn. Dieses Programm und seine Helfer stehen im Mittelpunkt eines alljährlich am 5. Dezember begangenen Internationalen Tages der Freiwilligen", der von der Generalversammlung der Vereinten Nationen 1985 eingerichtet wurde.

Internationaler Tag des Bodens

Die Internationalen Bodenkundliche Union (IUSS) hat bei ihres 17. Weltkongresses, im August 2002 in Bangkok, den 5. Dezember zum Weltbodentag (World Soil Day) ernannt. Mit ihm soll ein jährliches Zeichen für die Bedeutung der natürlichen Ressource Boden gesetzt werden.

Nationalfeiertag Thailand

Thailand feiert an seinem Nationalfeiertag mit Feiern und Paraden im gesamten Land den Geburtstag von König Bumiphol.

Heisenberg-Tag

Der Physiker Werner Heisenberg wird am 5.12.1901 in Würzburg geboren. Mit 24 Jahren begründet er 1925 die Quantenmechanik, ein bahnbrechendes Konzept über die Vorgänge in der atomaren Welt. 1927 entwickelt Heisenberg die so genannte Unschärferelation. Heisenberg wird mit 27 Jahren Professor und erhält 1933 im Alter von 31 Jahren den Physik-Nobelpreis, rückwirkend für das Jahr 1932. 1952 gründet er das europäische Zentrum für Elementarteilchenforschung (CERN) in Genf mit. Er gehörte zu den 18 deutschen Physikern, die 1957 das Göttinger Manifest gegen die atomare Bewaffnung der Bundesrepublik unterzeichnen.

6. Dezember

Nikolaustag

Der heilige Sankt Nikolaus wurde ca. 280 nach Christus in Patara in der heutigen Türkei geboren. Von sich Reden machte er aber erst in seiner Rolle als Bischof von Myra, einer Stadt, in der Nähe von Patara. Zum Bischof gewählt wurde er dort im Jahre 340 n. Chr. und kümmerte sich in dieser Eigenschaft ganz besonders um Kinder und Hilfsbedürftige. Laut Überlieferung wurden drei oströmische Feldherren Zeugen, wie der Bischof Nikolaus einem Scharfrichter das Schwert aus der Hand riss, weil dieser das Urteil an drei unschuldig Verurteilten vollstrecken sollte. Als diese drei Feldherren in ihrer Heimat selbst unschuldig zum Tode verurteilt wurden, baten sie in ihren Gebeten den heiligen Nikolaus um Hilfe. Dieser soll daraufhin dem intriganten Kaiser erschienen sein und soll ihn vor erheblichen Konsequenzen gewarnt haben, falls er die Hinrichtung tatsächlich durchführen sollte. Davon war der Kaiser angeblich so erschrocken, dass die Gefangenen sofort freigelassen wurden. Er soll schon vor seiner Zeit als Bischof viel Gutes getan haben. Es heißt, er habe sein von den Eltern geerbtes Vermögen vollständig unter den Armen verteilt. Nach seinem Tod am 6. Dezember, über das genaue Jahr streiten sich die Historiker aber vermutlich um 351 nach Christus, wurde dieser Tag zum kirchlichen Feiertag ernannt.

Bis ins 18. Jahrhundert war der 6. Dezember, also der Nikolaustag, der einzige Tag, an dem die Kinder Geschenke bekamen.

Nationalfeiertag Finnland

Am 6.12. erklärte Finnland seine Unabhängigkeit. An diesem Tag, dem 6.12. ist auch der Nationalfeiertag. Abends lädt die (der) Präsident(in) zum Festempfang, der auch im Fernsehen übertragen wird, es finden zahlreiche Feiern sowie auch eine Militärparade statt

7. Dezember

Tag der Internationalen Zivilluftfahrt

Der internationale Tag der Zivilluftfahrt wurde 1994 durch die ICAO (Internationale Zivilluftfahrt-Organisation) ausgerufen, um damit an die Gründung der Organisation am 7. 12.1944 zu erinnern. Im Jahr 1996 wurde der 7. Dezember durch die Generalversammlung der Vereinten Nationen offiziell zum "Internationalen Tag der Zivilluftfahrt" erklärt.

Pearl Harbor Gedenktag

Pearl Harbor erlangte besondere Bedeutung durch den Angriff japanischer Streitkräfte auf die Militärbasis der U.S. Navy am 7.12.1941. Historisch markiert der japanische Militärschlag den amerikanischen Einstieg in den Zweiten Weltkrieg und gilt als die größte militärische Überraschung der Kriegsgeschichte, da er trotz der laufenden Friedensverhandlungen mit den USA verübt wurde.

Tag des brandverletzten Kindes

Jedes Jahr müssen allein in Deutschland mehr als 30.000 Kinder unter 15 Jahren mit Verbrennungen und Verbrühungen ärztlich versorgt werden, teilweise so schwer verletzt, dass sie stationär behandelt werden müssen. Um auf die Folgen von thermischen Verletzungen im Kindesalter, deren Behandlung, die Unfallgefahren und die Erste Hilfe aufmerksam zu machen, ruft Paulinchen – Initiative für brandverletzte Kinder e.V. jährlich am 7. Dezember Tag des brandverletzten Kindes auf.

Geminiden

Im Dezember kann einer der auffälligsten Sternschnuppen-Ströme des Jahres beobachtet werden. Bei den Geminiden handelt es sich um einen Meteorstrom, der mit hoher Zuverlässigkeit recht viele und dabei sehr langsame, teilweise auch besonders helle Meteore hervorbringt. Der Strom tritt vom 7. bis 17. Dezember auf. Zum Maximum am 14. Dezember fallen aus dem Sternbild Zwillinge recht beständig über 100 Sternschnuppen pro Stunde.

Der Strom der Geminiden ist besonders eindrucksvoll, weil diese viele helle, typischerweise gelblich-weiss leuchtende Meteore hervorbringen.

8. Dezember

Mariä Empfängnis

Der katholische Feiertag Mariä Empfängnis wird oft mit der Empfängnis Jesu verwechselt. Am 8. Dezember wurde aber Maria, die Mutter Jesu, empfangen. Anna und Joachim konnten lange Zeit keine Kinder bekommen, Joachim ging für 40 Tage in die Wüste um zu fasten und zu beten, während Anna im Gebet in Jerusalem blieb. Der Engel Gottes erschien Joachim und teilte ihm mit, dass er und Anna ein Kind erwarten werden. Freudig lief er nach Jerusalem und traf Anna vor dem Tempel, an der "Goldenen Pforte". Beide umarmen sich und dieser Moment wird als "Mariä Empfängnis" bezeichnet.

Internationaler Kinder-Fernsehtag

Der 8. Dezember ist seit 1992 der Internationale Kinder-Fernsehtag. Das Kinderhilfswerk der Vereinten Nationen, UNICEF, hat Fernsehstationen auf der ganzen Welt aufgerufen, in ihren Programmen die Anliegen und Interessen der Kinder in den Focus zu stellen.

9. Dezember

Internationaler Anti-Korruptions-Tag

Der internationale Anti-Korruptions-Tag, den die Vereinten Nationen jährlich am 9. Dezember begehen, soll daran erinnern, daß die ohnehin noch ausbaufähigen Bemühungen zur Armutsbekämpfung in hilfsbedürftigen Ländern der Welt verpuffen, wenn Staatsdiener ihre eigenen Taschen füllen. Auch wenn Transparency International und UN Jahr für Jahr mit Aktionen vor Korruption warnen und die Öffentlichkeit zu sensibilisieren versuchen: Korruption bleibt in aller Welt ein ernsthaftes Problem - auch in den führenden Industriestaaten. Wirtschaftsunternehmen das Problem, indem sie ausländische Amtsträger bestechen, um sich Verträge zu sichern.

10. Dezember

Tag der Menschenrechte

Am 10. Dezember 1948 verlas Eleanor Roosevelt vor den Vereinten Nationen in Paris die Allgemeine Erklärung der Menschenrechte. Zum 1. Mal in der Geschichte der Menschheit verständigten sich die damals 56 UN-Mitgliedstaaten auf Rechte, die für alle Menschen gelten sollten – über alle Grenzen und Kulturen hinweg.

Tag der Überreichung der Nobelpreise

Die Nobelpreise werden am 10. Dezember übergeben. Es ist ein internationales Großereignis mit berühmten Persönlichkeiten und Staatsoberhäuptern. Seine Majestät, der König von Schweden übergibt die Nobelpreise für Wirtschaftswissenschaft, Physik, Chemie, Physiologie, Medizin, Literatur in einer feierlichen Zeremonie der im Stockholmer Konzerthaus. Der Friedens-Nobelpreis wird am gleichen Tag im Rathaus von Oslo übergeben.

11. Dezember

Internationaler Tag der Berge

Nach einem Beschluss der UN-Vollversammlung aus dem Jahr 2003 wird der 11. Dezember als Internationaler Tag der Berge begangen. Gesunde Bergwälder sind entscheidend für die ökologische Gesundheit der Welt. In vielen Teilen der Welt sind Bergwälder bedroht wie nie zuvor. Die Entwaldung in tropischen Bergwäldern schreitet weiterhin voran. Ziel ist es diese Wälder zu schützen und eine nachhaltige Entwicklung der Berggebiete zu fördern.

Internationaler Tag der UNICEF

Am 11. Dezember 1946 wurde das Kinderhilfswerk der Vereinten Nationen (UNICEF) gegründet. UNICEF arbeitet weltweit für die Stärkung von Kinderrechten, unterstützt in Not geratene Kinder und setzt sich gegen deren Missbrauch ein.
Der Gründungstag erinnert daran, dass immer noch jedes Jahr Millionen Kinder vor ihrem fünften Geburtstag sterben: an Unter-Ernährung, an Krankheit, an menschenunwürdigen Bedingungen. Weltweit werden etwa 250.000 Kinder als Soldaten missbraucht. Mehr als 150 Millionen Kinder zwischen fünf und 14 Jahren werden als Kinderarbeiter ausgebeutet.

Nationalfeiertag Burkina Faso

Burkina Faso begeht seinen Nationalfeiertag am 11. Dezember in Erinnerung an den Tag der Ausrufung der Republik im Jahre 1960.

12. Dezember

Tag des Weihnachtssterns

Diese Gelegenheit sollte man nicht verpassen: Am 12. Dezember ist „Poinsettia Day"! In den USA feiert man den „Tag des Weihnachtssterns" schon lange – und überrascht seine Lieben und Freunde mit einem Sternengruß. Gerade rechtzeitig, um vor dem Fest alles zwischenmenschliche „ins Lot" zu bringen: seine Zuneigung auszudrücken, Mißstimmigkeiten auszuräumen, Frieden zu schließen, das längst überfällige „Danke" zu sagen – oder einfach nur Festtags-Vorfreude zu schenken.

Nationalfeiertag Kenia

Den Tag der Unabhängigkeit feiert man in Kenia mit dem Nationalfeiertag am 12.Dezember.

13. Dezember

Luciafest

Beim dem vorwiegend in Skandinavien verbreiteten Brauch der Luzienbraut trägt am Morgen des 13. Dezember das älteste Mädchen der Familie einen Kranz aus Preiselbeerzweigen mit brennenden Kerzen. Sie ist bekleidet mit einem langen, weißen Kleid und einer Lichterkrone auf dem Kopf. Ihre Begleiter sind Mädchen und Jungen, die ebenfalls weiße Gewänder tragen. Sie wecken alle Familienmitglieder und bringen ihnen Frühstück ans Bett. Der Gedenktag der Lucia ist in Deutschland heute so gut wie unbekannt. Sie muss schon seit dem 4. bzw. 5. Jahrhundert verehrt worden sein, wie eine Grabinschrift in Syrakus aus dieser Zeit dokumentiert. Verehrt wurde und wird eine jungfräuliche Märtyrerin aus Syrakus, einer Stadt auf Sizilien. Der Luzien-Kult soll sich über Italien nach Frankreich, Spanien und Südosten Europas verbreitet haben. In Italien zählt "Lucia" als Volksheilige. Aber auch in Skandinavien sind am Luzientag viele Lichtbräuche populär, die auf die bevorstehende Wintersonnenwende hinweisen.

Nationalfeiertag St. Lucia

Die Insel Saint Lucia gehört zu den Kleinen Antillen, auch „Inseln über dem Wind" genannt, die vor der Nordküste Südamerikas die Grenze zwischen karibischem Meer im Westen und Atlantischem Ozean im Osten bilden. Die Insel wurde am 13.12.1502 entdeckt.

14. Dezember

Welt-Affentag

Am 14. Dezember 2013 findet mit dem Affentag der Ehrentag für Gorillas, Schimpansen, Orang-Utans und weiteren Affenarten statt. Initiiert wurde er im Jahr 2000 in den USA und ist dort als "Monkey Day" bekannt. Amerikanische Künstler und Kunststudenten gelten als diejenigen, welche maßgeblich den Affentag bekannt gemacht haben. Inzwischen wird er weltweit in verschiedenen Ländern gefeiert.

15. Dezember

Esperantobuchtag

Gedacht wird der Kunstsprache, die der jüdische Arzt Ludwig Zamenhof vor mehr als 100 Jahren entwarf. Seine Abhandlung veröffentlichte er 1887 unter dem Pseudonym "Dr. Esperanto".
Zamenhof, geboren am 15. Dezember 1859, wuchs in der heutigen polnischen Stadt Bialystok auf, in der Polen, Weißrussen, Deutsche und Juden lebten. Er wollte den Streit zwischen den Volksgruppen durch eine gemeinsame Sprache überwinden. Wie viele Menschen Esperanto sprechen, ist nicht erfasst.

16. Dezember

Nationalfeiertag Bahrain

Bahrain feiert am 16. Dezember das Ende des britischen Protektorats im Jahr 1971, nachdem es bereits am 15. August die Unabhängigkeit von Großbritannien erlangt hatte. Danach wurde Bahrain am 21. September 1971 als UN-Mitglied aufgenommen.

Tag der Versöhnung / Day of Reconciliation

Am 16. Dezember eines jeden Jahres wird in Südafrika der Day of Reconciliation, der Tag der Versöhnung, gefeiert. Die neue gewählte ANC-Regierung lies ihn 1995 das erste Mal begehen. Dieser Tag verbindet zwei historisch wichtige Termine Südafrikas. Zum einem wurde während der Apartheid am 16. 12. the Day of the Vow gefeiert. Vor der großen Schlacht zwischen Voortrekkern und Zulus, im Jahr 1838, bekannt als Battle of Blood River, baten die Voortrekker in einem großen gemeinsamen Gebet um Gottes Beistand. Am 16. Dezember 1961 wurde der militärische Flügel des ANC, Umkhonto we Sizwe (MK) gegründet. Vor dessen Gründung, hatte der ANC auf gewaltfreien Widerstand gegen das Apartheid-Regime gebaut. Da dies aber nicht zum Erfolg führte, wurde der MK gegründet. Nach dem Verbot des ANC und der Überwachung des MK durch Geheimdienste, verlagerte sich die Planung von immer mehr ins Ausland, um auch dort Unterstützer für die Anti-Apartheid-Bewegung zu gewinnen.

17. Dezember

Tag gegen Gewalt an Sexarbeiterinnen

Der Tag gegen Gewalt gegen SexarbeiterInnen findet alljährlich am 17.Dezember statt. Er richtet sich gegen Stigmatisierung und Dikreditierung von Prostituierte und insbesondere gegen Gewalt ihnen gegenüber. Der internationale Tag gegen Gewalt an SexarbeiterInnen wurde im Jahr 2003 unter anderem durch die Aktivistin Annie Sprinkle initiiert. Der 17. Dezember wurde in Erinnerung an die Opfer des „Green-River"-Mörders gewählt, der in den 1980er und 1990er Jahren in den USA über 90 Frauen, vorwiegend Sexarbeiterinnen, ermordet hatte. Weil den Verbrechen an Sexarbeiterinnen nicht ausreichend nachgegangen wurde, dauerte es zwei Jahrzehnte, bis der Täter verurteilt werden konnte.

Nationalfeiertag Bhutan

Der Nationaltag Bhutans erinnert an die Thronbesteigung des ersten Königs Ugyen Wangchuk am 17. Dezember 1907.
Bhutan wurde am 21. September 1971 bei den Vereinten Nationen aufgenommen.

18. Dezember

Internationaler Tag der Migranten

"Migranten haben mehr als nur Angst und Ungewissheit. Sie haben auch Hoffnung, Mut und die Entschlossenheit, sich ein besseres Leben aufzubauen. Mit der richtigen Unterstützung können sie einen Beitrag zum gesellschaftlichen Fortschritt leisten." Das erklärte UN-Generalsekretär Ban Ki-moon in seiner Botschaft zum heutigen Internationalen Tag der Migranten.
Am 18. Dezember 1990 hatte die UN-Generalsversammlung die Internationale Konvention zum Schutz der Rechte aller Wanderarbeitnehmer und ihrer Familienangehörigen verabschiedet. Seit dem Jahr 2000 macht der 18. Dezember auf die Rechte von Einwanderern aufmerksam.

Welttag der arabischen Sprache

Arabisch wurde am 18. Dezember 1973 als eine der sechs offiziellen Sprachen der UNO-Generalversammlung anerkannt. Aus diesem Anlass wird der 18. Dezember seit 2010 von der UNESCO bzw. weltweit als "World Arabic Language Day" gefeiert. Eine gute Gelegenheit, den Beitrag der arabischen Sprache zur Weltgeschichte anzuerkennen und sich dabei zur Sprachenvielfalt als Grundlage für kulturelle Diversität und Toleranz zu bekennen.

Nationalfeiertag Niger

Am 18. Dezember 1958 wurde in Niger die Republik ausgerufen. Die volle Unabhängigkeit von Frankreich erreichte Niger am 3. August 1960 und wurde wenig später Mitglied der UN am 20.09.1960.

19. Dezember

Tag der Süd-Süd-Zusammenarbeit

Bis einschließlich 2011 wurde der Tag der Süd-Süd-Zusammenarbeit am 19. Dezember ausgerichtet. Um die Zusammenarbeit von Entwicklungsländern und Transformationsländern zu fördern, veranstalten die Vereinten Nationen jährlich am 12. September den "Tag der Vereinten Nationen für die Süd-Süd-Zusammenarbeit". Die Süd-Süd-Zusammenarbeit wird als wichtiger Bestandteil, in Ergänzung zur Nord-Süd-Zusammenarbeit, der weltweiten Entwicklungspolitik gesehen.

Tag für die Opfer des Völkermordes an Sinti und Roma

Am 19. Dezember wird seit 1979 der offizielle Gedenktag an den Völkermord an den europäischen Sinti und Roma zur Zeit des Nationalsozialismus begangen. Dieser Tag wird auch mit dem Romanes-Wort "Porajmos" oder "Porrajmos", das Verschlingen, bezeichnet. Wie der Antisemitismus hat auch der Antiziganismus eine lange Geschichte in Europa.

La Palomita de Poy

Immer am 19. *Dezember* wiederholt der Argentinier Aldo Pedro Poy ein Tor aus dem Jahr 1971 per Flugkopfball, das unter dem Namen La Palomita in die Geschichte eingegangen ist.

20. Dezember

Internationaler Tag der menschlichen Solidarität

„Um die Probleme in unserer komplexen Welt zu lösen, brauchen wir Solidarität." Das ist die Botschaft von UN-Generalsekretär Ban Ki-moon anlässlich des Internationalen Tages der menschlichen Solidarität. Der Generalsekretär rief in seiner Erklärung alle Menschen auf, als globale Familie zu agieren, um Ziele gemeinsam zu erreichen.

Im Dezember 2005 hatte die UN-Generalversammlung Solidarität als einen wesentlichen und allgemeingültigen Wert anerkannt und den 20. Dezember zum Internationalen Tag der menschlichen Solidarität erklärt.

Sangria-Tag

Seit den 1990er-Jahren wird hauptsächlich in den USA der National Sangria Day, der Nationale-Sangria-Tag gefeiert.

21. Dezember

Kalendarischer Winterbeginn

Der kalendarische Winteranfang ist am Tag der Wintersonnen-wende. In manchen Jahren ist das der 21. Dezember, in anderen Jahren der 22. Dezember. Die Sonne erreicht dann den tiefsten Punkt ihrer Jahresbahn und scheint in Mitteleuropa an diesem Tag nur knapp acht Stunden - sofern es die Wolkendecke zulässt.

Wintersonnenwende

Der 21. Dezember ist der dunkelste Tag des Jahres, in manchen Jahren auch der 22. Dezember.. Die Sonne bringt nur etwa acht Stunden Licht nach Mitteleuropa. Ab dem Tag der Wintersonnenwende werden die Tage endlich wieder länger. Zudem zeichnen ihn zwei Phänomene aus.
Heute ist der kürzeste Tag des Jahres. Die Sonne steht Mittags so niedrig wie sonst nie. Die Sonne scheint heute über Mitteleuropa nur etwas mehr als acht Stunden, am Nordpol geht sie gar nicht erst auf. Ab jetzt werden die Tage länger, denn die Erde wandert weiter und die Nordhalbkugel wendet sich der Sonne immer weiter zu – ein halbes Jahr lang.

Julfest

Am 21. Dezember ist der kürzeste Tag des Jahres, gefolgt von der längsten Nacht. Es ist Wintersonnenwende und das Julfest wird gefeiert. Das Julfest ist der Vorläufer unseres heutigen Weihnachtsfestes. Für die alten Germanen war das Wintersonnwendfest wahrscheinlich das wichtigste Fest im Jahr. Es galt als Geburtsfest der Sonne, symbolisiert durch ein Rad. Im alten Kalender fiel die Wintersonnenwende auf den 25. Dezember. Das Christentum machte aus dem "Geburtstag der Sonne" den Geburtstag des Christkinds. Die Zeit "zwischen den Jahren" ist die Zeit des Neubeginns: Die Rückkehr der Sonne bedeutet auch die Rückkehr des Lebens. Nach den langen Nächten und den dunklen Tagen beginnt nun wieder die Zeit des Lichts. An die ursprüngliche Bedeutung des "Lichterfests" erinnern heute noch die Kerzen am Weihnachtsbaum oder am Adventskranz.
Jul wird bis zum 6. Januar zwölf Nächte lang gefeiert, den so genannten Rauchnächten. Denn es ist in dieser Zeit Brauchtum die Häuser auszuräuchern und mit dem Rauch zu reinigen.
In Skandinavien heißt "Weihnachten" immer noch "Jul" und auf vielen Plätzen wird der Julbock aufgestellt.

Tag des Kreuzworträtsels

Der 21. Dezember ist der Tag des Kreuzworträtsels. Er geht zurück auf den 21. Dezember 1913 - an diesem Datum erschien in der Weihnachtsbeilage der Zeitung New York World das erste Kreuzworträtsel der Welt. Das enthielt 31 Suchbegriffe. Erfinder soll der aus Liverpool stammende Journalist Arthur Wynne sein. Anfang der 1920er Jahre gab es die ersten Kreuzworträtsel in europäischen

Zeitungen und Zeitschriften. Das erste Kreuzworträtsel in einer deutschen Zeitung druckte die Berliner Illustrierte 1925. Charles Cilard stellte 1985 nach vierjähriger Vorarbeit das bislang größte Kreuzworträtsel der Welt vor. Es war 870 m lang, 30 cm breit und hatte 2.610.000 Kästchen.

Tag der Taschenlampe

Passend Wintersonnenwende und der damit verbundenen längsten Nacht des Jahres ist der 21.Dezember der Tag der Taschenlampe

Yalda-Nacht

Die Yalda-Nacht ist eines der vier großen persischen Feste des iranischen Kulturkreises, welche gemäß des iranischen Sonnenkalenders jeweils zum astronomischem Frühlings-, Sommer-, Herbst- und Winteranfang gefeiert wurden und aus vorislamischer Zeit stammen. Heute sind nur noch Nouruz (Frühlingsanfang) und Shab-e-Yalda übrig geblieben.

Bei der Yalda-Nacht handelt es sich um die längste Nacht des Jahres, die Wintersonnenwende vom 30. *Quaus* auf den 1. *Dey*, welche der Nacht vom 21. auf den 22. Dezember entspricht.

Welt-Orgasmus-Tag

Die Global Orgasm for Peace-Initiative begann im Jahr 2006 eine weltweite Aktion, die am Tag der Wintersonnenwende mit der positiven Energie möglichst vieler Orgasmen ein Zeichen für den Weltfrieden setzen möchte.

22. Dezember

Sternzeichen Steinbock

22. Dezember – 20. Januar

23. Dezember

Nationalfeiertag Japan

Der Nationalfeiertag ist der Japans Geburtstag des japanischen Kaisers, der am 23. Dezember 1933 geboren wurde. Japan gehört den Vereinten Nationen übrigens seit dem 18. Dezember 1956 an.

Festivus

Seit 1997 feiert man in den USA jedes Jahr am 23. Dezember einen Tag vor Heiligabend dieses vorweihnachtliche Fest. Dieser Feiertag wird aber in erster Linie von Fans der US-amerikanischen Sitcom Seinfeld begangen. Denn Festivus wurde von dem Drehbuchautor der Serie Daniel O'Keefe eingeführt. Die eigentliche Idee, ein Fest bzw. Feiertag ohne kommerzielle Zwänge oder religiöse Aspekte zu feiern, geht aber auf dessen Vater, den Schriftsteller Dan O'Keefe zurück. In den 1970er Jahren hatte sich Festivus zu einer regelmäßigen Familientradition entwickelt und wurde dann durch obengenannte Fernsehserie der Öffentlichkeit vorgestellt..

24. Dezember

Heilig Abend

Der für Christen nach dem Osterfest wohl wichtigste und größte Feiertag im Jahr, Heiligabend, welcher streng genommen lediglich den Abend des 24. Dezember bezeichnet, ist unter zahlreichen weiteren und doch ähnlich klingenden Namen bekannt. Hierzu gehören die Heilige Nacht, Christnacht oder auch der Weihnachtsabend. Weit verbreitet ist jedoch auch die Gewohnheit, den gesamten Tag des 24. Dezember zum Heiligen Abend zu rechnen und als Feiertag zu begehen.

25. Dezember

1. Weihnachtsfeiertag

Weihnachten ist der deutsche Name für das Fest der Geburt Christi. Er ist wahrscheinlich heidnischen Ursprungs, im Mittelhochdeutschen bezeugt, und bezeichnet die geweihten Nächte um die Wintersonnenwende. Später für die Zeit vom 24.12. bis zum 06.01. verwandt, ist er heute Name des 25./26.12., der beiden Weihnachtstage. Weihnachten ist nicht das ursprüngliche Geburtsfest Christi. Vielmehr hat die Kirche, vor allem im Osten, vorher das Epiphanienfest am 6.Januar als Geburtsfest begangen. Der Sieg des Weihnachtsfestes hat schließlich das Epiphanienfest verändert, stark zurückgedrängt und vielfach sogar völlig verdrängt.
Die Entstehung von Weihnachten ist trotz aller Forschung noch immer nicht geklärt. Dabei muss unterschieden werden zwischen der Frage nach dem Termin der Geburt Christi und der Feier seiner

Geburt in der Kirche. Die Feier des Weihnachtsfestes am 25.12. in der Kirche beginnt erst im 4. Jahrhundert. Unsicher ist, ob bereits 335 oder erst 354 Weih-nachten erstmals als Fest in Rom begangen wurde. - Der Hauptfesttag von Weihnachten, das Fest der Geburt Jesu, ist der 25. Dezember, der sog. 1. Weihnachtstag, der seit der Reformation durch Martin Luther am 24. Dezember mit dem heiligen Abend beginnt. Der 25. Dezember ist in vielen Staaten ein gesetzlicher Feiertag und Auftakt zu den Weihnachtsferien. Der 26. Dezember kommt in Deutschland, Österreich und Teilen der Schweiz als zweiter staatlicher Feiertag dazu.

26. Dezember

2. Weihnachtsfeiertag

Der 26. Dezember 2012 ist der Tag nach dem Weihnachtsfest
Er ist in vielen christlichen Staaten der Welt ein gesetzlicher Feiertag. In katholischen Staaten ist dieser Tag meist als Stephanstag dem Heiligen Stephanus geweiht. In anderen Staaten heißt der zweite Tag nach Heiligabend oft einfach 2.Weihnachtstag. In Frankreich ist der "Lendemain de Noël" nur ein regionaler Feiertag.

Gebetstag für verfolgte und bedrängte Christen

Am 26. Dezember begehen die Katholiken in Deutschland den „Gebetstag für verfolgte und bedrängte Christen", der seit 2012 jedes Jahr am zweiten Weihnachtstag in den Gemeinden stattfindet. Der Festtag des heiligen Stephanus ist damit zum jährlich wiederkehrenden überdiözesanen Gebetstag geworden

Boxing Day

Am 26. Dezember, dem Boxing Day, wie man den 2. Weihnachts-feiertag in England, Kanada und vielen weiteren Ländern nennt, besucht man Verwandte, Freunde und Bekannte und lässt es sich gut gehen. Der Name leitet sich aber nicht etwa von den sich daraus ergebenden Handgreiflichkeiten ab, sondern von den milden Taten der Vorfahren an diesem Tag. So öffnete man früher am zweiten Weihnachtstag die Almosendosen (boxes) in der Kirche und gab den Bedürftigen. Ebenso erhielten die Dienstboten am Boxing Day ihre Weihnachtsgratifikation. Auch die Lehrlinge holten mit diesen Gefäßen beim Lehrer ihr Weihnachtsgeld ab.

Stefanitag

Der Stefanitag ist ein christlicher Feiertag in Österreich. Er wird von Katholiken am 26. Dezember zu Ehren des Heiligen Stephanus begangen. In anderen Ländern wird der Stefanitag auch als Stephanstag oder Stephanus-Tag bezeichnet. Der Stefanstag ist der zweite Tag nach dem Heiligen Abend und wird daher auch meist als 2. Weihnachtstag begangen.

28. Dezember

Tag der unschuldigen Kinder

Der Tag der unschuldigen Kinder, der am 28. Dezember begangen wird ist ein Gedenktag der katholischen, anglikanischen und orthodoxen Kirchen. Dieser Tag wird anno 505 erstmals in einem Kalender aus Nordafrika erwähnt. Er ist zum Gedenken, an die in Bethlehem neugeborenen und auf Geheiß König Herodes ermordeten Kinder nach der Geburt Jesu an diesem Tage, installiert worden. Im Mittelalter wurden daraus Kinderfeste und Narrenspiele. Luthers Reformation beendete dieses Brauchtum. In Spanien existiert das Brauchtum noch heute.

29. Dezember

Welttag für die biologische Vielfalt

Bis zum Jahr 2000 war der 29. Dezember der Tag der biologischen Vielfalt, seither ist es der 22. Mai..

Tick-Tack-Tag

Am 29. Dezember soll der Tick-Tack-Tag dazu motivieren, die letzte Dinge im ablaufenden Jahr zu erledigen, damit das neue Jahr ohne alten Ballast beginnen kann.

30. Dezember

National Bicarbonate-of-Soda-Day

Am 30. Dezember gilt es, eine chemische Verbindung zu feiern, die allgemein unter dem Namen Natron bekannt ist. Der sogenannte National Bicarbonate of Soda Day weist auf die unzähligen Anwendungsmöglichkeiten des Multitalents Natron hin.

31. Dezember

Sylvester

Der 31. Dezember ist der Namenstag von "Silvester". Im Jahr 1582 wurde der letzte Tag des Jahres vom 24. Dezember auf den Todestag des Papstes Silvester I. verlegt, dem 31. Dezember des Jahres 335. Von nun an galt der gregorianische Kalender, nach dem heute in den meisten Ländern der Welt gezählt wird.

15 gedenk- und feierfreie Tage

9. Januar

12. Januar

8. Februar

2. März

10. März

29. März

30. März

5. April

7. Mai

19. Mai

9. Juni

18. August

21. August

17. September

27. Dezember

Alle Tage Feiertage - alphabethisch

Abfraß	06. September	166
Abschaffung der Sklaverei	02. Dezember	232
Ältere Generation	erster Mi. April	65
Ältere Menschen	01. Oktober	184
Ändere-deinen-Namen	13. Februar	35
Affen	14. Dezember	240
Afrika	06. Januar	16
Afrika	25. Mai	103
Afrikanisches Kind	16. Juni	119
AIDS	01.Dezember	231
Alaska	18. Oktober	198
Albert-Schweitzer	01.Juni	111
Alkoholgeschädigte Kinder	09. September	168
Allergie- und Asthma	erster Di. Mai	107
Allerheiligen	01.November	209
Allerseelen	02. November	210
Alles-was-du-denkst-ist falsch	15. März	54
Alles-was-du-machst-ist-richtig	16. März	54
Alphabetisierung	08. September	168
Alte Musik	21. Juni	122
Alzheimer	21. September	175
Amateurfunk	18. April	75
Angelman	15. Februar	35
Annual Soapy Smith Wake	08. Juli	136
Annentag	26. Juli	140
Antidiät	06. Mai	93
Antidrogen	26. Juni	126
Anti-Duckface	22. Juli	138
Antifaschistischer Kampf	22. Juni	124
Anti-Korruption	09. Dezember	237
Antikriegstag	01. September	164
Antidrogen	26. Juni	126
Apfelkuchen	13. Mai	95
Apotheke	18. Juni	120
April	01. April	68
Arabische Sprache	18. Dezember	242
Arbeit	01. Mai	88
Arbeitslose	02. Mai	89
Architektur	letztes Wochenende Juni	110
Artenschutz	03. März	46
Artenvielfalt	zweites Wochenende Juni	109
Arthritis	12. Oktober	194
Art's Birthday	17. Januar	19
Asperger-Syndrom	zweiter So. Februar	43
Asthma	erster Di. Mai	85
Attentat vom 20. Juli	20. Juli	140
Audiovisuelles Erbe	27. Oktober	202

Intact-Day	01. Juli	129
Internationale Zivilluftfahrt	07. Dezember	236
Internet	29. Oktober	204
Invalide	dritter So. März	44
Iwan-Kupala	07. Juli	132
Jakob	25. Juli	140
Japanisches Gedenken – Kriegsend	15. August	151
Jazz	30. April	84
Jelly-Beans	22. April	78
Jogginghose	21. Januar	21
Johannis	24. Juni	125
Josef	19. März	56
Josef der Arbeiter	01. Mai	89
Jüdische Kultur	letzter So. September	163
Jugend	12. August	149
Jugendinformation	17. April	75
Juhannus	21. Juni	123
Julfest	21. Dezember	244
July Morning	01. Juli	129
Jungen	vierter Do. April	86
Kaffee	erster Sa. September	158
Kambutsue	08. April	71
Karamell-Popcorn	07. April	71
Karnevalbeginn	11. November	218
Karneval in Venedig	22. Februar	39
Kartoffelchips	14. März	52
Katastrophenvorbeugung	13. Oktober	181
Katzen	08. August	146
Kautschuk	12. September	169
Keine-Hausarbeit	07. April	70
Kiffer	20. April	77
Kilian	08. Juli	133
Kinder	01. Juni	111
Kinder	20. September	174
Kinder	20. November	224
Kinderarbeit	12. Juni	117
Kinderbetreuung	zweiter Mo. Mai	87
Kinderbuch	02. April	68
Kinder-Fernsehtag	08. Dezember	237
Kindergarten	21. April	78
Kinder, herzkrank	05. Mai	92
Kinderhospizarbeit	10. Februar	31
Kinderkrankenhaus	Ende September	163
Kinderkrebs	15. Februar	36
Kinderlose	16. Mai	97
Kindersicherheit	10. Juni	116
Kindersoldaten	12. Februar	34
Kinder- und Jugendtheater	20. März	57

Mühlen	Pfingstmontag Juni	109
Multiple Sklerose	28. Mai	106
Mundgesundheit	20. März	56
Murmeltier	02. Februar	28
Museum	18. Mai	99
Musik	drittes Wochenende Juni	109
Musik International	01.Oktober	184
Mutter	zweiter So. Mai	86
Mutter Erde / Earth Day	22. April	78
Muttersprache	21. Februar	38
Muttertag in Polen	26. Mai	105
Nachhaltigkeit	04. Juni	124
Name your Poison	08. Juni	116
Nashorn	22. September	175
Natale di Roma	21. April	78
National-Bicarbonate-of-Soda	30. Dezember	248
Nationaler Gedenktag des deutschen Volkes	17. Juni	119
Nationalfeiertag Ägypten	23. Juli	139
Nationalfeiertag Äquatorialguinea	12. Oktober	194
Nationalfeiertag Äthiopien	28. Mai	105
Nationalfeiertag Afghanistan	19. August	153
Nationalfeiertag Albanien	28. November	228
Nationalfeiertag Algerien	01 November	210
Nationalfeiertag Andorra	08. September	168
Nationalfeiertag Angola	11. November	218
Nationalfeiertag Antigua und Barbuda	01.November	210
Nationalfeiertag Argentinien	25. Mai	104
Nationalfeiertag Armenien	21. September	174
Nationalfeiertag Aserbaidschan	28. Mai	105
Nationalfeiertag Australien	26. Januar	24
Nationalfeiertag Bahamas	10. Juli	134
Nationalfeiertag Bahrain	16. Dezember	240
Nationalfeiertag Bangladesch	26. März	63
Nationalfeiertag Barbados	30. November	230
Nationalfeiertag Belgien	21. Juli	137
Nationalfeiertag Belize	21. September	175
Nationalfeiertag Benin	01. August	143
Nationalfeiertag Bhutan	17. Dezember	241
Nationalfeiertag Bolivien	06. August	145
Nationalfeiertag Bosnien und Herzegwina	01. März	46
Nationalfeiertag Botswana	30. September	180
Nationalfeiertag Brasilien	07. September	167
Nationalfeiertag Brunei	01.Januar	12
Nationalfeiertag Brunei	23. Februar	40
Nationalfeiertag Bulgarien	03. März	46
Nationalfeiertag Burkina Faso	11. Dezember	239
Nationalfeiertag Burundi	01. Juli	129
Nationalfeiertag Chile	18. September	173

Nationalfeiertag China	01.Oktober	185
Nationalfeiertag Costa Rica	15. September	172
Nationalfeiertag Dänemark	05. Juni	113
Nationalfeiertag Demokratische Republik Kongo	30. Juni	128
Nationalfeiertag Deutschland	03. Oktober	187
Nationalfeiertag Dominica	03. November	211
Nationalfeiertag Dominikanische Republik	27. Februar	42
Nationalfeiertag Dschibuti	27. Juni	127
Nationalfeiertag Ecuador	10. August	148
Nationalfeiertag Elfenbeinküste	07. August	146
Nationalfeiertag El Salvador	15. September	172
Nationalfeiertag Eritrea	24. Mai	103
Nationalfeiertag Estland	24. Februar	41
Nationalfeiertag Fidschi	10. Oktober	192
Nationalfeiertag Finnland	06. Dezember	236
Nationalfeiertag Frankreich	14. Juli	135
Nationalfeiertag Gabun	17. August	152
Nationalfeiertag Gambia	18. Februar	37
Nationalfeiertag Georgien	26. Mai	104
Nationalfeiertag Ghana	06. März	48
Nationalfeiertag Grenada	07. Februar	31
Nationalfeiertag Griechenland	25. März	63
Nationalfeiertag Guatemala	15. September	172
Nationalfeiertag Guinea	02. Oktober	186
Nationalfeiertag Guinea Bissau	24. September	177
Nationalfeiertag Guyana	23. Februar	40
Nationalfeiertag Haiti	01.Januar	12
Nationalfeiertag Honduras	15. September	172
Nationalfeiertag Indien	26. Januar	25
Nationalfeiertag Indien	15. August	151
Nationalfeiertag Indien Mahatma Gandhi Jayanti	02. Oktober	187
Nationalfeiertag Indonesien	17. August	153
Nationalfeiertag Irak	09. April	71
Nationalfeiertag Iran	11. Februar	32
Nationalfeiertag Irland	17. März	55
Nationalfeiertag Island	17. Juni	120
Nationalfeiertag Israel	14. Mai	96
Nationalfeiertag Italien	02. Juni	112
Nationalfeiertag Jamaika	06. August	146
Nationalfeiertag Japan	23. Dezember	245
Nationalfeiertag Jemen	22. Mai	101
Nationalfeiertag Jordanien	25. Mai	104
Nationalfeiertag Kambodscha	09. November	216
Nationalfeiertag Kamerun	20. Mai	100
Nationalfeiertag Kanada	01. Juli	129
Nationalfeiertag Kap Verde	05. Juli	131
Nationalfeiertag Kasachstan	25. Oktober	202
Nationalfeiertag Katar	03. September	165

Nationalfeiertag Kenia	12. Dezember	239
Nationalfeiertag Kirgisistan	31. August	157
Nationalfeiertag Kiribati	12. Juli	134
Nationalfeiertag Kolumbien	20. Juli	137
Nationalfeiertag Komoren	06. Juli	132
Nationalfeiertag Kosovo	17. Februar	37
Nationalfeiertag Kroatien	25. Juni	125
Nationalfeiertag Kuba	01.Januar	12
Nationalfeiertag Laos	02. Dezember	232
Nationalfeiertag Lesotho	04. Oktober	188
Nationalfeiertag Lettland	18. November	223
Nationalfeiertag Libanon	22. November	226
Nationalfeiertag Liberia	26. Juli.	141
Nationalfeiertag Libyen	01. September	164
Nationalfeiertag Liechtenstein	15. August	151
Nationalfeiertag Litauen	16. Februar	37
Nationalfeiertag Luxemburg	23. Juni	124
Nationalfeiertag Madagaskar	26. Juni	126
Nationalfeiertag Malawi	06. Juli	132
Nationalfeiertag Malaysia	31. August	157
Nationalfeiertag Malediven	26. Juli.	141
Nationalfeiertag Mali	22. September	176
Nationalfeiertag Malta	21. September	175
Nationalfeiertag Marokko	30. Juli	142
Nationalfeiertag Marshallinseln	01. Mai	88
Nationalfeiertag Mauretanien	28. November	229
Nationalfeiertag Mauritius	12. März	50
Nationalfeiertag Mazedonien	02. August	143
Nationalfeiertag Mazedonien	08. September	168
Nationalfeiertag Mexiko	16. September	173
Nationalfeiertag Mikronesien	03 November	211
Nationalfeiertag Moldawien	27. August	157
Nationalfeiertag Monaco	19. November	224
Nationalfeiertag Mongolei	11. Juli	134
Nationalfeiertag Montenegro	13. Juli	135
Nationalfeiertag Mosambik	25. Juni	125
Nationalfeiertag Myanmar	04.Januar	15
Nationalfeiertag Namibia	21. März	61
Nationalfeiertag Nauru	31. Januar	27
Nationalfeiertag Nepal	28. Mai	105
Nationalfeiertag Neuseeland – Waitangi-Tag	06. Februar	31
Nationalfeiertag Nicaragua	15. September	172
Nationalfeiertag Niederlande	27. April	83
Nationalfeiertag Niger	18. Dezember	242
Nationalfeiertag Nigeria	01.Oktober	186
Nationalfeiertag Nordkorea	09. September	168
Nationalfeiertag Norwegen	17. Mai	98
Nationalfeiertag Österreich	26. Oktober	202

Nationalfeiertag Oman	18. November	223
Nationalfeiertag Osttimor	28. November	229
Nationalfeiertag Pakistan	23. März	61
Nationalfeiertag Pakistan	14. August	150
Nationalfeiertag Palau	01.Oktober	185
Nationalfeiertag Panama	03 November	211
Nationalfeiertag Papua-Neuguinea	16. September	173
Nationalfeiertag Paraguay	15. Mai	96
Nationalfeiertag Peru	28. Juli	141
Nationalfeiertag Philippinen	12. Juni	117
Nationalfeiertag Polen	11. November	218
Nationalfeiertag Polen	03. Mai	90
Nationalfeiertag Portugal	10. Juni	116
Nationalfeiertag Republik China	01.Januar	12
Nationalfeiertag Republik Kongo	15. August	152
Nationalfeiertag Ruanda	01. Juli	129
Nationalfeiertag Rumänien	01.Dezember	232
Nationalfeiertag Russland	12. Juni	117
Nationalfeiertag St. Kitts und Nevis	19. September	174
Nationalfeiertag St. Lucia	13. Dezember	240
Nationalfeiertag St. Vincent und die Grenadinen	27. Oktober	203
Nationalfeiertag Salomonen	07. Juli	133
Nationalfeiertag Sambia	24. Oktober	201
Nationalfeiertag Samoa	01.Juni	111
Nationalfeiertag San Marino	03. September	165
Nationalfeiertag Sao Tome und Principe	12. Juli	135
Nationalfeiertag Saudi-Arabien	23. September	176
Nationalfeiertag Schweden	06. Juni	114
Nationalfeiertag Schweiz	01. August	143
Nationalfeiertag Senegal	04. April	69
Nationalfeiertag Serbien	15. Februar	36
Nationalfeiertag Seychellen	18. Juni	121
Nationalfeiertag Sierra Leone	27. April	82
Nationalfeiertag Simbabwe	18. April	75
Nationalfeiertag Singapur	09. August	148
Nationalfeiertag Slowakei	01.Januar	13
Nationalfeiertag Slowenien	25. Juni	125
Nationalfeiertag Somalia	01. Juli	129
Nationalfeiertag Spanien	12. Oktober	194
Nationalfeiertag Sri Lanka	04. Februar	31
Nationalfeiertag Süd-Afrika	27. April	83
Nationalfeiertag Südkorea	15. August	151
Nationalfeiertag Südsudan	09. Juli	133
Nationalfeiertag Sudan	01. Januar	13
Nationalfeiertag Suriname	25. November	227
Nationalfeiertag Swasiland	06. September	166
Nationalfeiertag Syrien	17. April	75
Nationalfeiertag Tadschikistan	09. September	169

Nutella	05. Februar	31
Öffentlicher Dienst	23. Juni	124
Offene Moschee	03. Oktober	187
Offene Töpferei	zweites Wochenende	65
Offener Hof	Wochenende nach Pfingsten	110
Offenes Denkmal	zweiter So. September	160
Ohne-Bart	18. Oktober	197
Ohne-Hose	erster Fr. Mai	86
Ohne-Kompass-ausgesetzt-sein	06. November	214
Ohne-Socken	08. Mai	93
Ohrenschützer	13. März	50
Oktoberrevolution	07. November	214
Olympia	06. April	69
Olympia	23. Juni	124
Oma und Opa	12. November	219
Opfer des Terrorismus	11. März	50
Opfer des Völkermordes an d. Armeniern 1915	24. April	79
Opfer des Völkermordes an Sinti und Roma	19. Dezember	243
Opfer von Stalin- und Nationalsozialismus	23. August	158
Organspende	11. März	49
Organspende	erster Sa. Juni	107
Organspende	erster Sa. Oktober	180
Orgazm (GB)	31. Juli	142
Orgasmus	09. Mai	94
Orgasmus	21. Dezember	245
Orthoptik	erster Mo. Juni	108
Osteoporose	20. Oktober	198
Ozeane	08. Juni	115
Palästinensische Unabhängigkeit	15. November	221
Panamakanal	15. August	152
Papierflieger	21. Juni	122
Parkinson	11. April	72
Parks	24. Mai	103
Partnerstädte	letzter So. April	67
Party	03 April	69
Patrick's	17. März	53
Patriot Day	11. September	169
Patrona Bavariae (Bayern)	01. Mai	89
Paulus	10. Januar	18
Pearl Harbor	07. Dezember	236
Pekannuss	14. April	73
Pepero-Day (Südkorea)	11. November	218
Perseiden (bis 24.8.)	17. Juli	136
Peterstag / Kathedra Petri	22. Februar	40
Peter und Paul	29. Juni	127
Pfirsichblüten-Tag	03. März	46
Pflanze	13. April	73
Pflanze-eine-Blume	12. März	50

Pflege	12. Mai	95
Pfützenspringen	11. Januar	18
Philosophie	Dritter Do. November	207
Pi	14. März	51
Pi	22. Juli	138
Pillow Fight Day/Kissenschlacht	07. April	70
Pina Colada	10. Juli	134
Pinguin	20. Januar	21
Pinguin	25. April	80
Pluto	18. Februar	37
Poe-Toaster	19. Januar	20
Poesie	21. März	59
Polio	28. Oktober	203
Polizeibrutalität	15. März	53
Popcorn-Liebhaber	13. März	65
Postugal-Tag	10. Juni	116
Positives Denken	13. September	170
Post	09. Oktober	191
Pressefreiheit	03. Mai	90
Primel	19. April	75
Prime-Rib	27. April	83
Primrose	19. April	76
Psoriasis (Schuppenflechte)	29. Oktober	204
Puppenspiel	21. März	60
Purple (Aufklärung über Epilepsie)	26. März	63
Purzelbaum	27. Mai	105
Putzfrau	08. November	214
Puzzle	29. Januar	26
Qingming	vierter Do. April	69
Radiergummis	15. April	74
Radio	13. Februar	35
Rassismus	21. März	59
Rauchmelder	13. Juni	118
Recht auf Wahrh. üb.Menschenrechtsverletzungenund	24. März	62
Rechte der Frau und Weltfrieden	08. März	48
Record Store	dritter Sa. April	66
Red Hand Day	12. Februar	34
Reformation	31. Oktober	205
Regen	29. Juli	142
Regenbogenfamilien	06. Mai	85
Regenschirm	10. Februar	32
Regenwurm	15. Februar	36
Reichsgründung 1871	18. Januar	20
Reichspogromnacht '38	09. November	215
Religion	dritter So. Januar	10
Remembrance & Resistance	02. Mai	90
„Rettet die Kastanien"	zweiter Sa. November	205
Rheuma	12. Oktober	195

Richtiges Liegen (Schweiz)	zweiter Do. Mai	87
Robinson-Crsoe	01. Februar	29
Rock'n'Roll	09. Juli	133
Rohkost	letzter So. August	143
Roma	08. April	71
Romanus	28. Februar	42
Rosch ha Schana	25. September	178
Rosenkranzfest	07. Oktober	189
Roter Planet	28. November	228
Rotes Kreuz	08. Mai	93
Rückengesundheit	15. März	53
Rückwärts	31. Januar	25
R U O K Day (Australien)	zweiter Do. September	161
Rupert	27. März	64
Rupert	24. September	177
Run it up the Flagpole and see if anyone salutes	02.Januar	14
Russische Sprache	06. Juni	114
Russlanddeutsche	28. August	157
Safer Internet Day - SID	zweiter Tag-zweite Wo. zweiter Mo.	27
Salami	07. September	167
Sangria	20. Dezember	243
Saint Patrick's	17. März	54
Sankt-Hans-Fest	23. Juni	125
Sankt Knut	13. Januar	18
Sankt Valentin	14. Februar	35
Sauna	24. September	176
Schachtelsätze	25. Februar	41
Schafskälte	04.Juni	113
Schalttag	29. Februar	42
Scharfes Essen	19. August	156
Schau-in-den-Himmel	14. April	73
Schaumbad	08. Januar	17
Schifffahrt	letzter Do. September	162
Schildkröten	23. Mai	101
Schlaf	21. Juni	121
Schlafen	03.Januar	14
Schlaf-in-der-Öffentlichkeit	28. Februar	42
Schlafmütze	27. Juli	141
Schlaf - Welttag	dritter Fr. März	44
Schlaganfall	10. Mai	95
Schlaganfall	29. Oktober	205
Schlechte Wortspiele	12. November	219
Schmerz	erster Di. Juni	108
Schmetterlinge	14. März	51
Schneemann	18. Januar	20
Schöpfung	erster Fr. September	158
Schokoladen-Éclair	22. Juni	123
Schokoladeneis	07. Juni	115

Vanilleeis	23. Juli	139
VCR-Day	7. Juni	115
Vegan	01.November	209
Vegetarier	01.Oktober	184
Venen	letzter Sa. April	67
Verbraucher	15. März	53
Vereinte Nationen	24. Oktober	200
Verfluchter Kühlschrank	30. Oktober	205
Vergiftungsschutz für Kinder im Haushalt	20. März	57
Vergiß-mein-nicht	10. November	217
Verhinderung von Naturkatastrophen	zweiter Mi. Oktober	208
Verhütung d. Ausbeutung d. Umwelt in Kriegen	06. November	212
Verkehrssicherheit	dritter Sa. Juni	108
Verklärung des Herrn	06. August	146
Verkündigung des Herrn	25. März	62
Verlorene Socke	09. Mai	94
Vermisste Kinder	25. Mai	103
Verschlafener Kopf	27. Juli	141
Verschleppung der Ungarndeutschen	19. Januar	21
Verschwundene	30. August	157
Versöhnung / Day of Reconciliation	16. Dezember	241
Verstorbene Drogenabhängige	21. Juli	138
Versuchstier	24. April	80
Verteidiger des Vaterlandes	23. Februar	40
Veteransday	11. November	217
Videorekorder	07. Juni	115
Virtuelle Liebe	24. Juli	140
Vogel	05. Januar	15
Volkstrauertag	Vorletzter So. im Kirchenjahr	207
Vorlesetag	dritter Fr. November	207
Waffel	25. März	63
Waffel (USA)	24. August	156
Waitangi-Tag	06. Februar	30
Wald	21. März	59
Waldmännchen	02.Januar	14
Walpurgisnacht	30. April	84
Wasser	22. März	61
Wear Red	erster Fr. Februar	28
Weihnachtsfeiertag, erster	25. Dezember	246
Weihnachtsfeiertag, zweiter	26. Dezember	247
Weihnachtsfest der orthodoxen Christen	07. Januar	17
Weihnachtsstern	12. Dezember	239
Weinbergschnecke	24. Mai	102
Weine-nicht-um-vergossene-Milch	11. Februar	32
Weißer Tag – White Day	14. März	51
Weiße Schleife	25. November	227
Weißer Stock	15. Oktober	196
Weltbevölkerung	11. Juli	134

Von demselben Autor sind bei BOD bereits erschienen:

123 Gute Vorsätze
ISBN 9783756275083
Gute Vorsätze, die umgesetzt werden wollen

Alle Tage Feiertage
ISBN 978 3 7386 0409 2, 280 S.
Allerlei Anlässe zum Aktionieren, Feiern und Gedenken

Dorfkind – Eine Kindheit auf dem Lande
ISBN 9783756814688
60 kleine Geschichten

Kinderlieder
ISBN 978-3-7322-3024-2, 100 S.
100 Kinderlieder, altbekannt und immer wieder gern gesungen

Liederbuch (Deutsche Volkslieder)
ISBN 978-3-8423-6702-9, 312 S.
300 Volkslieder aus 8 Jahrhunderten und aller Herren Länder

Tausenderlei über die Freiheit
ISBN 978-3-7322-9721-4, 140 S-9721-4, 140 S.
Mehr als 1000 Zitate, Bonmots und Aphorismen über die Freiheit

Tausenderlei über das Glück
ISBN 978-3-7322-5525-2, 160 S.
Mehr als 1000 Zitate, Bonmots und Aphorismen zum Glück

Tausenderlei über die Liebe
ISBN 978-3-8423-7474-4, 140 S.
Mehr als 1000 Zitate, Bonmots und Aphorismen zum Thema Nr. Eins

Weihnachtsgedichte
ISBN 9783734763939
Verse und Reime

Weihnachtsgeschichten
ISBN 9783734764042
Märchen un Erzählungen

Weihnachtsgeschichten 2
ISBN 9783748175339
Was man sich so erzählt ...

Weihnachtslieder
ISBN 978-3-7322-3375-5, 92 S.
100Weihnachtslieder aus der ganzen Welt